debbie bliss

TRICOT SIMPLISSIME

debbie bliss

TRICOT SIMPLISSIME

Toutes les techniques dont vous avez besoin, expliquées pas à pas.

• MARABOUT •

Je dédie ce livre à Barry Bliss,
mon mari, ainsi qu'à Will et Nell,
mes enfants.

Cet ouvrage a été publié
pour la première fois en 2001
en Grand-Bretagne par Ebury Press
sous les titres
Step-by-step knitting workbook
et *Easy knits.*

Ebury Press,
Random House,
20 Vauxhall Bridge Road,
London SW1V 2SA

Édition : Sally Harding
et Emma Callory
Maquette : Christine Wood
Stylisme : Sammie Bell
et Jemina Mills
Illustrations : Kate Simunek
Patrons et diagrammes :
Antony Duke

Traduction : Renée Méry
et Catherine Ceresne,
avec la collaboration de
Raphaële Vidaling et David Reneault.
Mise en page : Maogani.

sommaire

Introduction

Ce livre se veut à la fois un guide pratique pour réussir des tricots et une aide à la création de vos propres modèles. Toutes les bases sont là : à vous de les personnaliser ! Même les débutants s'y retrouveront : chaque modèle est expliqué pas à pas, de la plus simple écharpe de bébé en cashmere, au point mousse, jusqu'au cardigan fleuri plus élaboré. Même les modèles en jacquard sont simplifiés au maximum. Chaque projet vous aidera à découvrir et à perfectionner les différentes techniques. L'accent est mis sur les détails : l'éclat d'une couleur en bordure ou l'élégante finition au point de riz d'un col feront toute la différence. Comme antidote parfaite au stress de la vie moderne, choisissez un modèle, prenez vos aiguilles et… lancez-vous !

Informations de base

LES EXPLICATIONS DE TRICOT

On retrouve dans les explications de tricot à peu près toujours les mêmes informations : quel fil choisir et de quelle longueur, la taille des aiguilles, les mesures du patron, le nombre de mailles à monter et, enfin, les abréviations utilisées. Dans un premier temps, assurez-vous que l'ouvrage que vous avez choisi ne dépasse pas vos compétences.
Si vous débutez dans le tricot, choisissez-en un de forme simple, autrement vous risquez de vous décourager en peinant à comprendre des techniques et des points qui demandent un peu d'expérience.

Les lire…

J'ai longtemps conseillé aux personnes qui souhaitaient confectionner un tricot de commencer par lire attentivement les explications fournies, mais j'ai fini par changer d'avis en réalisant que celles-ci paraissent souvent évidentes une fois appliquées, alors qu'elles pouvaient demeurer obscures si l'on se contentait de les lire. Certaines explications, il faut bien l'admettre, ne peuvent se comprendre qu'avec du fil et des aiguilles dans les mains.

Lisez malgré tout attentivement la liste des fournitures afin de bien vous munir de tout ce qu'il vous faut. Il est en effet fort désagréable de s'apercevoir une fois rentré chez soi, alors que l'on s'apprête à commencer son ouvrage, que l'on a bien pris les aiguilles qui convenaient pour le fil acheté, mais que pour certains motifs il en faut d'autres. Vérifiez par ailleurs que vous n'avez pas besoin de matériel supplémentaire, comme une fermeture à glissière, etc. Pour ce qui est des boutons, mieux vaut les choisir une fois le vêtement tricoté pour mieux se rendre compte de la taille et de la forme qui conviendront le mieux.

Avant d'acheter votre fil à tricoter, consultez les mesures fournies sur le patron pour être sûre que vous tricoterez une taille de vêtement qui vous convient. La plupart des patrons indiquent aujourd'hui la taille du vêtement plutôt que les mensurations de la personne, ainsi que son épaisseur, ce qui vous donnera une idée de l'aisance que vous obtiendrez et vous permettra de savoir si le vêtement sera ample, carrément flottant ou près du corps. Si vous souhaitez ajouter de l'aisance au vêtement ou au contraire le rendre plus ajusté, il suffit généralement de tricoter une taille plus petite ou plus grande que celle donnée. Et si vous n'êtes pas sûre que les mesures conviennent, mesurez l'un de vos vêtements pour comparer, sachant que la longueur d'un vêtement se calcule depuis le haut de l'épaule jusqu'en bas.

… et les comprendre

La plupart des patrons de tricot sont établis pour plusieurs tailles. La plus petite est indiquée en premier et apparaît hors des parenthèses, tandis que les autres tailles proposées figurent entre parenthèses. Assurez-vous, en suivant le patron, que vous utilisez bien les indications qui correspondent à la taille que vous avez choisie, car on peut facilement intervertir les tailles qui figurent entre les parenthèses. Pour ne pas vous tromper, lisez une première fois toutes les explications en soulignant la taille que vous tricotez avec un feutre de couleur ou un marqueur.

Effectuez ensuite le travail indiqué entre [ ] le nombre de fois indiqué juste après. Lorsqu'un 0 apparaît, cela signifie que la taille choisie ne nécessite aucun travail.

Il y a rarement assez de place dans une explication de tricot pour pouvoir rédiger toutes les informations utiles, c'est pourquoi on a souvent recours aux abréviations. Celles-ci sont généralement expliquées avant le patron du vêtement – ou, dans un livre sur le tricot, à la page qui leur est consacrée.

L'ÉCHANTILLON

Vous devez absolument, avant d'entamer votre ouvrage, confectionner un échantillon dont vous relèverez les mesures. Le nombre de mailles et de rangs par centimètre détermine les mesures du vêtement final, aussi est-il essentiel que ceux de votre échantillon correspondent le plus possible à ceux du modèle. Même une légère différence peut produire un vêtement beaucoup plus large que prévu. Si l'on tricote trop lâche ou trop serré, on obtiendra un tricot plus petit ou plus grand que le modèle. Cela vaut la peine de consacrer quinze minutes à mesurer un échantillon, car l'on s'épargne ainsi bien des déceptions. La taille d'une maille dépend du fil, de la taille des aiguilles et de l'action que l'on exerce dessus. Mais l'humeur entre aussi en compte, et nombreuses sont celles qui ont pu constater qu'elles tricotaient plus serré dans une période de stress !

À l'aide du même fil, des mêmes aiguilles et du même point que ceux du modèle, tricotez un échantillon d'au moins 13 centimètres carrés. Posez-le ensuite bien à plat.

Pour compter les mailles, posez une règle (plutôt qu'un mètre de couture, moins précis) horizontalement sur l'échantillon et délimitez 10 centimètres à l'aide de deux épingles. Comptez alors combien de mailles les séparent. Procédez de même pour compter les rangs, en posant cette fois la règle à la verticale. Si leur nombre excède ceux du patron, cela signifie que vous tricotez trop serré. Ce problème se résout généralement en prenant des aiguilles d'une demi-taille supplémentaire. Si votre nombre de mailles est insuffisant, c'est que vous ne tricotez pas assez serré. Vous devez donc choisir des aiguilles plus fines. Ces mesures pourront cependant varier lorsque vous passerez de l'échantillon à l'ouvrage, car sur un plus grand nombre de points vous pourrez tricoter différemment.

ABRÉVIATIONS

Quelques abréviations spécifiques aux explications de tricot peuvent ne pas être familières à toutes les lectrices. La liste ci-dessous reprend les plus couramment utilisées dans ce livre. Si une explication de tricot comporte des abréviations plus spécifiques, elles seront expliquées avant les schémas de coupe.

aig. = aiguille
augm. = augmenter ou augmentation
aux. = auxiliaire
ch. = chaque
cm = centimètre
comm. = commencer
cont. = continuer
dim. = diminuer ou diminution
emmanch. = emmanchures
end. = endroit
env. = envers
fs = fois
g = gramme
haut. = hauteur
haut. tot. = hauteur totale
m. = maille
pel. = pelote
rab. = rabattre ou rabattu
répart. = répartir
rest. = restant(e)s
rg = rang
suiv. = suivant
term. = terminer
trav. = travail ou travailler
tric. = tricoter
ts = tous

Choisir son fil à tricoter

Les fibres textiles se divisent en deux catégories : les fibres naturelles, dont je me sers le plus, et les synthétiques. Parmi les premières on compte la laine, l'angora, le cashmere et la soie, d'origine animale, ou des fibres végétales telles que le coton, le lin et le chanvre. J'utilise aussi parfois des fibres mélangées, à condition que le pourcentage de fibres artificielles soit faible.

LA LAINE À TRICOTER

Cette fibre, qui s'obtient en filant la laine du mouton, est la plus utilisée. Elle a la propriété remarquable d'être à la fois souple et résistante, sans compter qu'elle tient chaud l'hiver.

La laine convient parfaitement lorsqu'on doit tricoter plusieurs couleurs, car ses fibres accrochent les unes aux autres, ce qui solidarise les mailles et permet d'éviter que les mailles des jacquards Fair Isle ou des intarsia ne s'écartent en laissant apparaître des trous.

Enfin, on dit souvent que si l'on choisit un point simple tel que le point mousse ou le point jersey il vaut mieux prendre de la laine plutôt que du coton, car le tricot sera plus régulier, donc plus beau.

LE COTON

Cette fibre végétale est un véritable régulateur thermique, ce qui la rend idéale en toute saison. C'est aussi celle que je travaille avec le plus de plaisir, car les vêtements en coton ont un aspect particulièrement lisse et agréable et le détail des points y ressort parfaitement.

Je me procure toujours un coton d'excellente qualité, pour ne pas risquer de voir le tricot se détendre et perdre de son élasticité au lavage, surtout au niveau des bordures en côtes.

LES MÉLANGES LAINE-COTON

Les mélanges laine et coton sont parfaits pour les enfants. La laine, de par son élasticité, apporte en effet du confort au vêtement, tandis que le coton le rend plus doux, ce qui est important, car beaucoup d'enfants trouvent que la laine gratte et qu'elle irrite la peau.

LE CASHMERE

Le cashmere, fibre magnifique et incroyablement douce, est en fait le poil d'une chèvre d'Asie. Sa production limitée fait qu'il restera toujours un article de luxe. Si son prix vous paraît prohibitif, contentez-vous d'une petite écharpe ou d'un vêtement pour bébé.

LE DENIM

J'aime beaucoup cette fibre, qui est bien la seule à embellir avec le temps ! Il s'agit de la même que celle de nos blue-jeans, qui se délave au fur et à mesure qu'on les porte et qu'on les lave. Sur un tricot, cela fait ressortir les points, et puis c'est une matière idéale pour les mamans pressées ou dont les enfants se salissent beaucoup, car il passe en machine et au sèche-linge.

L'ALPAGA

L'alpaga est souvent aussi doux que le cashmere, et moins cher. Il s'agit du poil d'un animal de la famille du lama, d'un aspect assez semblable au mohair sans être aussi vaporeux.

LE LIN

Le lin, d'origine végétale, est l'une des premières fibres dont l'homme se soit servi pour confectionner des vêtements. C'est une très belle matière pour des vêtements classiques aux lignes sobres, qui a pour seul défaut d'être parfois un peu rêche.

LA SOIE

Le fil de soie est produit par une chenille qui l'utilise pour bâtir son cocon. Sa grande beauté compense le fait qu'il a parfois tendance à boulocher et qu'il n'est pas très élastique.

QUEL FIL CHOISIR ?

Le mieux est de vous procurer le fil à tricoter conseillé dans les explications. Si vous souhaitez en utiliser un autre, veillez à ce qu'il ait la même densité, la même élasticité et la même composition. Remplacer une fibre naturelle par une fibre synthétique, ou même simplement du coton par de la laine, change l'aspect des points. De plus, les fibres synthétiques manquent parfois de tenue et peuvent produire des vêtements bien moins agréables à porter. Dans tous les cas, vérifiez le métrage : des pelotes de même poids peuvent en effet avoir des longueurs différentes.

Lisez attentivement les indications portées sur la bande qui entoure la pelote, relatives à la nature des fibres, l'entretien, le poids et le métrage. Certaines vous donnent même le diamètre des aiguilles à utiliser et la taille moyenne des mailles que vous obtiendrez en jersey endroit.

Il est également bien utile de vérifier que vos pelotes proviennent d'un même lot de teinture. Chaque bain de couleur leur donne en effet une teinte légèrement différente, qui peut varier parfois de manière assez importante. Mieux vaut donc se procurer toutes les pelotes dont on aura besoin en une fois, car il risque d'être difficile d'en retrouver ensuite du même lot.

Si vous utilisez généralement davantage de fil que la longueur indiquée par le projet de tricot, prévoyez-en un peu plus, et, si vous ne pouvez vous procurer toutes les pelotes d'un même lot de teinture, réservez celles qui proviennent d'un autre lot au bas du vêtement ou à son encolure, où la différence de teinte se remarquera moins.

Comment garder de beaux tricots

Il est important de bien entretenir les vêtements que l'on a tricotés, car ils ont demandé du temps et du travail : autant qu'ils restent beaux le plus longtemps possible !
Pour en prendre bien soin, suivez ces quelques conseils simples.

L'ENTRETIEN DES TRICOTS

La bande de la pelote donne les conseils d'entretien. Beaucoup de fils peuvent maintenant être lavés en machine en sélectionnant le programme adapté. Notez les mesures du vêtement avant de le laver. Après le lavage, étendez-le à plat et étirez-le pour retrouver les mesures précédentes. Laissez sécher.

Il est préférable de laver les fibres naturelles à la main, même si un autre entretien est conseillé sur les bandes. Je trouve qu'après plusieurs lavages à la machine le coton, particulièrement, devient de plus en plus rêche. Utilisez des lessives conseillées pour le lavage à la main et de l'eau tiède plutôt que chaude. Foulez le tricot doucement dans l'eau – ne le frottez pas, ne le tordez pas pour ne pas casser les fibres. Rincez pour éliminer toute trace de lessive puis pressez pour faire sortir toute l'eau. Vous pouvez enlever le maximum d'eau en roulant le vêtement dans une serviette éponge ou en faisant un essorage délicat à la machine. Laissez le vêtement remis en forme sécher à plat sur une serviette qui absorbera l'humidité. Ne laissez pas les tricots sécher au contact d'une source de chaleur, comme un radiateur.

Rangez vos tricots soigneusement pliés, sans trop les tasser, pour que l'air circule.

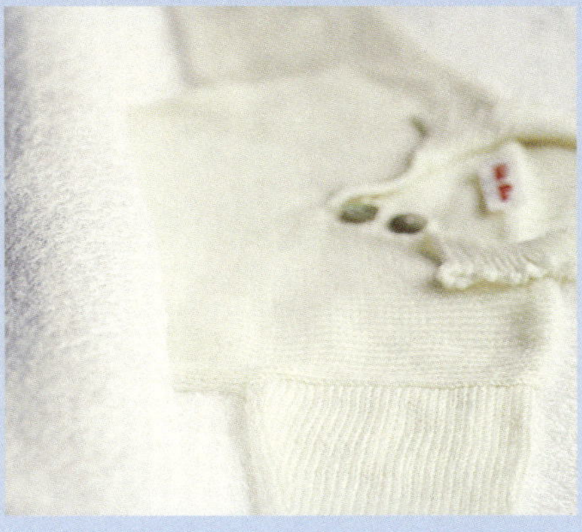

L'ENTRETIEN DU DENIM

Le denim a la particularité de rétrécir et de se délaver au lavage. En effet, seule la surface de la fibre, blanche par ailleurs, est teinte avec de l'indigo véritable, et elle se décape au fur et à mesure que le vêtement est porté et lavé. Au premier lavage, la fibre raccourcit d'environ un cinquième de sa longueur initiale, mais elle conserve la même épaisseur. Les instructions des modèles qui utilisent cette fibre tiennent compte de cette particularité.

Les pièces d'un vêtement en denim doivent être lavées séparément à 60 ou 70 °C, avec une petite pelote de fil pour les coutures. On peut ensuite les mettre au sèche-linge ou les faire sécher à plat, comme l'explique de manière plus détaillée l'étiquette de la pelote, avant de procéder à l'assemblage.

Les bases du tricot

Montage, arrêt, mailles endroit, mailles envers – quatre étapes simples pour des vêtements simples.

Le montage

Pour démarrer un tricot, on commence par monter les mailles sur l'aiguille. Il existe pour ce faire plusieurs méthodes, mais deux d'entre elles sont surtout utilisées : le montage avec le pouce et celui avec les aiguilles. Choisissez celle avec laquelle vous vous sentez le plus à l'aise ou celle qui produit une bordure qui vous plaît. Votre choix peut aussi se faire en fonction de la pièce que vous allez tricoter. Par exemple, le montage avec les aiguilles produit une lisière indéformable qui peut s'avérer utile pour des endroits très sollicités tels que les poignets.

Le nœud coulant

Dans la plupart des techniques de montage, on commence par faire un nœud coulant, qui devient ainsi la première « maille » montée sur l'aiguille. Pour bien distinguer l'extrémité libre du fil de pelote, la première est montrée plus courte sur les schémas, mais vous devez en réalité la prévoir bien plus longue pour pouvoir la glisser dans le travail ou faire l'assemblage avec elle.

1 Enroulez deux fois le fil sur les doigts de la main gauche pour créer une boucle semblable à celle du schéma. À l'aide de l'aiguille, faites passer le fil de pelote dans cette boucle.

2 Tirez sur les deux extrémités du fil pour resserrer le nœud ainsi formé sur l'aiguille. Vous êtes maintenant prête à suivre l'une des méthodes de montage expliquées ci-après.

La méthode avec le pouce, à l'anglaise

C'est cette méthode que j'utilise, car j'ai tendance à tricoter assez serré et je trouve qu'elle me permet un travail plus rapide et régulier, avec une lisière qui me plaît. Elle présente en outre la particularité de donner un peu de « mou », ce qui la rend idéale pour les bordures qui ont besoin d'être assez élastiques, par exemple sur le revers d'un bonnet au crochet.

Une mise en garde s'impose cependant : avec cette méthode, le montage s'effectue vers l'extrémité libre du fil (contrairement à la méthode avec les aiguilles, où l'on travaille vers la pelote). Vous devez donc prévoir un peu plus que la longueur de fil nécessaire pour monter le nombre de mailles souhaité, afin de ne pas en manquer si vous devez tricoter quelques mailles supplémentaires. Suivant l'épaisseur, un mètre de fil permet de monter environ cent mailles. Mais si vous n'êtes pas certaine du nombre que vous obtiendrez, prévoyez un peu plus de fil ; vous pourrez toujours l'utiliser pour l'assemblage.

En général, on apprend aux débutants à faire un nœud coulant pour la première maille, mais une fois que vous serez à l'aise avec cette technique vous pourrez très bien, à la place, créer votre première maille en posant simplement le fil, tenu de la même manière, de l'avant vers l'arrière sur votre pouce tout en le faisant passer sur l'aiguille droite ; tricotez alors la boucle tenue par votre pouce. Je trouve que cette méthode donne une bordure plus nette.

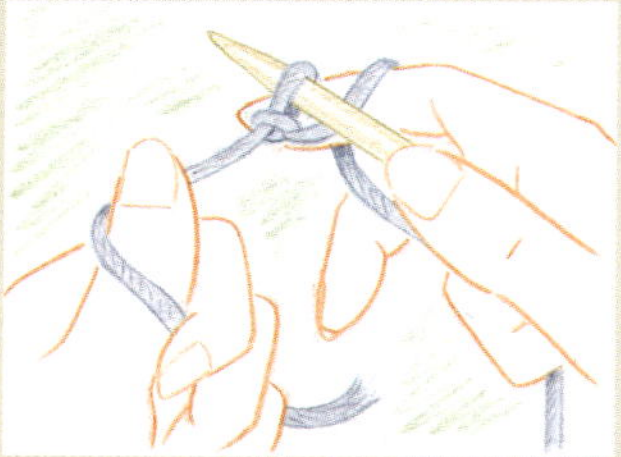

1 Faites un nœud coulant comme sur le schéma en laissant une bonne longueur de fil. Le nœud coulant sur l'aiguille dans la main droite et le fil de pelote posé sur l'index, enroulez l'extrémité libre du fil sur votre pouce gauche d'avant en arrière en refermant les doigts dessus pour le maintenir dans votre paume.

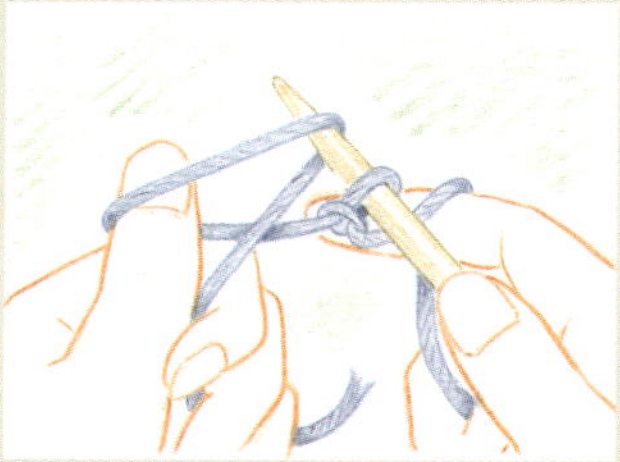

2 Insérez l'aiguille dans la boucle formée par votre pouce gauche, de bas en haut.

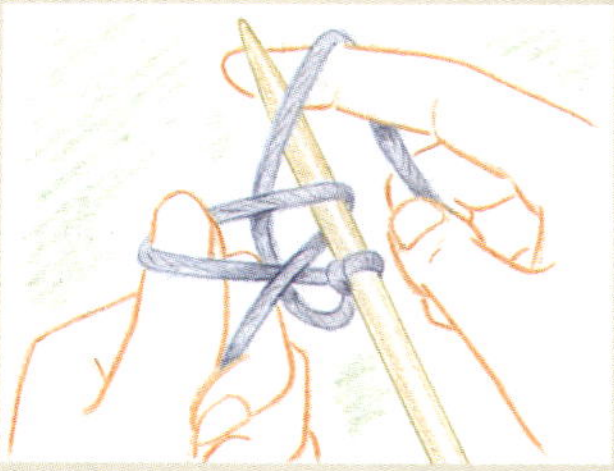

3 Avec l'index droit, ramenez le fil de pelote vers le haut et par-dessus la pointe de l'aiguille.

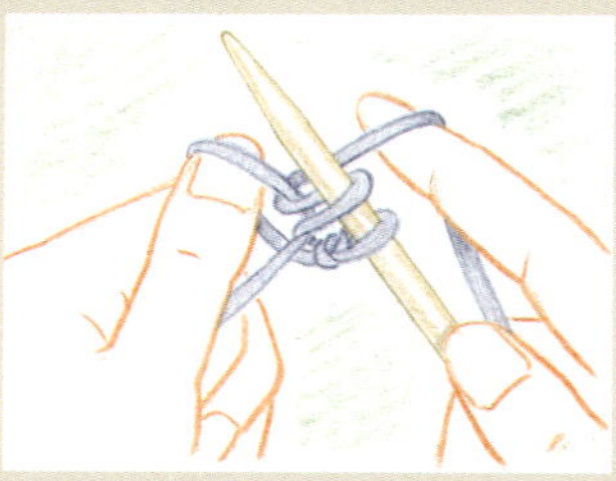

4 Faites passer ce fil dans la boucle pour former une nouvelle maille sur l'aiguille. Otez enfin votre pouce de la boucle et tirez sur l'extrémité libre pour resserrer la maille. Montez les mailles suivantes de la même manière.

La méthode avec le pouce

Cette méthode est la même que la précédente, sauf qu'on tient dans la main gauche les deux extrémités du fil à tricoter. On préfère en effet dans de nombreux pays tricoter en gardant le fil de pelote dans la main gauche, c'est pourquoi on donne généralement la préférence à ce type de montage plutôt qu'à celui plus couramment pratiqué en Grande-Bretagne. Pour la première maille, vous n'êtes pas obligée de faire un nœud coulant, comme cela vous est expliqué sur la page précédente.

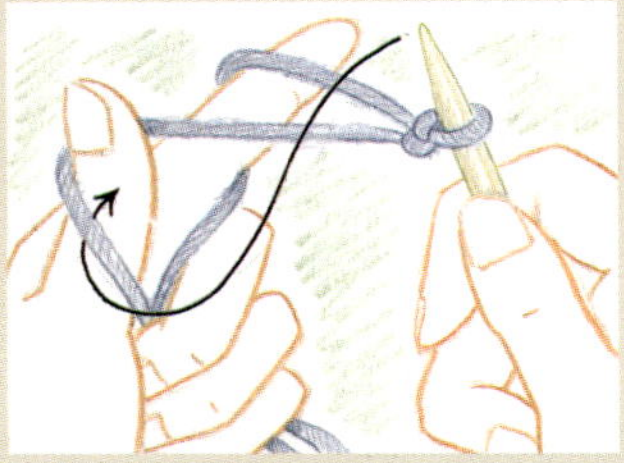

1 Comme pour la méthode à l'anglaise, tenez l'aiguille avec le nœud coulant dans la main droite et l'extrémité libre du fil dans la main gauche, mais en posant le fil de pelote sur l'index gauche et en gardant les deux fils dans la même main. Insérez l'aiguille dans la boucle formée par votre pouce, comme l'indique la flèche sur le schéma.

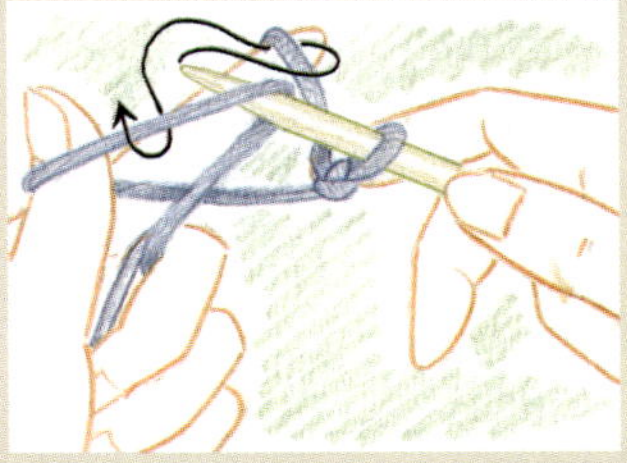

2 Attrapez avec l'aiguille le fil qui repose sur votre index, comme l'indique la flèche, puis la boucle formée par votre pouce.

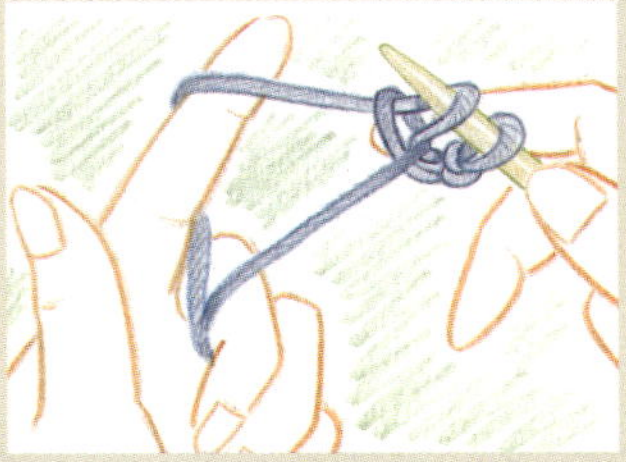

3 Laissez tomber cette boucle de votre pouce et tirez sur les deux bouts du fil pour resserrer la nouvelle maille montée. Montez les mailles suivantes de la même manière.

PETITE ASTUCE CONCERNANT LE MONTAGE

Vous pouvez très bien pour les tricots réversibles décider après le montage de leur donner un envers et un endroit. Pour ce faire, repérez de quel côté se trouve l'extrémité libre du fil au montage. Dans la méthode avec le pouce, cette extrémité ne se trouvera pas du même côté qu'en effectuant le montage avec les aiguilles. (Bien que votre tricot soit réversible, il vous sera utile de déterminer un envers et un endroit, pour l'assemblage par exemple.)

Le montage avec les aiguilles

Cette méthode de montage très populaire crée une bordure serrée, qui peut convenir lorsqu'on doit insérer un élastique, bien qu'un premier rang plus solide serait préférable. Celles qui, comme moi, ont tendance à tricoter serré pourront avoir un peu de mal à insérer l'aiguille entre les mailles pour tirer le fil. Veillez donc à ne pas trop serrer chaque nouvelle maille sur l'aiguille de gauche.

1 Faites le nœud coulant en suivant les explications de la page précédente. Prenez ensuite dans la main droite l'aiguille portant ce nœud et insérez-y votre aiguille gauche de gauche à droite et d'avant en arrière. Faites passer le fil de pelote vers le haut et par-dessus la pointe de l'aiguille de droite, comme sur le schéma.

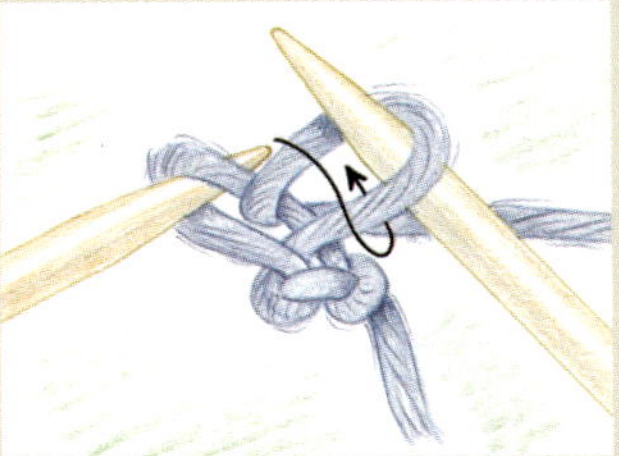

2 Avec l'aiguille droite, tirez une boucle dans le nœud coulant pour former une nouvelle maille. Ne laissez pas la maille tomber de l'aiguille gauche, mais faites glisser au contraire la nouvelle maille sur cette même aiguille.

3 Insérez l'aiguille droite entre les deux mailles sur l'aiguille gauche, et attrapez le fil.

4 Tirez le fil à travers les deux mailles pour créer une nouvelle maille, que vous ferez glisser de nouveau sur l'aiguille de gauche. Répétez les deux dernières opérations pour monter les mailles suivantes.

Une maille à l'endroit, une maille à l'envers

Après avoir monté votre premier rang, vous devez tricoter vos mailles à l'endroit ou à l'envers selon l'effet souhaité. Cette technique très simple constitue la base de tout tricot.

La maille à l'endroit

La maille à l'endroit est le premier point que l'on apprend. Il permet d'obtenir un tricot réversible au point mousse. Suivez les trois étapes suivantes pour tricoter la première maille. Lorsque vous aurez transféré toutes vos mailles sur l'aiguille droite, vous aurez achevé ce qu'on appelle un rang. Retournez alors votre ouvrage en transférant l'aiguille portant les mailles dans votre main gauche, et commencez le rang suivant.

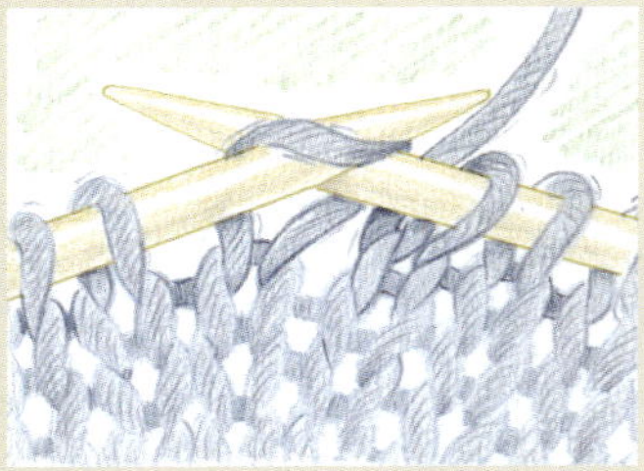

1 Prenez l'aiguille où sont montées les mailles dans la main gauche et insérez l'aiguille droite de gauche à droite et d'avant en arrière dans la première maille.

2 Attrapez alors avec la pointe de l'aiguille droite le fil de pelote qui repose sur votre index.

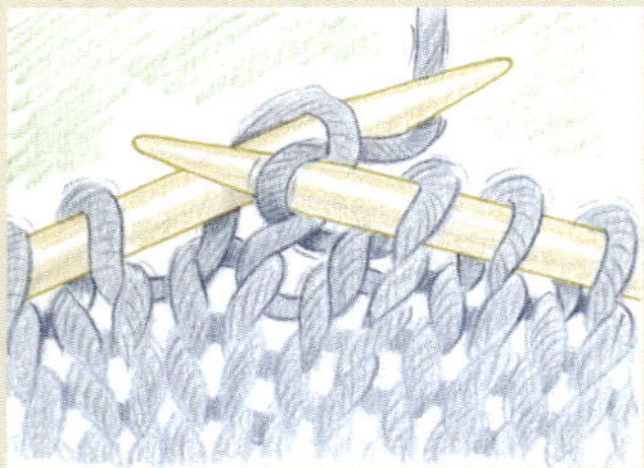

3 Faites passer l'aiguille droite avec le fil dans la maille pour former une nouvelle maille sur l'aiguille droite tout en laissant tomber l'ancienne maille de l'aiguille gauche. Procédez de même pour toutes les autres mailles sur l'aiguille gauche ; c'est ce qu'on appelle tricoter un rang.

La maille à l'envers

Après la maille à l'endroit, il convient d'apprendre la maille à l'envers, qui comme son nom l'indique est l'inverse de la première. Si on tricote tous les rangs à l'envers, on obtient le même tricot qu'en les tricotant à l'endroit, soit toujours du point mousse. Alors qu'en alternant un rang à l'endroit et un rang à l'envers on obtient du jersey, le point le plus répandu. Essayez lorsque vous choisissez cette dernière technique de conserver la même tension de fil sur les rangs à l'envers que sur ceux à l'endroit, autrement vous risquez d'obtenir un tricot d'apparence inégale, avec des striures.

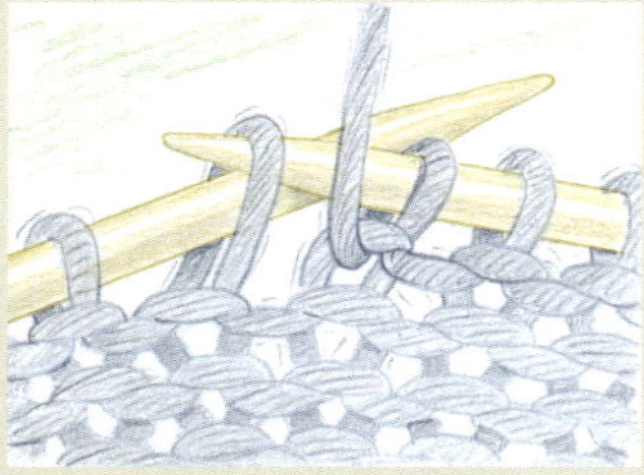

1 Posez le fil à tricoter sur l'avant de l'ouvrage et insérez l'aiguille droite dans le haut de la première maille sur l'aiguille gauche, de droite à gauche.

2 Attrapez avec la pointe de l'aiguille droite le fil de pelote posé sur votre index.

3 Faites passer l'aiguille droite et le fil dans la maille pour former une nouvelle maille tout en laissant tomber l'ancienne maille de l'aiguille gauche. Tricotez tout le rang de la sorte.

Premiers points, premiers effets

On peut combiner de multiples façons mailles à l'endroit et mailles à l'envers pour créer des tricots d'aspects différents. Les points les plus simples, qui sont aussi les plus utilisés, sont le point mousse, le jersey endroit, le jersey envers, le point de côtes et le point de riz.

Le point mousse

La simplicité du point mousse le rend idéal pour les débutants, bien qu'il nécessite une certaine maîtrise, car il a tendance à souligner les irrégularités commises. Il met bien en valeur les fibres naturelles, en particulier la laine vierge, et constitue un bon choix pour des tricots de taille modeste, comme des éléments de layette (voir l'écharpe en cashmere pour bébé et le bonnet p. 24). De plus, il est d'un très bel effet sur les encolures et les bordures, mais il faut savoir qu'il est plus long à tricoter que le jersey, car pour obtenir un rang visible de point mousse il faut en tricoter deux.

Explication du point mousse
Montez le nombre de mailles voulu.
Tricotez tous les rangs à l'endroit.

Le point de côtes 2/2

Les côtes servent généralement pour le bas d'un vêtement, les poignets ou l'encolure, car elles resserrent le tricot et permettent ainsi d'éviter que celui-ci ne bâille. Mes côtes préférées sont les côtes doubles ou 2/2. Bien qu'elles ne soient pas compliquées, je les trouve plus intéressantes que les côtes simples ou 1/1.

Explication du point de côtes 2/2
Montez un nombre de mailles multiple de 4, plus deux mailles.
1er rang : 2 m. end. * 2 m. env., 2 m. end. Reprendre à * jusqu'à la fin du rg.
2e rang : 2 m. env. * 2 m. end., 2 m. env. Reprendre à * jusqu'à la fin du rg.
Répétez ces deux rangs pour obtenir un tricot en côtes 2/2.

Le jersey

Ce point très sobre est aussi le plus répandu. Il constitue un fond idéal pour des motifs plus complexes ou pour y coudre des éléments décoratifs. On considère que l'endroit d'un tricot en jersey est le côté où se trouvent les points à l'endroit.

Explication du point jersey
Montez le nombre de mailles voulu.
1er rang (endroit) : tricotez toutes les mailles à l'endroit.
2e rang (envers) : tricotez toutes les mailles à l'envers.
Répétez ces deux rangs pour obtenir un tricot en jersey.

Le point de riz

De tous les points de base, c'est mon favori. Non seulement un vêtement exclusivement tricoté dans ce point sera du plus bel effet (voir la veste au point de riz p. 96), mais on pourra aussi l'employer pour une encolure, une bordure en bas ou sur les devants ce qui constitue une alternative séduisante aux côtes. Le point de riz ne se tricote pas aussi rapidement que d'autres points, car il nécessite de ramener sans cesse le fil de l'avant à l'arrière de l'ouvrage.

Explication du point de riz
Montez un nombre de mailles impair.
1er rang : 1 m. end. * 1 m. env., 1 m. end. Reprendre à * jusqu'à la fin du rg.
Répétez toujours ce rang pour obtenir du point de riz.

Le jersey envers

Il s'agit en fait du point jersey inversé. On s'en sert généralement en toile de fond pour les torsades, qu'il fait ressortir très nettement. Je préfère pour ma part ne l'utiliser que pour des petites surfaces, car un tricot tout en jersey envers est assez fade et peu intéressant.

Explication du jersey envers
Montez le nombre de mailles voulu
1er rang (endroit) : tricotez toutes les mailles à l'envers.
2e rang (envers) : tricotez toutes les mailles à l'endroit.
Répétez ces deux rangs pour obtenir un tricot en jersey envers.

Les damiers

Basé sur la même technique que le point de riz, ce point est effectué en double, ce qui multiplie le nombre de mailles et de rangs par deux. L'ouvrage obtenu est plus dense et plus en relief, ce qui convient particulièrement pour les pulls irlandais.

Explication des damiers
Montez un nombre de mailles multiple de 4, plus deux mailles.
1er rang : 2 m. end. * 2 m. env., 2 m. end. Reprendre à * jusqu'à la fin du rg.
2e rang : 2 m. env. *2 m. end., 2 m. env. Reprendre à * jusqu'à la fin du rg.
3e rang : 2 m. env. * 2 m. end., 2 m. env. Reprendre à * jusqu'à la fin du rg.
4e rang : 2 m. end. *2 m. env., 2 m. end. Reprendre à * jusqu'à la fin du rg.
Répétez toujours ces quatre rangs pour obtenir un tricot en damiers.

Façonner et terminer un tricot

Plusieurs méthodes permettent d'augmenter ou de diminuer le nombre des mailles sur son aiguille pour travailler les formes d'un vêtement, par exemple pour les manches, les emmanchures ou l'encolure. Ces deux pages vous présentent les plus simples, qui sont aussi les plus couramment utilisées, ainsi que deux techniques de terminaison consistant à « rabattre » les mailles.

Les augmentations

Elles servent à créer des nouvelles mailles pour augmenter la surface du tricot, généralement pour donner forme aux manches ou après avoir tricoté les côtes sur le devant, le dos ou les manches.

Elles peuvent aussi produire un effet décoratif (*voir le pull raglan p. 56*). Dans ce cas, elles doivent être exécutées à deux ou trois mailles de la lisière pour rester visibles après l'assemblage.

Il n'est pas difficile de faire une augmentation sur un ouvrage en jersey ; si vous travaillez sur des motifs plus complexes, reportez-vous aux instructions pour vérifier qu'il vous est bien possible d'en faire.

Les augmentations faites avec des jetés sont généralement utilisées dans les motifs en dentelle, suivies par des diminutions qui forment des trous ou des œillets.

PREMIÈRE TECHNIQUE

1 Insérez l'aiguille droite dans le fil avant de la maille suivante, puis tricotez-la à l'endroit sans la laisser tomber de l'aiguille gauche.

2 Insérez l'aiguille droite dans le fil arrière de la même maille et tricotez-la à l'endroit. Laissez alors tomber la première maille de l'aiguille. Vous obtenez ainsi une maille supplémentaire sur l'aiguille droite.

DEUXIÈME TECHNIQUE

1 Glissez l'aiguille gauche d'avant en arrière sous le fil horizontal tendu entre la maille de l'aiguille droite et la maille de l'aiguille gauche.

2 Tricotez l'arrière de la boucle pour la tordre sans former de trou. Vous obtenez ainsi une nouvelle maille sur l'aiguille droite.

JETÉ ENTRE DES MAILLES TRICOTÉES À L'ENDROIT

Ramenez le fil entre les deux aiguilles, d'arrière en avant. Tout en le gardant sur l'aiguille, tricotez la maille suivante.

JETÉ ENTRE DES MAILLES TRICOTÉES À L'ENDROIT ET À L'ENVERS

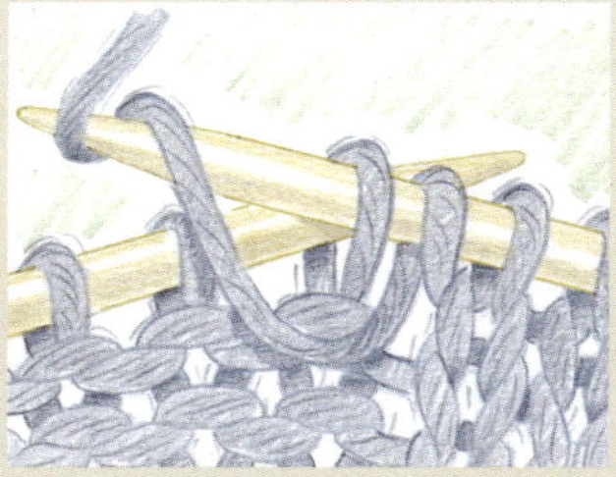

Ramenez le fil entre les deux aiguilles, d'arrière en avant, puis passez-le autour de l'aiguille pour le ramener sur l'avant entre les deux aiguilles. Tricotez la maille suivante à l'envers.

JETÉ ENTRE DES MAILLES TRICOTÉES À L'ENVERS

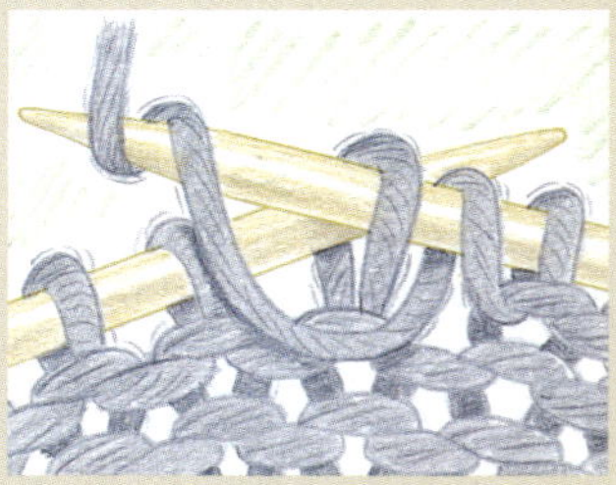

Passez le fil autour de l'aiguille, par l'arrière, pour le ramener vers l'avant entre les deux aiguilles. Tricotez la maille suivante à l'envers.

JETÉ ENTRE DES MAILLES TRICOTÉES À L'ENVERS ET À L'ENDROIT

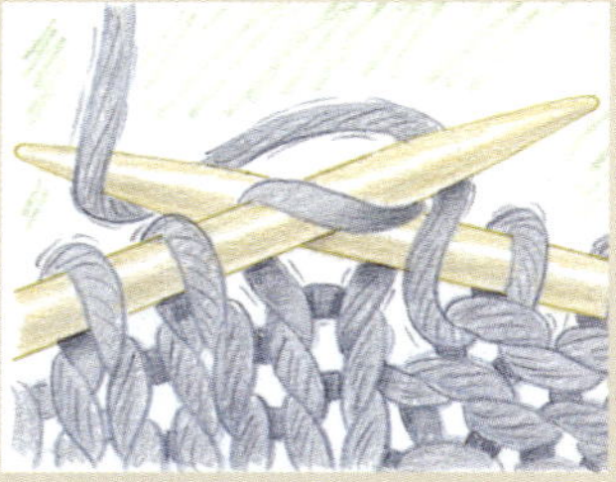

Passez le fil vers l'arrière, par-dessus l'aiguille. Tricotez la maille suivante à l'endroit.

Les diminutions

Elles permettent de réduire la surface du tricot en diminuant le nombre de mailles, et servent généralement pour mettre en forme le haut des manches ou l'encolure. Effectuées à quelques mailles de la lisière, elles peuvent prendre, comme les augmentations, une fonction décorative, et pour cela plusieurs méthodes peuvent créer une diminution en biais, vers la gauche ou vers la droite. Ce type de mise en forme, qu'on appelle « fully fashioned » ou « diminutions apparentes », peut s'avérer utile pour une encolure. En tricotant 2 mailles ensemble à l'endroit sur la droite de l'encolure, puis 1 surjet simple sur le côté gauche, on crée une lisière plus nette et on relève plus facilement des mailles sur l'encolure pour y tricoter le col.
Effectuées à deux mailles de l'encolure, les mailles en biais peuvent créer un motif intéressant autour du cou (*voir la tunique d'enfant p. 38*).

DEUX MAILLES ENSEMBLE SUR L'ENDROIT

Sur un rang de mailles tricotées à l'endroit, insérez l'aiguille droite de gauche à droite dans les deux premières mailles de l'aiguille gauche et tricotez-les ensemble. Vous supprimez ainsi une maille.

DEUX MAILLES ENSEMBLE SUR L'ENVERS

Sur un rang de mailles tricotées à l'envers, insérez l'aiguille droite de gauche à droite dans les deux premières mailles de l'aiguille gauche et tricotez-les ensemble à l'envers. Vous supprimez là aussi une maille.

SURJET SIMPLE

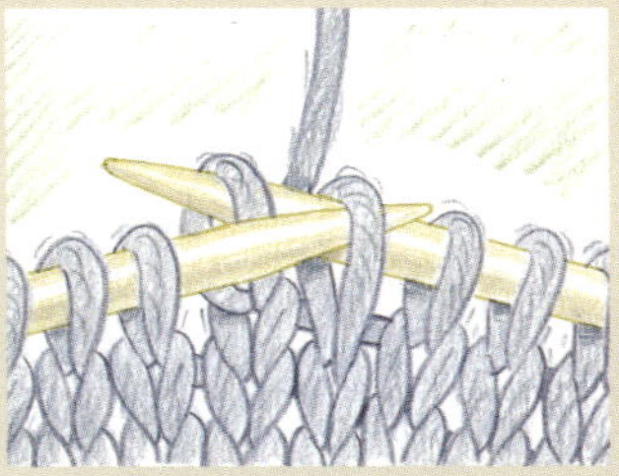

1 Insérez l'aiguille droite dans la première maille de l'aiguille gauche et faites-la glisser sur l'aiguille droite sans la tricoter. Tricotez la maille suivante à l'endroit, puis piquez l'aiguille gauche dans la maille glissée, comme sur le schéma.

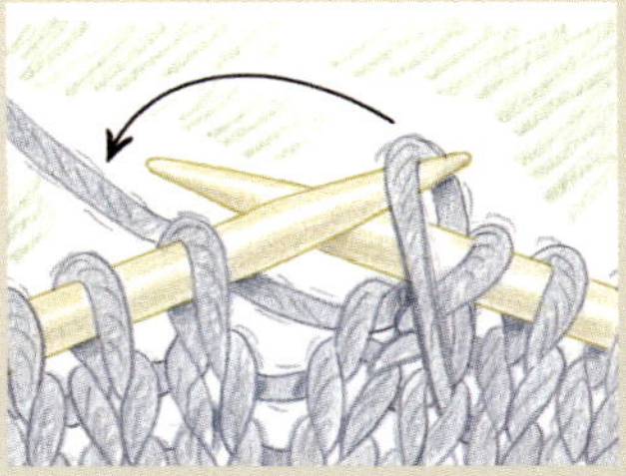

2 Avec l'aiguille gauche, passez la maille glissée par-dessus la maille tricotée, comme sur le schéma, avant de la faire tomber de l'aiguille droite.

Les mailles rabattues

Elles servent à terminer l'ouvrage en fermant les dernières mailles de manière à ce qu'elles ne se détricotent pas. Pensez, lors de cette étape, à ne pas trop tirer sur le fil pour conserver une certaine élasticité au bord rabattu, sans que la terminaison soit non plus trop lâche. Cela vaut particulièrement pour l'encolure, où il est important de pouvoir passer facilement la tête.
Les mailles rabattues sont également utilisées pour la plupart des boutonnières, ou lorsqu'on doit diminuer plusieurs mailles à la fois. Sauf indication contraire, rabattez vos mailles en vous servant du point utilisé pour confectionner le vêtement.

MAILLES RABATTUES SUR L'ENDROIT

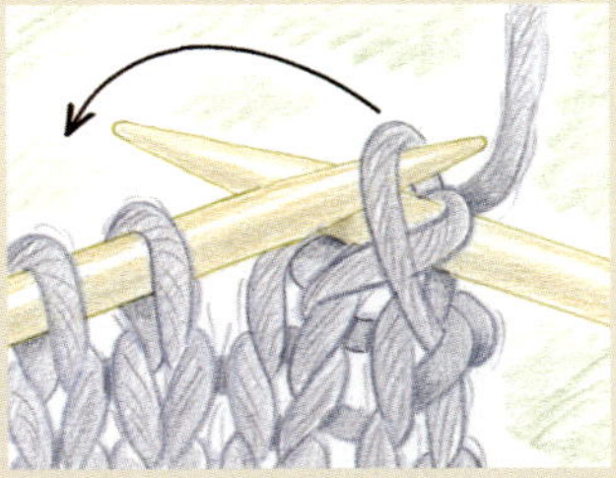

1 Tricotez deux mailles, puis insérez l'aiguille gauche dans la première maille tricotée de l'aiguille droite, soulevez cette maille par-dessus la suivante en la faisant glisser de l'aiguille droite.

2 Vous avez maintenant une maille sur l'aiguille droite. Tricotez la suivante, puis répétez la première opération pour les mailles suivantes. Quand la dernière maille est rabattue, coupez le fil et passez-le dans la maille pour la fermer en le tirant.

MAILLES RABATTUES SUR L'ENVERS

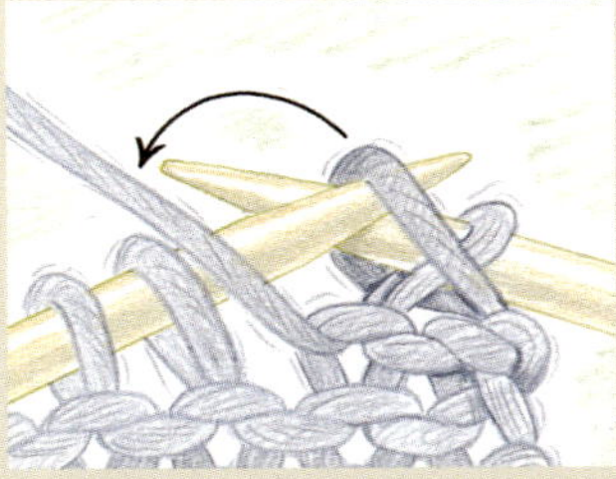

1 Tricotez deux mailles à l'envers. Insérez l'aiguille gauche dans l'arrière de la première maille tricotée sur l'aiguille droite et soulevez cette maille par-dessus la suivante en la faisant glisser de l'aiguille droite.

2 Vous avez maintenant une maille sur l'aiguille droite. Tricotez la suivante à l'envers, puis répétez la première opération pour les mailles suivantes. Quand la dernière maille est rabattue, coupez le fil et passez-le dans la maille pour la fermer en le tirant.

Méthodes simples pour coudre et relever des mailles

La dernière étape, qui est aussi l'une des plus importantes, consiste à assembler un vêtement et à ajouter des bordures en relevant des mailles. On peut très bien, en voulant le terminer trop vite, saccager un ouvrage superbement tricoté en ratant ses coutures ou en relevant des mailles de façon trop irrégulière. Voici des techniques de base qui vous aideront à soigner la finition de votre vêtement.

Les coutures

J'ai presque toujours recours au « grafting » pour coudre des vêtements, qui donne une merveilleuse couture presque invisible. Il se pratique avec tous les types de fils, et donne une couture très droite, car elle prend la même quantité de tricot de chaque côté – ce qui signifie aussi que l'on n'a pas besoin d'épingler les pièces au préalable. Je trouve ce point particulièrement précieux lorsqu'il faut effectuer des coutures sur des jacquards ou des tricots rayés.

J'ai moins souvent recours aux autres techniques, bien qu'elles aient toutes leur utilité. Par exemple, le point arrière est idéal pour coudre dans une tête de manche en répartissant régulièrement l'ampleur. Il est également parfait pour arrêter les fils qui dépassent sur les motifs en couleur où l'on trouve parfois de nombreux brins le long de la lisière. Assurez-vous simplement lorsque vous cousez en point arrière que vous suivez une ligne parfaitement continue.

Pour les coutures d'épaules, le « grafting » sur lisières donne les meilleurs résultats tandis que pour les manches mieux vaut utiliser la méthode « assembler un rang d'arrêt et une lisière ».

Laissez un excédent de fil libre au moment du montage pour l'utiliser lors de l'assemblage, et il sera déjà ainsi rattaché à l'ouvrage. Si ce n'est pas possible, gardez un peu de longueur lorsque vous commencez à coudre que vous pourrez ensuite glisser dans le tricot. Servez-vous toujours pour coudre d'une aiguille à bout rond pour éviter de fendre la fibre du fil en deux et de le fragiliser.

DÉBUTER UNE COUTURE

Les pièces de tricot face à vous, prenez le fil laissé au montage ou à l'arrêt et enfilez-le dans une aiguille à bout rond. Piquez l'aiguille d'arrière en avant dans la maille de lisière de la seconde pièce de tricot, puis décrivez un huit et piquez l'aiguille d'arrière en avant dans

la maille d'où part le fil. Tirez sur le fil pour rapprocher les deux pièces.

« GRAFTING » SUR JERSEY

Vos pièces de tricot face à vous, insérez l'aiguille sous le fil horizontal entre la première maille et la maille suivante, puis sous le fil correspondant sur l'autre pièce. Continuez à coudre ainsi en remontant.

« GRAFTING » DANS LES CÔTES – ASSEMBLER 2 M. ENDROIT

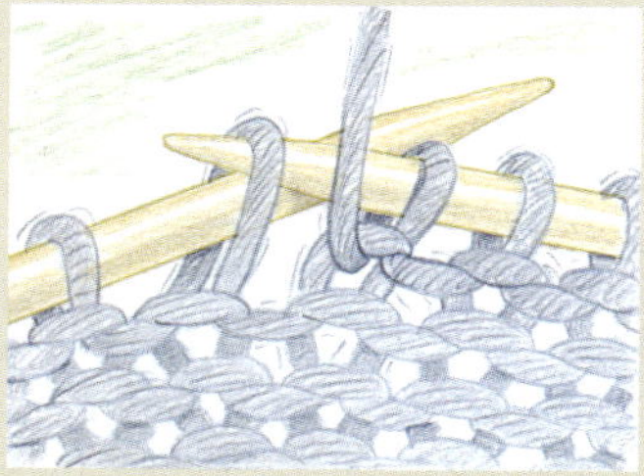

Insérez l'aiguille sous le fil horizontal au milieu de la maille lisière d'une des pièces, puis de l'autre. Poursuivez ainsi en remontant le fil pour qu'une maille entière soit formée par cette couture.

« GRAFTING » DANS LES CÔTES – ASSEMBLER 2 M. ENVERS

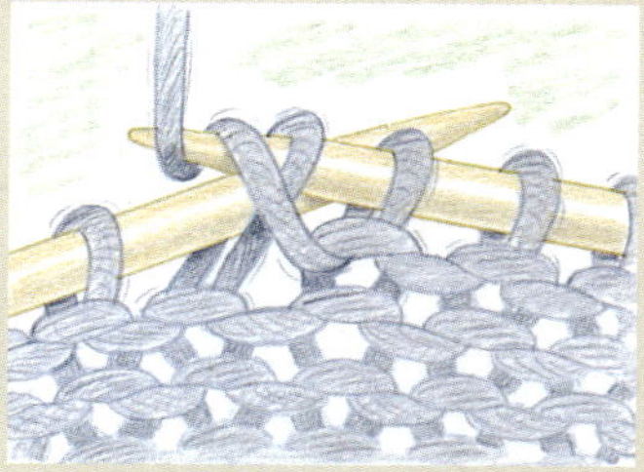

Sautez la maille tricotée à l'envers sur les lisières des deux pièces de tricot et cousez ensemble les deux mailles endroit, comme précédemment.

« GRAFTING » DANS LES CÔTES – ASSEMBLER 1 M. ENDROIT ET 1 ENVERS

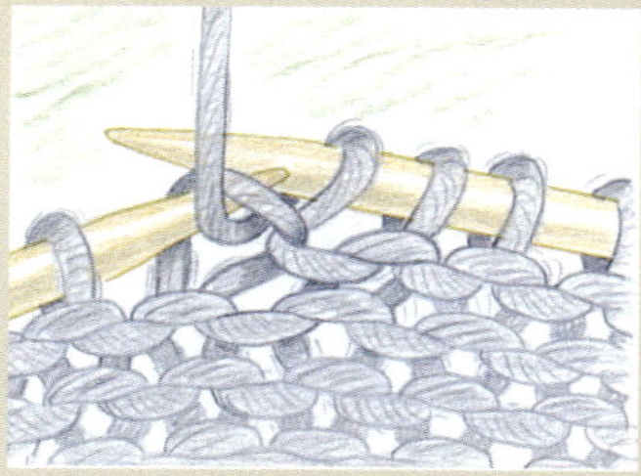

Sautez la maille tricotée à l'envers sur la bordure tricotée à l'envers et cousez ensemble deux mailles à l'endroit, comme précédemment.

ASSEMBLER DEUX RANGS D'ARRÊT

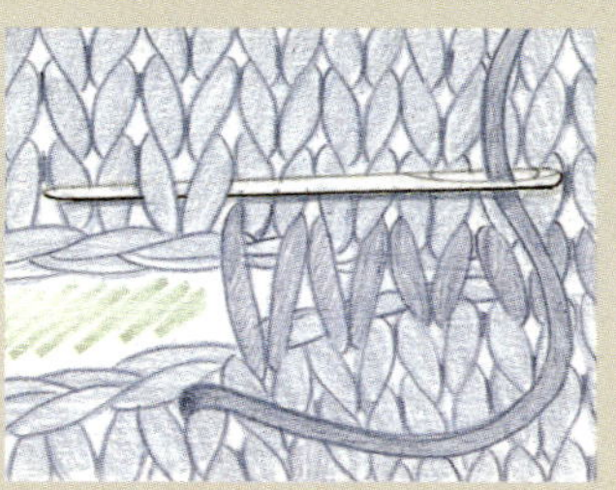

1 Rapprochez les bordures puis piquez l'aiguille dans la première maille, juste sous le rang d'arrêt. Piquez ensuite l'aiguille dans la première maille de l'autre pièce et faites-la ressortir au milieu de la maille suivante.

2 Repiquez l'aiguille dans la première maille de la première pièce et faites-la ressortir dans la maille voisine. Poursuivez ainsi la couture.

ASSEMBLER UN RANG D'ARRÊT ET UNE LISIÈRE

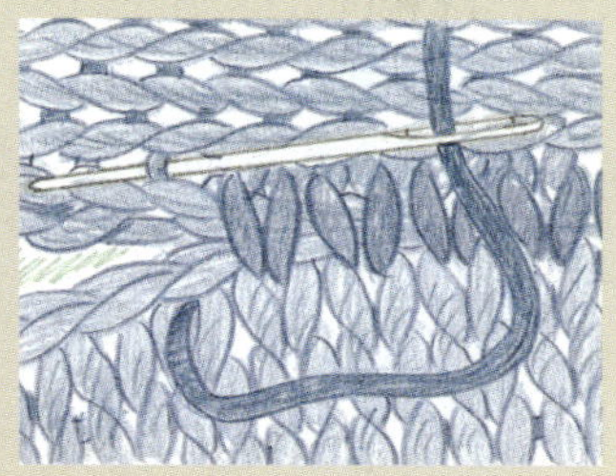

Piquez l'aiguille d'arrière en avant dans la première maille de la pièce dont la bordure est rabattue, puis faites-la passer sous un ou deux fils horizontaux entre la première et la deuxième maille de la pièce avec la lisière pour la repasser dans la même maille au niveau de la bordure. Continuez ainsi jusqu'à ce que la couture soit terminée.

LE POINT ARRIÈRE

1 Posez les pièces endroit contre endroit, puis cousez avec le long brin libre laissé sur le rg d'arrêt en faisant passer l'aiguille deux fois autour des bords extérieurs, d'arrière en avant. Piquez ensuite dans l'épaisseur de chaque pièce, à moins d'un centimètre d'où le fil est sorti.

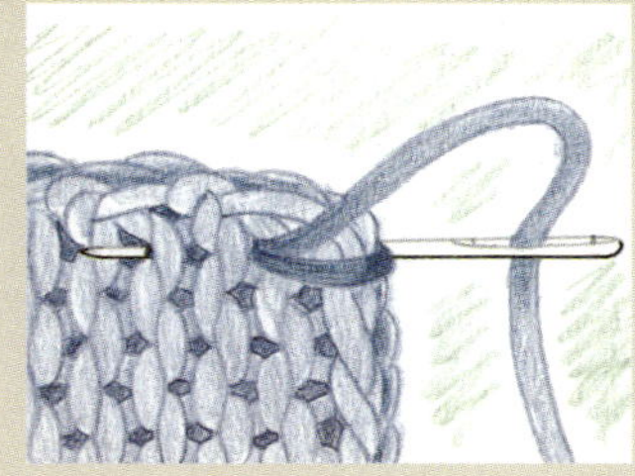

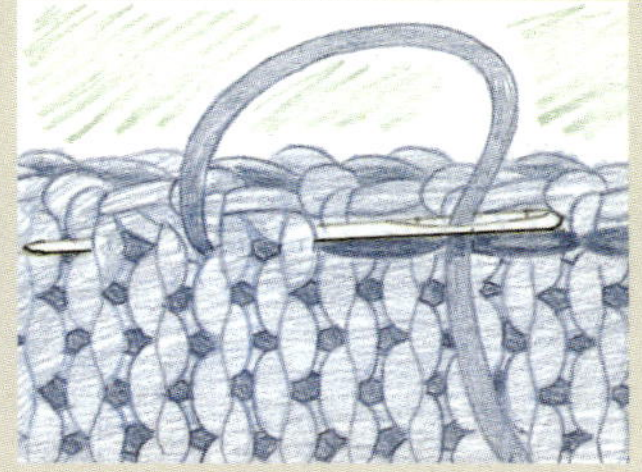

2 Repiquez l'aiguille à l'endroit d'où sortait le fil au dernier point, puis de nouveau à la même distance en avant du fil émergeant. Répétez ces opérations en formant des points de longueurs égales et en allant parfaitement droit.

Mailles relevées

On « relève » des mailles lorsqu'on a besoin de tricoter une bordure directement sur une pièce, par exemple pour ajouter une bande de boutonnage sur un gilet ou un col sur une encolure.
Pour ce faire on tire des boucles à travers le tricot avec la pointe de l'aiguille, ce qui permet d'y former directement des mailles.

Les explications de tricot vous indiqueront combien de mailles vous devez relever, ce qui doit être fait de manière régulière. Généralement, cela est mentionné par les termes « relever » et « tricoter ».

SUR UNE LISIÈRE

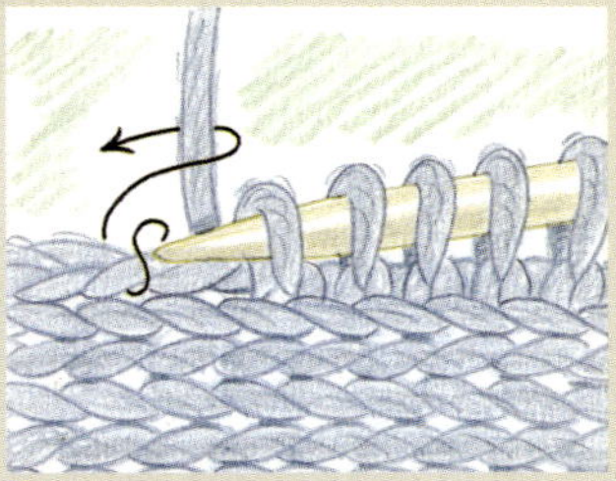

Prenez l'endroit du tricot face à vous et piquez l'aiguille d'avant en arrière entre la première et la deuxième maille du premier rang. Enroulez le fil autour de l'aiguille et tirez-le de manière à former une boucle qui formera une nouvelle maille sur l'aiguille. Poursuivez de la même manière le long du bord du tricot.

SUR UNE ENCOLURE

Sur une encolure, procédez le long des bords droits comme pour une lisière. Pour les bords arrondis, piquez l'aiguille dans la maille en dessous des diminutions (pour ne pas avoir de trous) et tirez le fil pour former une boucle qui constituera une nouvelle maille sur l'aiguille.

Des formes simples

Le secret de la perfection est parfois la simplicité…

dans la nature comme dans les modèles de tricot.

Créer un vêtement de forme simple

J'aime travailler sur des modèles simples. Cela me permet non seulement de me concentrer sur les motifs et les couleurs, mais aussi, lorsque j'utilise un point simple tel que le point mousse ou le point jersey, de mettre en valeur la beauté du tricot par des lignes épurées.

Créer un patron simple pour un pull

Lorsque j'imagine un pull-over irlandais (*voir les torsades p. 74*) ou un tricot avec des grands motifs de couleur, je choisis généralement une ligne d'épaule tombante plutôt qu'une manche montée. La bordure droite de la manche et les contours linéaires du vêtement me permettent en effet d'utiliser des points complexes sur toute la surface et des motifs colorés sans être gênée par le rétrécissement nécessaire pour l'emmanchure et le haut des manches.

De plus, l'aisance que donne cette forme simple de manche est nécessaire pour pouvoir tricoter avec un gros fil, car sinon on risque de créer une surépaisseur au niveau de l'attache du bras. Cela vaut particulièrement lorsqu'il s'agit de vêtements pour enfants, car ils aiment les tricots doux dans lesquels ils sont à l'aise. En leur tricotant des pulls amples aux formes simples, ils se sentiront aussi bien que dans un sweat-shirt ou un t-shirt.

Si vous souhaitez créer vous-même le patron de votre tricot, relevez les mesures d'un de vos sweat-shirts les plus simples, qui ait une découpe droite et des épaules tombantes. Notez la longueur et la largeur de son corps, la largeur du haut de la manche, ainsi que les largeur et longueur du bas de la manche. Tricotez ensuite un échantillon en point jersey ou en point mousse pour savoir combien de mailles et de rangs il faut pour 10 cm. Vous pouvez ensuite calculer le nombre de mailles et de rangs nécessaires pour obtenir les dimensions voulues, et savoir de combien de mailles vous aurez besoin pour les augmentations sur les manches. Lisez des explications de tricots similaires si vous ne savez pas trop comment commencer ou si vous voulez savoir comment confectionner une encolure simple. Si l'ouvrage que vous souhaitez entreprendre vous paraît trop compliqué, optez alors plutôt pour un coussin ou un sac.

Agrémenter des tricots aux formes simples

On peut agrémenter les tricots en apportant des détails soigneusement choisis. Les diminutions apparentes, par exemple, créent un effet subtil, car les points partent en biais dans des directions différentes ; la bordure en point mousse des fentes d'une tunique se révèle à la fois élégante et pratique. On peut aussi, au lieu de faire des côtes au niveau des ourlets, ajouter

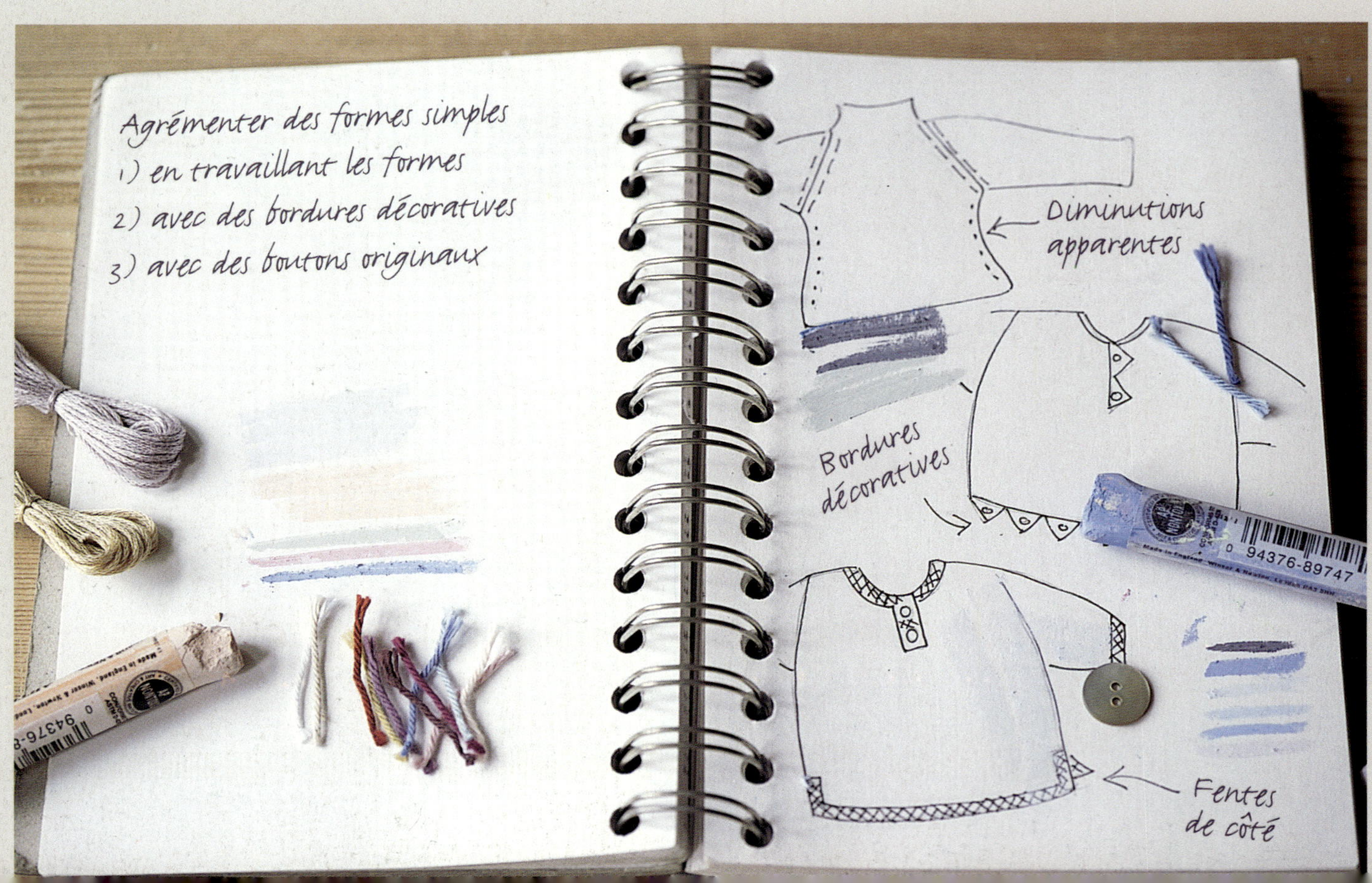

des bordures qui seront plus esthétiques. En reprenant les côtés des tricots classiques tels que les Fair Isle, on peut les rendre plus ajustés et leur donner plus de tenue, ce qui peut changer agréablement des tricots trop grands et quelque peu informes.

Les finitions sur des formes simples

Plus la forme et le point choisis sont simples, plus il est important de soigner les coutures. Celles-ci se remarqueront d'autant plus, et lorsqu'on travaille surtout les formes, comme le pull raglan page 58, elles doivent être le plus parfaites possible.

Les proportions sur des formes simples

Vous devez garder présent à l'esprit le fait que des formes épurées soulignent les proportions d'un vêtement. En tant que créatrice de vêtements, il est pour moi impératif que le projet que j'ai créé ait les mesures que je souhaitais. Lorsque j'imagine un vêtement, je sais si je veux qu'il soit court et carré ou bien étroit et long. Que l'on tricote trop ou pas assez serré changera l'aspect de l'ouvrage. Un vêtement tricoté à la main d'après un modèle simple mais élégant pourra alors devenir franchement quelconque !

Écharpe et bonnet de bébé en cashmere

Cette écharpe au point mousse est parfaite pour les débutantes. Tricotée en cashmere, elle sera le cadeau idéal et luxueux pour un nouveau bébé. Le bonnet rond bien chaud a un petit bord roulé.

FOURNITURES
Pour l'ensemble
3 (4) pel. de 25 g de cashmere
(90 % cashmere, 10 % polyamide – 98 m./25 g)
Aig. n° 3

TAILLES ET MESURES

Bonnet	0/3	3/6	mois
Écharpe		3/6	mois
Largeur de l'écharpe	12		cm
Longueur de l'écharpe	63		cm

POINTS EMPLOYÉS
Jersey end. : [1 rg end., 1 rg env.].
Point mousse : tric. toujours à l'end.

ÉCHANTILLON
25 m. et 46 rgs = 10 cm tric. au point mousse avec les aig. n° 3.

ABRÉVIATIONS
Voir p. 7.

ÉCHARPE

RÉALISATION
Monter 30 m. sur les aig. n° 3.
Tric. au point mousse.
Rab. à 63 cm de haut. tot.

BONNET

RÉALISATION
Monter 91 (101) m. sur les aig. n° 3.
En comm. par 1 rg end., tric. 8 rgs de jersey end. pour le roulotté.
Cont. au point mousse jusqu'à 15 (18) cm de haut. tot.
Fond
Cont. toujours au point mousse :
Rg suiv. : 1 m. end., [2 m. ensemble à l'end., 8 m.] 9 (10) fs = 82 (91) m.
Tric. 3 rgs droits.
Rg suiv. : 1 m. end., [2 m. ensemble à l'end., 7 m.] 9 (10) fs = 73 (81) m.
Tric. 3 rgs droits.
Rg suiv. : 1 m. end., [2 m. ensemble à l'end., 6 m.] 9 (10) fs = 64 (71) m.
Tric. 3 rgs droits.
Rg suiv. : 1 m. end., [2 m. ensemble à l'end., 5 m.] 9 (10) fs = 55 (61) m.
Tric. 3 rgs droits.
Rg suiv. : 1 m. end., [2 m. ensemble à l'end., 4 m.] 9 (10) fs = 46 (51) m.
Tric. 1 rg droit.
Rg suiv. : 1 m. end., [2 m. ensemble à l'end., 3 m.] 9 (10) fs = 37 (41) m.
Tric. 1 rg droit.
Rg suiv. : 1 m. end., [2 m. ensemble à l'end., 2 m.] 9 (10) fs = 28 (31) m.
Tric. 1 rg droit.
Rg suiv. : 1 m. end., [2 m. ensemble à l'end., 1 m.] 9 (10) fs = 19 (21) m.
Rg suiv. : 1 m. end., tric. toutes les autres m. 2 par 2 = 10 (11) m.
Couper le fil en gardant une grande longueur.

MONTAGE
À l'aide d'une aig. à laine, passer le fil dans les m. rest. en les faisant tomber de l'aig. Tirer pour fermer le haut. Arrêter solidement sans couper le fil puis à la suite fermer le bonnet en inversant la couture sur la haut. du roulotté.

Le montage sur le pouce est idéal pour ce bonnet. Il donne un départ suffisamment souple pour que le bord soit retourné et roulotté.

Polo de bébé, bordures au point de riz

Tricotées avec un fil de coton très tonique, les bordures au point de riz réveillent ce polo de bébé tout simple. Il a aussi de petites fentes dans le bas des côtés. *(voir p. 7 pour plus de détails sur le point de riz.)*

FOURNITURES
3 (4 – 5) pel. de 50 g de coton mercerisé (100 % coton, 82 m./50 g)
2 aig. n° 2,5 et n° 3
Arrêt de m. – 3 épingles à nourrice
3 boutons

TAILLES ET MESURES

Âges	3/6	6/12	12/18	mois
Mesures du vêtement terminé				
Largeur (dos + devant)	51	56	62	cm
Longueur	26	30	35	cm
Longueur des manches	15	18	22	cm

POINTS EMPLOYÉS
Jersey end. : [1 rg end., 1 rg env.].
Point de riz : voir détails en cours de réalisation.

ÉCHANTILLON
26 m. et 34 rgs = 10 cm tric. en jersey end. avec les aig. n° 3.

ABRÉVIATIONS
Voir p. 7.

DOS
Monter 67 (73 – 81) m. sur les aig. n° 2,5.
Comm. ainsi le point de riz :
1er rg du point de riz : 1 m. end., * 1 m. env., 1 m. end.
Reprendre à * jusqu'à la fin du rg.
Répéter ce rg 3 autres fs.
Prendre les aig. n° 3 et cont. en formant les bordures des fentes :
Rg suiv. (end. du trav.) : 1 m. end., 1 m. env., tric. à l'end. jusqu'aux 2 dernières m., 1 m. env., 1 m. end.
Rg suiv. : 1 m. end., 1 m. env., tric. à l'env. jusqu'aux 3 dernières m., 1 m. end., 1 m. env., 1 m. end.
Répéter ces 2 derniers rgs 2 autres fs, en term. par 1 rg sur l'env.
En comm. par 1 rg end., cont. en jersey end. jusqu'à 26 (30 – 35) cm de haut. tot. en term. par 1 rg sur l'env.
Épaules
Rab. 9 (10 – 11) m. au début des 4 rgs suiv. Laisser les 31 (33 – 37) m. rest. en attente sur un arrêt de m. pour l'encolure.

DEVANT
Trav. comme pour le dos jusqu'à 13 (17 – 20) cm de haut. tot. en term. par 1 rg sur l'env.

Fente du devant
Partager ainsi le trav. pour la fente du devant :
Rg suiv. (end. du trav.) : 31 (34 – 38) m. end., tourner en laissant les autres m. en attente sur une aig.
Trav. sur ces m. pour le 1er côté de l'encolure en formant la bordure au point de riz :
Rg suiv. : ajouter 5 m. au début du rg. Les tric. ainsi : 1 m. end., [1 m. env., 1 m. end.] 2 fs, tric. à l'env. jusqu'à la fin du rg = 36 (39 – 43) m.
Rg suiv. (end. du trav.) : tric. à l'end. jusqu'aux 4 dernières m., [1 m. env., 1 m. end.] 2 fs.
Rg suiv. : 1 m. end., [1 m. env., 1 m. end.] 2 fs, tric. à l'env. jusqu'à la fin du rg.
Répéter ces 2 rgs 11 (13 – 15) autres fs, en terminant par 1 rg sur l'env.
Rg suiv. (end. du trav.) : tric. à l'end. jusqu'aux 10 (11 – 12) dernières m., mettre ces 10 (11 – 12) m. en attente sur une épingle à nourrice = 26 (28 – 31) m.
Encolure
Cont. uniquement sur ces m. en dim. 1 m. côté encolure à ch. rg jusqu'à 18 (20 – 22) m.
Cont. droit jusqu'à la haut. de l'épaule en term. côté emmanch.
Épaule
Rab. 9 (10 – 11) m. au début du rg suiv.
Tric. 1 rg env.
Rab. les 9 (10 – 11) m. rest. pour term. le 1er côté.
En trav. sur l'end. reprendre les m. en attente en tric. :
[1 m. end., 1 m. env.] 2 fs, tric. à l'end. jusqu'à la fin du rg.
Rg suiv. (env. du trav.) : tric. à l'env. jusqu'aux 5 dernières m.,

Il y a maintenant une gamme très étendue de coloris merveilleux. Plutôt que des tons pastel ou du beige, pour les bébés, essayez des tons neutres comme les gris ou les terres cuites.

[1 m. env., 1 m. end.] 2 fs.
Rg suiv. : [1 m. end., 1 m. env.] 2 fs, tric. à l'end. jusqu'à la fin du rg.
En conservant cette disposition des points, tric. 5 autres rgs, en term. par 1 rg sur l'env.
Former ainsi la boutonnière sur le rg suiv. :
Rg avec boutonnière (sur l'end.) : tric. les 2 premières m. au point de riz, tric. ensemble les 2 m. suiv., 1 jeté, tric. à l'end. jusqu'à la fin du rg.
Tric. 9 (11 – 13) rgs droits en term. par 1 rg sur l'env.
Tric. un autre rg avec boutonnière.
Tric. 7 (9 – 11) rgs droits en term. par 1 rg sur l'env.

Encolure

Rg suiv. (end. du trav.) : tric. les 10 (11 – 12) premières m., mettre ces m. en attente sur une épingle à nourrice puis tric. à l'end. jusqu'à la fin du rg.
Cont. uniquement sur ces m., en jersey end. en dim. 1 m. côté encolure à ch. rg jusqu'à ce qu'il reste 18 (20 – 22) m.
Cont. droit jusqu'à la haut. des épaules, en term. côté emmanch.

Épaule

Rab. 9 (10 – 11) m. au début du rg suiv.
Tric. 1 rg end. Rab. les 9 (10 – 11) dernières m.

MANCHES

Monter 31 (35 – 39) m. sur les aig. n° 2,5.
Tric. 6 rgs au point de riz comme expliqué pour le dos.
Prendre les aig. n° 3.
En comm. par 1 rg end., tric. en jersey end. en augm. 1 m. à ch. extrémité du : 3e (5e – 1er) rg puis ts les 3 (3 – 4) rgs jusqu'à 55 (63 – 71) m.
Cont. droit jusqu'à 15 (18 – 22) cm de haut. tot. en term. par 1 rg sur l'env. Rab.

BORDURE D'ENCOLURE

Coudre les épaules.
En trav. sur l'end. avec les aig. n° 2,5, reprendre les 10 (11 – 12) m. en attente au côté droit de l'encolure devant, relever 14 (16 – 18) m. sur l'encolure devant, reprendre les 31 (33 – 37) m. de l'encolure dos en les tric. à l'end., relever 14 (16 – 18) m. sur l'encolure du devant gauche puis reprendre les m. en attente au devant gauche = 79 (87 – 97) m.
Tric. 1 rg au point de riz.
Former 1 boutonnière sur le rg suiv. :
Rg avec boutonnière (sur l'end.) : tric. les 2 premières m. au point de riz, 2 m. ensemble, 1 jeté, tric. au point de riz jusqu'à la fin du rg.
Tric. 3 rgs au point de riz.
Rab. en tric. les m. au point de riz.

MONTAGE

Monter les manches en alignant le milieu sur la couture des épaules. Fermer les manches puis les côtés en laissant les bordures au point de riz ouvertes pour les fentes. Croiser les bordures de la fente du devant et les coudre au milieu du devant. Coudre les boutons.

Veste de bébé avec cravate nouée et chaussons

FOURNITURES

Veste : 4 (4 – 5) pel. de 50 g de coton et laine
(50 % laine, 50 % coton, environ 107 m./50 g)
Chaussons : 1 pel.
2 aig. n° 2,5 et n° 3
1 bouton

MESURES

Âge	3/6	6/9	9/12	mois
Largeur (dos + devant)	60	63	66	cm
Longueur	24	26	28	cm
Longueur des manches	14	16	18	cm

POINTS EMPLOYÉS

Point de riz : voir détail en cours d'explications.
Jersey end. : [1 rg end., 1 rg env.].
Surjet simple : 1 m. glissée, 1 m. end. sur laquelle on rab. la m. glissée.

ÉCHANTILLON

25 m. et 34 rgs = 10 cm tricotés en jersey end. avec les aig. n° 3.

ABRÉVIATIONS

Voir p. 7.

VESTE

DOS ET DEVANTS

Monter 153 (161 – 169) m. sur les aig. n° 2,5.
Point de riz : 1 m. end., * 1 m. env., 1 m. end.
Reprendre à * jusqu'à la fin du rg.
Répéter ce rg 5 autres fs.
Prendre les aig. n° 3.
Rg suiv. : 5 m. point de riz, tric. à l'end. jusqu'aux 5 dernières m., 5 m. point de riz.
Rg suiv. : 5 m. point de riz, tric. à l'env. jusqu'aux 5 dernières m., 5 m. point de riz
Cont. ainsi en jersey end. avec des bordures au point de riz jusqu'à 13 (14 – 15) cm de haut. tot. en terminant par 1 rg end.

Devant gauche
Rg suiv. : 5 m. point de riz, 34 (36 – 38) m. env. Tourner.
Cont. en respectant cette disposition jusqu'à 20 (22 – 23) cm de haut. tot. en term. côté encolure.

Encolure
Rg suiv. : 5 m. point de riz et 4 m. env., mettre ces m. en attente sur une épingle à nourrice, tric. à l'env. jusqu'à la fin = 30 (32 – 34) m.
Dim. 1 m. côté encolure à ch. rg jusqu'à ce qu'il reste 22 (23 – 24) m.
Cont. droit jusqu'à 24 (26 – 28) cm de haut. tot., en term. côté emmanchure.

Épaule
Rab. 11 (11 – 12) m. au début du rg suiv.
Tric. 1 rg.
Rab. les 11 (12 – 12) m. rest.

DOS
En trav. sur l'env., reprendre les 75 (79 – 83) m. suivantes en les tric. à l'env. Tourner.
Tric. en jersey end. jusqu'à la haut. de l'épaule en term. par 1 rg env.

Épaule
Rab. 11 (11 – 12) m. au début des 2 rgs suiv. puis 11 (12 – 12) m. au début des 2 rgs suiv. Laisser les 31 (33 – 35) m. rest. en attente sur un arrêt de m.

Devant droit
En trav. sur l'env., reprendre, sur l'env., les 39 (41 – 43) dernières m.
Tric. à l'env. jusqu'aux 5 dernières m. 5 m. point de riz.
Tric. en vis-à-vis du devant gauche.

MANCHES

Monter 33 (37 – 41) m. sur les aig. n° 2,5.
Tric. 6 rgs au point de riz comme expliqué pour le dos.
Avec les aig. n° 3, cont. en jersey end. en augmentant 1 m. à ch. extrémité du rg suiv. puis ts les 4 rgs jusqu'à 53 (57 – 61) m.
Cont. droit jusqu'à 14 (16 – 18) cm de haut. tot., en term. par 1 rg env. Rab.

BORDURE D'ENCOLURE

Coudre les épaules.
En trav. sur l'end., avec les aig. n° 2,5, reprendre, en les tric. à l'end., les 9 m. en attente à l'encolure du devant droit ; à la suite relever 15 m. sur l'encolure devant, 31 (33 – 35) m. sur l'encolure du dos, 15 m. sur l'encolure du devant gauche puis reprendre les 9 m. en attente à l'encolure du devant gauche = 79 (81 – 83) m.
Tric. 2 rgs au point de riz.
Rg de boutonnière : 2 m. point de riz, 2 m. ensemble, 1 jeté.
Tric. au point de riz jusqu'à la fin du rg.
Tric. 2 rgs au point de riz.
Rg suiv. : 5 m. point de riz. Rab. les autres m.
En trav. sur l'env., reprendre les 5 m. en les tric. au point de riz.
Tric. encore 5 rgs. Rab.

NŒUDS (2)

Monter 6 m. sur les aig. n° 3.
En comm. par 1 rg end., tric. 2 rgs de jersey end.
Rg suiv. : 1 m. end., [1 augm., 1 m. end.] 5 fs = 11 m.
Tric. 24 rgs au point de riz.
Rab.

MONTAGE

Coudre ensemble les rgs de montage des nœuds.
Coudre le nœud sur la bordure d'encolure du devant droit.
Plier et coudre par-dessus le prolongement de la bordure d'encolure. Coudre le bouton à l'intérieur de la bordure d'encolure du devant droit.
Fermer les manches. Monter les manches.

Chaussons

RÉALISATION

Monter 40 m. sur les aig. n° 3.
Tric. 1 rg end.
Rg d'augm. : tric. 2 fs à l'env. la première m., 18 m. env., tric. 2 fs à l'env. les 2 m. suiv., 18 m. env., tric. 2 fs à l'env. la dernière m.
Tric. 1 rg end.
Rg d'augm. : tric. 2 fs à l'env. la première m., 20 m. env., tric. 2 fs à l'env. les 2 m. suiv., 20 m. env., tric. 2 fs à l'env. la dernière m.
Tric. 1 rg end.
Rg d'augm. : tric. 2 fs à l'env. la première m., 22 m. env., tric. 2 fs à l'env. les 2 m. suiv., 22 m. env., tric. 2 fs à l'env. la dernière m.
Tric. 1 rg end. = 52 m.
Tric. 6 rgs en jersey end.

Dessus de pied
Rg suiv. : 30 m. end., 1 surjet simple, tourner.
Rg suiv. : 9 m. env., 2 m. ensemble à l'env., tourner.
Rg suiv. : 9 m. end., 1 surjet simple, tourner.
Répéter ces 2 derniers rgs 7 autres fs puis encore 1 fs le 1er rg.
Rg suiv. : 34 m. end.
Tric. 6 rgs au point de riz.
Rg suiv. : rab. 15 m., tric. les 3 m. suivantes au point de riz, rabattre les 15 dernières m.
Reprendre, sur l'env., les 4 m. en les tric. au point de riz.
Tric. 5 autres rgs au point de riz.
Rab.

NŒUDS (4)

Monter 5 m. sur les aig. n° 3.
En comm. par 1 rg end., tric. 2 rgs de jersey end.
Rg suiv. : 1 m. end., [1 augm., 1 m. end.] 4 fs = 9 m.
Tric. 12 rgs au point de riz.
Rab.

MONTAGE

Coudre ensemble, deux par deux, les rangs de montage des nœuds.
Coudre un nœud au milieu de la bordure de chaque chausson.
Plier et coudre le prolongement de la bordure par dessus.
Fermer l'arrière et la semelle.

Cache-cœur bébé et chaussons

FOURNITURES
Cache-cœur : 5 (6 – 7) pel. de 25 g de cashmere 4 fils
(80 % cashmere, 20 % laine mérinos extra fine, 125 m./25 g)
2 aig. n° 3 et n° 3,5 – 1 arrêt de m.
Chaussons : 1 pelote de 25 g de cashmere 4 fils
2 aig. n° 3 pour la taille 3/6 mois ou n° 3,5 pour la taille 6/12 mois

MESURES
Cache-cœur

Âges	3/6	6/12	12/18	mois
Largeur (dos + devant)	54	57	64	cm
Longueur	21	23	25	cm
Longueur des manches	18	22	24	cm
Chaussons	3	6		mois

POINTS EMPLOYÉS
Point mousse : tric. toujours à l'end.
Jersey end. : [1 rg end., 1 rg env.].
Surjet simple : 1 m. glissée, 1 m. end. sur laquelle on rab. la m. glissée.

ÉCHANTILLON
28 m. et 36 rgs = 10 cm tricotés en jersey end. avec les aig. n° 3,5.

ABRÉVIATIONS
Voir p. 7.

Cache-cœur

DOS
Monter 78 (82 – 92) m. sur les aig. n° 3.
Tric. 9 rgs à l'end.
Prendre les aig. n° 3,5.
En comm. par 1 rg end., tric. 68 (76 – 82) rgs de jersey end.
Épaules
Rab. 10 (11 – 12) m. au début des 4 rgs suiv.
Rab. les 38 (38 – 44) m. rest.

DEVANT GAUCHE
Monter 78 (82 – 92) m. sur les aig. n° 3.
Tric. 9 rgs à l'end.
Prendre les aig. n° 3,5.
Rg suiv : à l'end.
Rg suiv : 5 m. end., tric. à l'env. jusqu'à la fin du rg.
Répéter ces 2 derniers rgs 3 (5 – 5) autres fs.
Encolure
2 rgs suiv. : 1 m. end., 1 m. glissée, tourner, 1 m. glissée, 1 m. end.
2 rgs suiv. : 2 m. end., 1 m. glissée, tourner, 1 m. glissée, 2 m. end.
2 rgs suiv. : 3 m. end., 1 m. glissée, tourner, 1 m. glissée, 3 m. end.

2 rgs suiv. : 2 m. end., 1 m. glissée, tourner, 1 m. glissée, 2 m. end.
2 rgs suiv. : 1 m. end., 1 m. glissée, tourner, 1 m. glissée, 1 m. end.
Rg suiv. : 5 m. end., mettre ces m. en attente sur un arrêt de m.
Tric. à l'env. jusqu'à la fin du rg.
Rg suiv. : tric. à l'end. jusqu'aux 3 dernières m., 2 m. ensemble à l'end., 1 m. end.
Rg suiv. : 1 m. env., 2 m. ensemble à l'env., tric. à l'env. jusqu'à la fin du rg.
Répéter ces 2 derniers rgs jusqu'à ce qu'il reste 20 (22 – 24) m.
Tric. encore 5 (7 – 5) rgs.
Épaules
Rab.10 (11 – 12) m. au début du rg suiv.
Tric. 1 rg.
Rab. les 10 (11 – 12) m. rest.

DEVANT DROIT
Monter 78 (82 – 92) m. sur les aig. n° 3.
Tric. 9 rgs end.
Prendre les aig. n° 3,5.
Rg suiv. : à l'end.
Rg suiv. : tric. à l'env. jusqu'aux 5 dernières m., 5 m. end.
Répéter ces 2 rgs 4 (6 – 6) autres fs.
Encolure
2 rgs suiv. : 1 m. end., 1 m. glissée, tourner, 1 m. glissée, 1 m. end.
2 rgs suiv. : 2 m. end., 1 m. glissée, tourner, 1 m. glissée, 2 m. end.
2 rgs suiv. : 3 m. end., 1 m. glissée, tourner, 1 m. glissée, 3 m. end.
2 rgs suiv. : 2 m. end., 1 m. glissée, tourner, 1 m. glissée, 2 m. end.
2 rgs suiv. : 1 m. end., 1 m. glissée, tourner, 1 m. glissée, 1 m. end.
Rg suiv. : 6 m. end., 1 surjet simple, tric. à l'end. jusqu'à la fin du rg.
Rg suiv. : tric. à l'env. jusqu'aux 8 dernières m., 2 m. ensemble à l'env. en les prenant par derrière, 1 m. env.
Glisser les 5 dernières m. sur une épingle à nourrice.
Rg suiv. : 1 m. end., 1 surjet simple, tric. à l'end. jusqu'à la fin du rg.
Rg suiv. : tric. à l'env. jusqu'aux 3 dernières m., 2 m. ensemble à l'env. en les prenant par derrière, 1 m. env.
Répéter ces 2 derniers rgs jusqu'à ce qu'il ne reste que 20 (22 – 24) m.
Tric. encore 5 (7 – 5) rgs.
Épaules
Rab.10 (11 – 12) m. au début du rg suiv.
Tric. 1 rg.
Rab. les 10 (11 – 12) m. rest.

MANCHES
Monter 38 (42 – 46) m. sur les aig. n° 3.
Tric. 9 rgs à l'end.
Prendre les aig. n° 3,5.
En comm. par 1 rg end., cont. en jersey end. **Simultanément**, augm. 1 m. à ch. extrémité du 3e rg puis ts les 6 rgs jusqu'à 56 (64 – 70) m.
Cont. droit jusqu'à 18 (22 – 24) cm de haut. tot. en term. par 1 rg env.
Rab.

BORDURE ENCOLURE DEVANT DROIT
Coudre les épaules.
Croiser le devant droit sur le devant gauche et poser un fil de repère sur ch. devant au niveau du croisement.
En trav. sur l'end., avec les aig. n° 3, reprendre les 5 m. en attente, en les tric. à l'end. Tric. au point mousse jusqu'à ce que la bande arrive au niveau du repère puis augm. 1 m. ts les 2 rgs sur le bord intérieur, jusqu'à 24 m. Cont. droit jusqu'à l'épaule.
Encolure dos
2 rgs suiv. : 13 m. end., tourner, 1 m. glissée, tric. à l'end. jusqu'à la fin du rg.
Tric. 6 rgs au point mousse.
Répéter ces 8 rgs jusqu'à ce que le bord le plus court de la bordure arrive au milieu de l'encolure du dos. Rabattre.

BORDURE ENCOLURE DEVANT GAUCHE
En trav. sur l'end., avec les aig. n° 3, reprendre les 5 m. en attente en les tric. à l'end. Faire le même travail en vis-à-vis pour rejoindre la bordure du devant droit.

LIENS (2)
Monter 5 m. sur les aig. n° 3.
Tric. 36 (42 – 48) cm au point mousse. Rab.

MONTAGE
Monter les manches. Coudre les liens au bord des devants.
Fermer les manches et les côtés en laissant à droite une ouverture pour glisser le lien. Réunir les bordures et les coudre à l'encolure.

Chaussons
RÉALISATION
Monter 36 m. avec les aig. n° 3 **pour la 1re taille**, n° 3,5 **pour la 2e taille**.
Tric. 21 rgs au point mousse.
Dessus de pied
Rg suiv. : 24 m. end., tourner.
Rg suiv. : 12 m. end., tourner.
Tric. 24 rgs au point mousse sur ces 12 m. pour le dessus de pied. Couper le fil.
En trav. sur l'end., relever 12 m. sur la lisière du dessus de pied, reprendre les 12 m. du dessus de pied, relever 12 m. sur l'autre lisière puis reprendre les 12 dernières m. = 60 m.
Tric. 12 rgs au point mousse. Couper le fil.
Semelle
Glisser les 24 premières m. sur l'aig. droite.
Tric. les 12 m. suiv. à l'end., tourner.
Rg suiv. : 11 m. end., 2 m. ensemble à l'end., tourner.
Répéter ce dernier rg jusqu'à ce qu'il reste 12 m.
Rg suiv. : tric. toutes les m. 2 par 2 à l'end.
Couper le fil, le glisser dans les m. rest. et serrer.
Fermer l'arrière.

Polo et socquettes, bordures contrastées

FOURNITURES
Polo : 4 (5 – 5) pel. de 50 g de laine et coton (50 % laine, 50 % coton, 107 m./50 g) dans la couleur principale (M) et une échevette dans la couleur contrastée (C).
Socquettes : 1 pel. de 50 g dans la couleur principale (M) et une échevette dans la couleur contrastée (C).
2 aig. n° 2,5 et n° 3 – 1 arrêt de m.
2 boutons

MESURES
Polo

Âges	3/6	6/12	12/18	mois
Largeur (dos + devant)	51	56	62	cm
Longueur	25	30	35	cm
Longueur des manches	15	18	22	cm
Socquettes	3	6		mois

POINTS EMPLOYÉS
Côtes 1/1 : [1 m. end., 1 m. env.].
Jersey endroit : [1 rg end., 1 rg env.].
Surjet simple : 1 m. glissée, 1 m. end. sur laquelle on rab. la m. glissée.

ÉCHANTILLON
25 m. x 34 rgs = 10 cm tricotés en jersey endroit avec les aig. n° 3.

ABRÉVIATIONS
Voir page 7.

Polo

DOS
Monter 66 (72 – 80) m. C sur les aig. n° 2,5.
Rg de côtes : * 1 m. end., 1 m. env.
Reprendre à * jusqu'à la fin du rg.
Répéter ce rg une autre fs.
Couper le fil C.
Prendre le fil M.
Tric. encore 6 (8 – 10) rgs de côtes.
Prendre les aig. n° 3.
En commençant par 1 rg end., cont. en jersey end. jusqu'à 25 (30 – 35) cm de haut. tot. en term. par 1 rg env.
Épaules
Rab. 9 (10 – 11) m. au début des 4 rgs suivants.
Rab. les 30 (32 – 36) m. rest.

DEVANT
Trav. comme pour le dos jusqu'à 17 (20 – 23) cm de haut. tot. en term. par 1 rg env.
Ouverture du devant
Rg suiv. : 30 (33 – 37) m. end., tourner et trav. sur ces m. en jersey end. pour le premier côté de l'encolure.
Tric. droit pendant 4 (5 – 6) cm en terminant côté emmanchure.
Encolure
Tric. jusqu'aux 5 (6 – 7) dernières m., mettre ces m. en attente sur une épingle à nourrice. Dim. 1 m. côté encolure à ch. rg jusqu'à ce qu'il reste 18 (20 – 22) m.
Cont. droit jusqu'à la haut. des épaules en term. côté emmanch.
Épaules
Rab. 9 (10 – 11) m. au début du rg.
Tric. 1 rg.
Rab. les 9 (10 – 11) m. rest.
En trav. sur l'end., reprendre le trav. sur les m. en attente.
Rab. les 6 m. centrales puis tric. le 2e côté en vis-à-vis du 1er.

MANCHES
Monter 36 (40 – 44) m. C sur les aig. n° 2,5.
Tric. 2 rgs de côtes 1/1 comme expliqué pour le dos.
Couper le fil C.
Prendre le fil M.
Tric. encore 6 (8 – 10) rgs de côtes.
Prendre les aig. n° 3.
En commençant par 1 rg end., cont. en jersey end. en augm. 1 m. à ch. extrémité ts les 3 rgs jusqu'à 58 (66 – 74) m.
Cont. droit jusqu'à 15 (18 – 22) cm de haut. tot. en term. par 1 rg env. Rab.

BANDE À BOUTONS
En trav. sur l'end., relever 15 (17 – 19) m. M, aig. n° 2,5, sur le bord gauche de l'ouverture du devant. Tric. 7 rgs de côtes 1/1. Rab.

BANDE À BOUTONNIÈRES
En trav. sur l'end., relever 15 (17 – 19) m. M, aig. n° 2,5, sur le bord droit de l'ouverture du devant. Tric. 3 rgs de côtes 1/1.
Rg de boutonnières : 2 m., 1 jeté, 2 m. ensemble, 7 (9 – 11) m., 2 m. ensemble, 1 jeté, 2 m.
Tric. 3 rgs de côtes.
Rab.

COL
Coudre les épaules.
En trav. sur l'end., relever 3 m. M, aig. n° 2,5, sur la moitié de la bande à boutonnières ; à la suite reprendre les 5 (6 – 7) m., relever 16 (18 – 20) m. sur le côté de l'encolure du devant droit, 30 (33 – 36) m. sur l'encolure du dos puis 17 (19 – 21) m. sur le côté de l'encolure du devant gauche ; reprendre les 5 (6 – 7) m. en attente et relever 3 m. sur la moitié de la bande à boutons = 79 (87 – 97) m.
2 rgs suivants : tric. en côtes 1/1 jusqu'aux 20 (24 – 28) dernières m. Tourner.
2 rgs suivants : tric. en côtes 1/1 jusqu'aux 16 (20 – 24) dernières m. Tourner.

2 rgs suivants : tric. en côtes 1/1 jusqu'aux 12 (16 – 20) dernières m. Tourner.
Cont. ainsi en tric. 4 m. supplémentaires à la fin de ch. rg pendant 2 (4 – 6) rgs.
Rg suiv. : en côtes 1/1 sur toutes les m.
Tric. encore 8 (10 – 12) rgs.
Couper le fil M.
Prendre le fil C.
Tric. 2 rgs de côtes 1/1.
Rab. en tric. les m. comme elles se présentent.

MONTAGE
Monter les manches en alignant le milieu de la manche sur la couture de l'épaule. Fermer les manches et les côtés. Croiser les 2 bandes et les coudre au milieu du devant. Coudre les boutons.

Socquettes

RÉALISATION
Monter 36 (40) m. C sur les aig. n° 3.
Rg de côtes : * 1 m. end., 1 m. env.
Reprendre à * jusqu'à la fin du rg.
Couper le fil C.
Prendre le fil M.
Tric. 6 (8) rgs de côtes.
En commençant par 1 rg end., cont. en jersey end.
Tric. 2 (4) rgs.
Rg de dim. : 5 m. end., 2 m. ensemble à l'end., tric. à l'end. jusqu'aux 7 dernières m., 1 surjet simple, 5 m. end.
Tric. 5 (7) rgs.
Rg de dim. : 4 m. end., 2 m. ensemble à l'end., tric. à l'end. jusqu'aux 6 dernières m., 1 surjet simple, 4 m. end.
Tric. 1 (3) rgs.
Rg de dim. : 3 m. end., [2 m. ensemble à l'end., 6 (7) m. end.] 3 fs, 2 m. ensemble à l'end., 3 (4) m. end. = 28 (32) m. end.
Demi-talon
Rg suiv. : 8 (9) m. env., tourner.
Tric. 9 rgs de jersey end. uniquement sur ces m.
Rg de dim. : 2 (3) m. env., 2 m. ensemble à l'env.,1 m. env. Tourner.
Rg suiv. : 1 m. glissée, 3 (4) m. end.
Rg de dim. : 3 (4) m. env., 2 m. ensemble à l'env., 1 m. env. Tourner.
Rg suiv. : 1 m. glissée, 4 (5) m. end.
Rg de dim. : 4 (5) m. env., 2 m. ensemble à l'env.
Mettre les 5 (6) m. rest. en attente sur un arrêt de m.
En trav. sur l'env., glisser les 12 (14) m. centrales sur un arrêt de m. puis tric. les 8 (9) dernières m. à l'env.
Tric. 8 rgs sur ces 8 (9) m.
Rg de dim. : 2 (3) m. end., 2 m. ensemble à l'end. en les prenant par derrière, 1 m. end. Tourner.
Rg suiv. : glisser 1 m., 3 (4) m. env.
Rg de dim. : 3 (4) m. end., 2 m. ensemble à l'end. en les prenant par derrière, 1 m. end. Tourner.
Rg suiv. : 1 m. glissée, 4 (5) m. env.
Rg de dim. : 4 (5) m. end., 2 m. ensemble à l'end. en les prenant par derrière. Tourner.
Rg suiv. : 1 m. glissée, 4 (5) m. env.
Pied
Rg suiv. : 5 (6) m. end., relever 8 m. sur le bord intérieur du demi-talon, reprendre les 12 (14) m. en attente, relever 8 m. sur la lisière intérieure de l'autre demi-talon et reprendre les 5 (6) dernières m. en attente = 38 (42) m.
Tric. 1 rg env.
Rg de dim. : 11 (12) m. end., 2 m. ensemble à l'end., 12 (14) m. end., 2 m. ensemble à l'end. en les prenant par derrière, 11 (12) m.
Tric. 1 rg env.
Rg de dim. : 10 (11) m. end., 2 m. ensemble à l'end., 12 (14) m. end., 2 m. ensemble à l'end. en les prenant par derrière, 10 (11) m. end.
Tric. 1 rg env.
Rg de dim. : 9 (10) m. end., 2 m. ensemble à l'end., 12 (14) m. end., 2 m. ensemble à l'end. en les prenant par derrière, 9 (10) m. end.
Tric. 1 rg env.
Rg de dim. : 8 (9) m. end., 2 m. ensemble à l'end., 12 (14) m. end., 2 m. ensemble à l'end. en les prenant par derrière, 8 (9) m. end. = 30 (34) m.
Tric. 13 (17) rgs.
Bout du pied
Rg de dim. : 1 m. end., [2 m. ensemble à l'end. en les prenant par derrière, 5 (6) m. end.] 4 fs, 1 m. end.
Tric. 1 rg env.
Rg de dim. : 1 m. end., [2 m. ensemble à l'end. en les prenant par derrière, 4 (5) m. end.] 4 fs, 1 m. end.
Tric. 1 rg env.
Couper le fil M.
Prendre le fil C.
Rg de dim. : 1 m. end., [2 m. ensemble à l'end. en les prenant par derrière, 3 (4) m. end.] 4 fs, 1 m. end.
Tric. 1 rg env.
Rg de dim. : 1 m. end., [2 m. ensemble à l'end. en les prenant par derrière, 2 (3) m. end.] 4 fs, 1 m. end.
Puis pour la 2e taille seulement :
Tric. 1 rg env.
Rg de dim. : 1 m. end., [2 m. ensemble à l'end. en les prenant par derrière, 2 m. end.] 4 fs, 1 m. end.
Et pour les 2 tailles :
Rg de dim. : [2 m. ensemble à l'env. en les prenant par derrière] 7 fs.
Couper le fil, le glisser dans les m. rest. et serrer le bout du pied. Fermer par une fine couture.

Tunique d'enfant avec encolure en V

La beauté de ce vêtement est dans les détails. Une bordure au point mousse et des fentes de côté pour l'aisance se marient à une encolure joliment travaillée.

FOURNITURES

6 (7 – 8) pel. de 50 g de coton (100 % coton – 115 m./50 g)
2 aig. n° 2,5 et n° 3

TAILLES ET MESURES

Âges	2	3	4	ans
Mesures du vêtement terminé				
Largeur (dos + devant)	73	78	83	cm
Longueur à l'épaule	40	43	46	cm
Longueur des manches	24	28	31	cm

POINTS EMPLOYÉS

Point mousse : tric. toujours à l'end.
Jersey end. : [1 rg end., 1 rg env.].
Surjet simple : 1 m. glissée, 1 m. end. sur laquelle on rab. la m. glissée.

ÉCHANTILLON

25 m. et 34 rgs = 10 cm tric. en jersey end. avec les aig. n° 3.

ABRÉVIATIONS

Voir p. 7.

DOS

Monter 92 (98 – 104) m. sur les aig. n° 2,5.
Tric. 7 rgs au point mousse pour la bordure du bas.
Prendre les aig. n° 3 et cont. comme suit pour border les fentes de côté :
Rg suiv. (end. du trav.) : à l'end.
Rg suiv. : 5 m. end., tric. à l'env. jusqu'aux 5 dernières m., 5 m. end.
Répéter ces 2 rgs 3 autres fs en term. par 1 rg sur l'env.
En comm. par 1 rg end., cont. en jersey end. jusqu'à 38 (41 – 44) cm de haut. tot. en term. par 1 rg sur l'env.

Encolure

Partager ainsi le trav. pour l'encolure :
Rg suiv. (end. du trav.) : tric. 36 (38 – 40) m., tourner en laissant les autres m. en attente sur une aig. Cont. sur ces m. pour le premier côté de l'encolure en dim. 1 m. côté encolure aux 6 rgs suiv. = 30 (32 – 34) m. Tric. 1 rg droit. Rab.
En trav. sur l'end., reprendre les m. en attente en rab. les 20 (22 – 24) premières m. pour le milieu de l'encolure.
Tric. à l'end. jusqu'à la fin du rg.
Cont. en dim. 1 m. côté encolure aux 6 rgs suiv. = 30 (32 – 34) m.
Tric. 2 rgs. Rab.

DEVANT

Trav. comme pour le dos jusqu'à 28 (30 – 32) cm de haut. tot. en term. par 1 rg sur l'end.
Comm. la bordure d'encolure au point mousse ainsi :
Rg suiv. (env. du trav.) : 45 (48 –51) m. env., 2 m. end., 45 (48 – 51) m. env.
Rg suiv. : à l'end. **Rg suiv.** : 44 (47 – 50) m. env., 4 m. end., 44 (47 – 50) m. env. **Rg suiv.** : à l'end.
Rg suiv. : 43 (46 – 49) m. env., 6 m. end., 43 (46 – 49) m. env.

Encolure en V

Partager ainsi le trav. pour l'encolure :
Rg suiv. (end. du trav.) : 46 (49 – 52) m. end., tourner en laissant les autres m. en attente sur une aig.
Trav. sur ces m. pour le premier côté de l'encolure en formant la bordure au point mousse et l'encolure :
Rg suiv. (env. du trav.) : 3 m. end., tric. à l'env. jusqu'à la fin du rg.
Rg suiv. : tric. à l'end. jusqu'aux 6 dernières m., 2 m. ensemble à l'end., 4 m. end.
Répéter ces 2 rgs jusqu'à 33 (35 – 37) cm de haut. tot. en term. par 1 rg sur l'end.
Rg suiv. (env. du trav.) : 3 m. end., tric. à l'env. jusqu'à la fin du rg.
Rg suiv. : à l'end.
Répéter ces 2 rgs jusqu'à la haut. des épaules en term. par 1 rg sur l'env. (côté emmanch.).
Rg suiv. (end. du trav.) : rab. les 30 (32 – 34) premières m., tric. à l'end. jusqu'à la fin du rg.
Cont. au point mousse sur les 3 m. rest. jusqu'à ce que la bordure arrive au milieu de l'encolure du dos. Rab.
En trav. sur l'end., reprendre les m. en attente en les tric. à l'end.
Rg suiv. (env. du trav.) : tric. à l'env. jusqu'aux 3 dernières m., 3 m. end. **Rg suiv. :** 4 m. end., 1 surjet simple, tric. à l'end. jusqu'à la fin du rg. Répéter ces 2 rgs jusqu'à ce qu'il reste 33 (35 – 37) m. en term. par 1 rg sur l'end.
Rg suiv. (env. du trav.) : tric. à l'env. jusqu'aux 3 dernières m., 3 m. end. **Rg suiv. :** à l'end.
Répéter ces 2 rgs jusqu'à la haut. des épaules en term. par 1 rg sur l'end. (côté emmanch.).
Rg suiv. : rab. les 30 (32 – 34) premières m., tric. à l'end. jusqu'à la fin du rg.
Cont. au point mousse sur les 3 m. rest. jusqu'à ce que la bordure arrive au milieu de l'encolure du dos. Rab.

MANCHES

Monter 42 (46 – 50) m. sur les aig. n° 2,5.
Tric. 9 rgs au point mousse pour le revers.
Prendre les aig. n° 3.
En comm. par 1 rg end., cont. en jersey end. en augm. 1 m. à ch. extrémité du rg suiv. puis ts les 3 rgs jusqu'à 90 (94 – 98) m.
Cont. droit jusqu'à 24 (28 – 31) cm de haut. tot. Rab.

MONTAGE

Coudre les épaules. Coudre les bordures à l'encolure du dos puis réunir les extrémités. Monter les manches en alignant le milieu sur la couture d'épaule. Fermer les manches puis les côtés en laissant ouvertes les bordures au point mousse.

Pull en côtes

FOURNITURES

8 (10) pel. de 50 g de laine mérinos (100 % laine mérinos, 110 m./50 g) dans la couleur principale (M)
1 (2) pel. de la couleur des bordures (C)
2 aig. n° 3 et n° 4 – 2 arrêts de m.

MESURES

Âges	2/4	4/6	ans
Largeur (dos + devant)	80	88	cm
Longueur	40	45	cm
Longueur des manches	25	31	cm

POINT EMPLOYÉ

Côtes 2/2 : [2 m. end., 2 m. env.].

ÉCHANTILLON

36 m. x 30 rgs = 10 cm tric. en côtes 2/2 légèrement étirées avec les aig. n° 4.

ABRÉVIATIONS

Voir p. 7.

DOS

Monter 146 (162) m. C sur les aig. n° 3.
1er rg (end. du trav.) : 2 m. end., * 2 m. env., 2 m. end.
Reprendre à * jusqu'à la fin du rg.

2e rg : 2 m. env., * 2 m. end., 2 m. env.
Reprendre à * jusqu'à la fin du rg.
Ces 2 rgs forment les côtes 2/2.
Cont. jusqu'à 4 (5) cm de haut. tot. en term. par 1 rg sur l'env.
Prendre les aig. n° 4 et la couleur M.
Cont. en côtes jusqu'à 40 (45) cm de haut. tot.

Épaules

Rab. 24 (27) m. au début des 4 rgs suiv.
Mettre les 50 (54) m. rest. en attente sur un arrêt de m.

DEVANT

Trav. comme pour le dos jusqu'à 35 (39) cm de haut. tot. en term. par 1 rg sur l'env.

Encolure

Rg suiv. : tric. les 58 (64) premières m. Tourner le trav. et cont. sur ces m. pour le 1er côté de l'encolure.
Dim. 1 m. à ch. rg côté encolure jusqu'à 48 (54) m.
Cont. droit jusqu'à la haut. des épaules en term. côté emmanch.

Épaule

Rab. 24 (27) m. au début du rg suiv.
Tric. 1 rg.
Rab. les 24 (27) m. rest.
En trav. sur l'end., glisser les 30 (34) m. centrales sur un arrêt de m. Reprendre le trav. sur les 58 (64) dernières m.
Tric. le 2e côté en vis-à-vis.

MANCHES

Monter 66 (70) m. C sur les aig. n° 3.
Tric. 4 (5) cm de côtes 2/2 comme expliqué pour le dos en term. par 1 rg sur l'env.
Prendre les aig. n° 4 et cont. avec la couleur M.
Cont. en côtes en augm. 1 m. à ch. extrémité ts les 2 rgs jusqu'à 96 (84) m. puis ts les 3 rgs jusqu'à 108 (116) m.
Cont. droit jusqu'à 25 (31) cm de haut. tot. en term. par 1 rg sur l'env.
Rab.

COL

Coudre l'épaule droite.
En trav. sur l'end., relever 18 m. M , aig. n° 3, sur le bord gauche de l'encolure devant ; à la suite reprendre les m. en attente, relever 16 (20) m. sur le côté droit de l'encolure puis reprendre les m. en attente sur l'encolure du dos = 114 (126) m.
Tric. en côtes 2/2 pendant 12 cm.
Rab. souplement en tric. les m. en côtes.

MONTAGE

Coudre l'épaule gauche. Fermer le col en inversant la couture sur les 6 derniers cm pour le revers. Monter les manches.
Fermer les manches et les côtés.

Écharpe rayée

14 x 109 cm

FOURNITURES
2 pel. de 50 g de laine mérinos brune (A) et rose pâle (B)
(100 % mérinos, 110 m./50 g)
1 pelote rouille (C) et fuchsia (D)
2 aig. n° 4
1 aig. circulaire n° 4

POINTS EMPLOYÉS
Côtes 2/2 : [2 m. end., 2 m. env.].
Jersey end. : [1 rg end., 1 rg env.].

ÉCHANTILLON
41 m. et 28 rgs = 10 cm tricotés en côtes 2/2 avec les aig. n° 4.

ABRÉVIATIONS
Voir p. 7.

RÉALISATION
Monter 58 m. A sur les aig. n° 4.
1er rg de côtes : 2 m. end., * 2 m. env., 2 m. end.
Reprendre à * jusqu'à la fin du rg.
2e rg de côtes : 2 m. env., * 2 m. end., 2 m. env.
Reprendre à * jusqu'à la fin du rg.
Ces 2 rgs forment les côtes 2/2.
Cont. en côtes en formant les rayures suivantes :
9 rgs A, 2 rgs D, 2 rgs A, 2 rgs C, 1 rg A, 4 rgs B, 1 rg D, 1 rg C, 9 rgs B, 1 rg D, 2 rgs B, 2 rgs A, 1 rg D, 1 rg A, 2 rgs C, 1 rg A, 1 rg D, 10 rgs A, 11 rgs B, 1 rg D, 1 rg C, 1 rg B, 1 rg D, 3 rgs B, 4 rgs A, [1 rg C, 1 rg A] 2 fs, 2 rgs D, 8 rgs A, 6 rgs B, 1 rg C, 1 rg B, 2 rgs D, 1 rg B, 1 rg C, 6 rgs B, 2 rgs A, 2 rgs C, 10 rgs A, 2 rgs D, 2 rgs A, 5 rgs B, 1 rg C, 1 rg D, 1 rg D, 2 rgs B, 1 rg D, 8 rgs B, 5 rgs A, 1 rg D, 2 rgs A, 1 rg C.
Ce dernier rg est au milieu de l'écharpe.
Cont. en inversant l'ordre des rayures.
Tric. encore 2 rgs A puis rab.

BORDURES
En trav. sur l'env. avec l'aig. circulaire, relever 224 m. A sur une lisière de l'écharpe. Tric. 3 rgs de jersey end. Rab.
Faire le même travail sur l'autre lisière.

FINITIONS
Laisser les bordures se rouler vers l'end. puis les coudre.
Confectionner 2 pompons B et D, 1 pompon A et C.
Les coudre sur les extrémités de l'écharpe.

Veste à capuche

FOURNITURES
10 (11 – 12 – 13 – 14) pel. de 50 g de laine mérinos
(100 % laine mérinos, 78 m/50 g)
2 aig. n° 4,5 et n° 5 – 2 arrêts de m.
6 boutons

MESURES

Âges	3/4	4/5	6/7	8/9	9/10	ans
Stature	94	100	108	118	128	cm
Longueur	51	56	59	68	71	cm
Longueur des manches (sans le revers)	22	26	30	33	35	cm

POINTS EMPLOYÉS
Point mousse : tric. toujours à l'end.
Jersey end. : [1 rg end., 1 rg env.].

ÉCHANTILLON
18 m. x 24 rgs = 10 cm tric. en jersey end. avec les aig. n° 5.

ABRÉVIATIONS
Voir p. 7.

DOS
Monter 87 (92 – 99 – 108 – 117) m. sur les aig. n° 5.
En comm. par 1 rg end., tric. en jersey end. pendant 51 (56 – 59 – 68 – 71) cm en term. par 1 rg env.
Épaules
Rab. 31 (33 – 35 – 39 – 43) m. au début des 2 rgs suivants.
Mettre les 25 (26 – 29 – 30 – 31) m. rest. en attente sur un arrêt de m.

FONDS DE POCHES (2)
Monter 21 (23 – 25 – 27 – 29) m. sur les aig. n° 5.
En comm. par 1 rg end., tric. 10 (12 – 14 – 16 – 18) cm de jersey end. en term. par 1 rg end. Laisser en attente sur 1 aig.

DEVANT GAUCHE
Monter 45 (48 – 51 – 56 – 60) m. sur les aig. n° 5.
1er rg (end. du trav.) : à l'end.
2e rg : 4 m. end., tric. à l'env. jusqu'à la fin du rg.
Répéter ces 2 rgs pendant 14 (16 – 18 – 22) cm en term. par 1 rg sur l'env.
Rg suiv. : 12 (12 – 13 – 14 – 15) m. end., rab. les 21 (23 – 25 – 27 – 29) m. suiv., 12 (13 – 13 – 15 – 16) m. end.
Rg suiv. : 4 m. end., 8 (9 – 9 – 11 – 12) m. env., tric. les m. d'un fond de poche à l'env. puis tric. à l'env. les 12 (12 – 13 – 14 – 15) dernières m.
Cont. droit jusqu'à 51 (56 – 59 – 68 – 71) cm de haut. tot. en term. par 1 rg sur l'env.

Épaule
Rab. 31 (33 – 35 – 39 – 43) m. au début du rg suiv.
Rg suiv. : 4 m. end., tric. à l'env. jusqu'à la fin du rg.
Mettre les 14 (15 – 16 – 17 – 17) m. rest. en attente
sur un arrêt de m.
Repérer l'emplacement des boutonnières par des épingles
sur la bordure : la 1re à 13 (15 – 17 – 19 – 21) cm du début,
la 6e à 4 (5 – 5 – 6 - 6) cm de l'épaule, les 4 autres régulièrement
espacées.

DEVANT DROIT
Monter 45 (48 – 51 – 56 – 60) m. sur les aig. n° 5.
1er rg (end. du trav.) : à l'end.
2e rg : tric. à l'env. jusqu'aux 4 dernières m., 4 m. end.,
Répéter ces 2 rgs pendant 14 (16 – 18 – 22) cm en term.
par 1 rg sur l'env.
Simultanément, former ainsi les boutonnières au niveau
des repères :
Rg avec boutonnière (sur l'end.) : 1 m. end., 2 m. ensemble
à l'end., 1 jeté, tric. à l'end. jusqu'à la fin du rg.
Rg end. suiv. : 12 (13 – 13 – 15 – 16) m. end., rab. les 21
(23 – 25 – 27 – 29) m. suiv., 12 (12 – 13 – 14 – 15) m. end.
Rg suiv. : 12 (12- 13 – 14 – 15) m. env., tric. les m. de l'autre fond
de poche à l'env., puis 8 (9 – 9 – 11 – 12) m. env., 4 m. end.
Cont. droit jusqu'à 51 (56 – 59 – 68 – 71) cm de haut. tot.
en term. par 1 rg sur l'end.
Épaule
Rab. 31 (33 – 35 – 39 – 43) m. au début du rg suiv.
Mettre les 14 (15 – 16 – 17 – 17) m. rest. en attente
sur un arrêt de m.
Ne pas couper le fil.

MANCHES
Monter 50 (52 – 54 – 56 – 58) m. sur les aig. n° 5.
Tric. 5 rgs à l'end.
En comm. par 1 rg end., cont. en jersey end.
jusqu'à 5 (6 – 6- 7 – 7) cm de haut. tot. en term. par 1 rg env.
Prendre les aig. n° 4.
Tric. encore 5 (6 – 6 – 7 – 7) cm de jersey end.
Prendre les aig. n° 5.
Cont. en jersey end. et **simultanément**
augm. 1 m. à ch. extrémité du rg suiv. puis ts les 3 rgs
jusqu'à 74 (82 – 86 – 90 – 96) m.
Cont. droit jusqu'à 27 (32 – 36 – 40 – 42) cm de haut. tot.
en term. par 1 rg env.
Rab.

CAPUCHE
Coudre les épaules.
En trav. sur l'end., avec les aig. n° 5, tric. à l'end. les 14
(15 – 16 – 17 – 17) m. en attente au devant droit, puis tric. les m.
du dos : 1 (2 – 1 – 2 – 1) m. end., [1 augm., 2 m. end.]
12 (12 – 14 – 14 – 15) fs puis tric. à l'end.
les 14 (15 – 16 – 17 – 17) m. en attente au devant gauche
= 65 (68 – 75 – 78 – 80) m.
Rg suiv. : 4 m. end., tric. à l'env. jusqu'aux 4 dernières m., 4 m. end.
Rg suiv. : à l'end.
Rg suiv. : 4 m. end., tric. à l'env. jusqu'aux 4 dernières m., 4 m. end.
Rg d'augm. : 4 m. end., 1 augm., tric. à l'end.
jusqu'aux 4 dernières m., 1 augm., 4 m. end.
En tric. toujours au point mousse sur les 4 m. des extrémités,
tric. 5 rgs. Répéter les 6 derniers rgs 2 autres fs,
puis le rg d'augm. encore 1 fs. Tric. 7 rgs droits.
Répéter ces 8 rgs 4 autres fs puis encore 1 fs le rg d'augm.
Tric. 1 (3 – 5 – 7 – 9) rgs droits.
Rab.

MONTAGE
Fermer le haut de la capuche. Coudre les fonds de poches.
Monter les manches. Fermer les côtés puis les manches
en inversant la couture sur les 5 (6 – 6 – 7 – 7) premiers cm
pour le revers. Coudre les boutons.

Pull en jersey

FOURNITURES
8 (9 – 10) pel. de 50 g de laine mérinos
(100 % laine mérinos, 110 m./50 g)
2 aig. n° 5 – 4 arrêts de m.

MESURES

Âges	2	4	6	ans
Largeur (dos + devant)	71	80	90	cm
Longueur	35	38	42	cm
Longueur des manches	22	25	28	cm

POINTS EMPLOYÉS
Côtes 2/2 : [2 m. end., 2 m. env.].
Jersey end. : [1 rg end., 1 rg env.].
Surjet simple : 1 m. glissée, 1 m. end. sur laquelle on rab. la m. glissée.

ÉCHANTILLON
18 m. x 24 rgs = 10 cm tric. en jersey end. avec les aig. n° 5.

ABRÉVIATIONS
Voir p. 7.

DOS
Monter 66 (74 – 82) m. sur les aig. n° 5.
1er rg de côtes : 2 m. end., * 2 m. env., 2 m. end.
Reprendre à * jusqu'à la fin du rg.
2e rg : 2 m. env., * 2 m. end., 2 m. env.
Reprendre à * jusqu'à la fin du rg.
Répéter ces 2 rgs 3 (4 – 5) fs
En comm. par 1 rg end., tric. en jersey end. jusqu'à 20 (22 – 24) cm de haut. tot. en term. par 1 rg env.
Emmanchures raglans
Rab. 5 (6 – 7) m. au début des 2 rgs suiv.
1er rg : 3 m. end., 1 surjet simple, tric. à l'end. jusqu'aux 5 dernières m., 2 m. ensemble à l'end., 3 m. end.
2e rg : 3 m. env., 2 m. ensemble à l'env., tric. à l'env. jusqu'aux 5 dernières m., 2 m. ensemble à l'env. en les prenant par derrière, 3 m. env.
3e au 5e rg : répéter le 1er, le 2e puis le 1er rg.
6e rg : à l'env.
Répéter le 5e et le 6e rg jusqu'à ce qu'il reste 20 (22 – 24) m en term. par 1 rg env. Mettre ces m. en attente sur un arrêt de m.

FONDS DE POCHES (x 2)
Monter 18 (22 – 26) m. sur les aig. n° 5.
En comm. par 1 rg end., tric. 19 (21 – 23) rgs de jersey end. en term. par 1 rg end.

DEVANT
Monter 66 (74 – 82) m. sur les aig. n° 5.
1er rg : 2 m. end., * 2 m. env., 2 m. end.
Reprendre à * jusqu'à la fin du rg.
2e rg : 2 m. env., * 2 m. end., 2 m. env.
Reprendre à * jusqu'à la fin du rg.
Répéter ces 2 rgs 3 (4 – 5) autres fs.
En comm. par 1 rg end., tric. 18 (20 – 22) rgs de jersey end. en term. par 1 rg env.
Mise en place des fonds de poches :
Rg suiv. : 7 m. end., tric. les 18 (22 – 26) m. suiv. puis les mettre en attente sur un arrêt de m., 16 m. end., tric. les 18 (22 – 26) m. suiv. puis les mettre en attente sur un arrêt de m., tric. à l'end. les 7 dernières m.
Rg suiv. : 7 m. env., tric. à l'env. les 18 (22 – 26) m. d'un fond de poche, 16 m. env., tric. à l'env. les 18 (22 – 26) m. de l'autre fond de poche, 7 m. env.
Cont. en jersey end. jusqu'à 20 (22 – 24) cm de haut. tot. en term. par 1 rg env.
Emmanchures raglans
Rab. 5 (6 – 7) m. au début des 2 rgs suiv.
1er rg : 3 m. end., 1 surjet simple, tric. à l'end. jusqu'aux 5 dernières m., 2 m. ensemble à l'end., 3 m. end.
2e rg : 3 m. env., 2 m. ensemble à l'env., tric. à l'env. jusqu'aux 5 dernières m., 2 m. ensemble à l'env. en les prenant par derrière, 3 m. env.
3e au 5e rg : répéter le 1er, le 2e puis le 1er rg.
6e rg : à l'env.
Répéter le 5e et le 6e rg jusqu'à ce qu'il reste 20 (22 – 24) m en term. par 1 rg env.
Mettre ces m. en attente sur un arrêt de m.

MANCHES

Monter 38 (42 – 46) m. sur les aig. n° 5.
1er rg : 2 m. end., * 2 m. env., 2 m. end.
Reprendre à * jusqu'à la fin du rg.
2e rg : 2 m. env., * 2 m. end., 2 m. env.
Reprendre à * jusqu'à la fin du rg.
Répéter ces 2 rgs 3 (4 – 5) autres fs.
Cont. en jersey end. en augm. 1 m. à ch. extrémité,
alternativement ts les 3 et 4 rgs jusqu'à 60 (66 – 72) m.
Cont. droit jusqu'à 22 (25 – 28) cm de haut. tot.
en term. par 1 rg env.

Emmanchures raglans

Rab. 5 (6 – 7) m. au début des 2 rgs suiv.
1er rg : 3 m. end., 1 surjet simple, tric. à l'end.
jusqu'aux 5 dernières m., 2 m. ensemble à l'end., 3 m. end.
2e rg : à l'env.
Répéter ces 2 rgs jusqu'à ce qu'il reste 14 m.
en term. par 1 rg env.
Mettre ces m. en attente sur un arrêt de m.

COL

En trav. sur l'end. avec les aig. n° 5, tric. ainsi sur les m.
d'une manche : 7 m. end., 1 augm., 7 m. end.,
puis tric. à l'end. les 20 (24 – 28) m. du devant.
Faire le même trav. sur les m. de l'autre manche
puis tric. à l'end. les m. du dos = 70 (78 – 86) m.
Rg suiv. : 2 m. end., * 2 m. env., 2 m. end.
Reprendre à * jusqu'à la fin du rg.
Rg suiv. : 2 m. env., * 2 m. end., 2 m. env.
Reprendre à * jusqu'à la fin du rg.
Répéter ces 2 rgs jusqu'à 10 (12 – 14) cm de haut. de col
en term. par 1 rg sur l'env.
Rab. souplement en tric. les m. comme elles se présentent.

BORDURES DES POCHES

En trav. sur l'end., reprendre les m. en attente aux poches, aig. n° 5.
1er rg. : 2 m. end., * 2 m. env., 2 m. end.
Reprendre à * jusqu'à la fin du rg.
2e rg : 2 m. env., * 2 m. end., 2 m. env.
Reprendre à * jusqu'à la fin du rg.
Répéter ces 2 rgs encore 1 fs.
Rab. souplement en tric. les m. comme elles se présentent.

MONTAGE

Coudre les emmanchures. Fermer les manches et les côtés.
Coudre les fonds et les bordures des poches.

Longue veste ceinturée et bonnet

FOURNITURES

Veste et bonnet : 6 (7) pel. de 100 g fil mélangé (75 % laine, 25 % polyamide, 130 m./100 g)

2 aig. n° 5,5 et n° 6 - 2 arrêts de mailles - 7 boutons

MESURES

Veste	2/3	4/5	ans
Largeur (dos + devant)	90	95	cm
Longueur	46	52	cm
Longueur des manches (sans les revers)	24	30	cm
Bonnet	2/3	4/5	ans

POINTS EMPLOYÉS

Côtes 2/2 : [2 m. end., 2 m. env.].

Jersey end. : [1 rg end., 1 rg env.].

ÉCHANTILLON

16 m. et 22 rgs = 10 cm tricotés en jersey end. avec les aig. n° 6.

ABRÉVIATIONS

Voir p. 7.

Veste

DOS

Monter 74 (78) m. sur les aig. n° 6.

1re taille uniquement

1er rg : 2 m. end., * 2 m. env., 2 m. end.

Reprendre à * jusqu'à la fin du rg.

2e rg : 2 m. env., * 2 m. end., 2 m. env.

Reprendre à * jusqu'à la fin du rg.

2e taille uniquement

1er rg : 2 m. env., * 2 m. end., 2 m. env.

Reprendre à * jusqu'à la fin du rg.

2e rg : 2 m. end., * 2 m. env., 2 m. end.

Reprendre à * jusqu'à la fin du rg.

Pour les 2 tailles

Répéter ces 2 derniers rgs 13 (15) autres fs.

En comm. par 1 rg end., tric. 72 (84) rgs de jersey end.

Épaules

Rab. 12 (13) m. au début des 2 rgs suiv. puis 13 (14) m. au début des 2 rgs suiv. Rab. les 24 (24) m. rest.

FONDS DE POCHES (2)

Monter 22 m. sur les aig. n° 5,5.

1er rg : 2 m. end., * 2 m. env., 2 m. end.

Reprendre à * jusqu'à la fin du rg.

2e rg : 2 m. env., * 2 m. end., 2 m. env.

Reprendre à * jusqu'à la fin du rg. Répéter ces 2 derniers rgs 13 (15) autres fs. Laisser en attente sur des arrêts de m.

DEVANT GAUCHE

Monter 43 (45) m. sur les aig. n° 6.

1re taille uniquement

1er rg : 2 m. end., * 2 m. env., 2 m. end.

Reprendre à * jusqu'aux 5 dernières m., 2 m. env., 3 m. end.

2e rg : 1 m. end., 2 m. env., * 2 m. end., 2 m. env.

Reprendre à * jusqu'à la fin du rg.

2e taille uniquement

1er rg : * 2 m. env., 2 m. end.

Reprendre à * jusqu'aux 5 dernières m., 2 m. env., 3 m. end.

2e rg : 1 m. end., * 2 m. env., 2 m. end.

Reprendre à * jusqu'à la fin du rg.

Pour les 2 tailles

Répéter ces 2 derniers rgs 12 (14) autres fs puis encore 1 fs le 1er rg.

Rg suiv. : 6 m. côtes 2/2, 1 augm. dans la m. suiv., mettre ces 8 m. en attente sur un arrêt de m., 1 augm. dans la m. suiv., 5 m. côtes 2/2, rab. les 22 m. suiv., 7 (9) m. côtes 2/2.

Rg suiv. : 8 (10) m. end., tric. à l'end. les m. d'un fond de poche, 7 m. end. = 37 (39) m.

En comm. par 1 rg env., tric. 62 (70) rgs de jersey end.

Encolure

Rab. 6 m. au début du rg suiv. Diminuer 1 m. côté encolure à ch. rg jusqu'à 25 (27) m. Cont. jusqu'au niveau de l'épaule.

Épaule

Rab.12 (13) m. au début du rg suiv.

Tric. 1 rg. Rab. les 13 (14) m. rest.

DEVANT DROIT

Monter 43 (45) m. sur les aig. n° 6.

1re taille uniquement

1er rg : 3 m. end., * 2 m. env., 2 m. end.

Reprendre à * jusqu'à la fin du rg.

2e rg : 2 m. env., * 2 m. end., 2 m. env.

Reprendre à * jusqu'à la dernière m., 1 m. end.

2e taille uniquement

1er rg : 3 m. end., * 2 m. env., 2 m. end.

Reprendre à * jusqu'aux 2 dernières m., 2 m. env.

2e rg : 2 m. end., * 2 m. env., 2 m. end.

Reprendre à * jusqu'aux 3 dernières m., 2 m. env., 1 m. end.

Pour les 2 tailles

Répéter ces 2 derniers rgs 1 autre fs.

Rg de boutonnières : 3 m. end., 2 m. ensemble à l'env., 1 jeté.

Tric. en côtes jusqu'à la fin du rg. Tric. encore 7 (9) rgs.

Répéter le rg de boutonnières 1 autre fs. Tric. encore 7 (9) rgs.

Répéter le rg de boutonnières 1 autre fs. Tric. encore 6 (6) rgs.

Rg suivant : 8 (10) m. en côtes, rab. les 22 m. suivantes, 5 m. en côtes, 1 augm. dans la m. suivante.

Mettre les 7 dernières m. en attente sur un arrêt de m.

Rg suiv. : 7 m. end., tric. à l'end. les m. d'un fond de poche, 8 (10) m. end. = 37 (39) m. En comm. par 1 rg env., tric. 63 (71) rgs de jersey end.

Encolure

Rab. 6 m. au début du rg suiv.

Dim. 1 m. à ch. rg côté encolure jusqu'à 25 (27) m.
Cont. droit jusqu'au niveau de l'épaule en term. côté emmanch.
Épaule
Rab. 12 (13) m. au début du rg suiv.
Tric. 1 rg. Rab. les 13 (14) m. rest.

MANCHES
Monter 30 (34) m. sur les aig. n° 6.
1er rg : 2 m. end., * 2 m. env., 2 m. end.
Reprendre à * jusqu'à la fin du rg.
2e rg : 2 m. env., * 2 m. end., 2 m. env.
Reprendre à * jusqu'à la fin du rg. Répéter ces 2 rgs 3 (4) autres fs.
Prendre les aig. n° 5,5. Tric. encore 8 (10) rgs de côtes en répart. 6 augm. sur le dernier rg = 36 (40) m.
Prendre les aig. n° 6. En comm. par 1 rg end., cont. en jersey end. en augm. 1 m. à ch. extrémité du 3e rg puis ts les 4 rgs jusqu'à 56 (64) m. Cont. droit jusqu'à 28 (34) cm de haut. tot. en term. par 1 rg env. Rab.

BANDE DE BOUTONNAGE DEVANT GAUCHE
En trav. sur l'end., aig. n° 5,5, reprendre les 8 m. en attente au bord du devant gauche en tric. : 3 m. end., 2 m. env., 3 m. end.
Rg suiv. : 1 m. end., 2 m. env., 2 m. end., 2 m. env., 1 m. end.
Rg suiv. : 3 m. end., 2 m. env., 3 m. end.
Répéter ces 2 rgs pendant encore 59 (67) rgs.
Laisser en attente sur un arrêt de m.

BANDE DE BOUTONNAGE DEVANT DROIT
En trav. sur l'env., aig. n° 5,5, reprendre les m. en attente au devant droit en tric. : 1 augm. dans la 1re m., 2 m. env., 2 m. end., 2 m. env., 1 m. end.
Rg suiv. : 3 m. end., 2 m. env., 3 m. end.
Rg suiv. : 1 m. end., 2 m. env., 2 m. end., 2 m. env., 1 m. end.
Répéter ces 2 rgs pendant encore 60 (68) rgs en formant 4 autres boutonnières comme précédemment, mais séparées par 15 (17) rgs. Laisser en attente sur un arrêt de m.

COL
Coudre les épaules. Coudre les bandes de boutonnage. En trav. sur l'end., avec les aig. n° 5,5, reprendre les 8 m. en attente au devant droit en rab. les 5 premières, relever à la suite 16 (18) m. sur l'encolure du devant, 21 (23) m. sur l'encolure du dos, 16 (18) m. sur l'encolure du devant gauche puis tric. 3 m. end., 2 m. env. et 3 m. end. sur les 8 dernières m. en attente = 64 (70) m.
Rg suiv. : rab. 5 m., 1 m. env., 1 m. end., * 2 m. env., 1 m. end.
Reprendre à * jusqu'à la fin du rg = 59 (65) m.
Ce rg met en place les côtes avec bordures au point mousse.
2 rgs suiv. : tric. jusqu'aux 20 dernières m. Tourner.
2 rgs suiv. : tric. jusqu'aux 16 dernières m. Tourner.
2 rgs suiv. : tric. jusqu'aux 12 dernières m. Tourner.
2 rgs suiv. : tric. jusqu'aux 8 dernières m. Tourner.
Tric. tout le rg puis :
Rg suiv. : 1 m. end., 2 m. env., * 1 augm. dans la m. suivante, 2 m. env. Reprendre à * jusqu'à la dernière m., 1 m. end.
Rg suiv. : 3 m. end., * 2 m. env., 2 m. end.
Reprendre à * jusqu'aux 5 dernières m., 2 m. env., 3 m. end.
Rg suiv. : 1 m. end., 2 m. env. , * 2 m. end., 2 m. env.
Reprendre à * jusqu'à la dernière m., 1 m. end.
Répéter ces 2 derniers rgs 4 autres fs.
Rab. en tric. les m. comme elles se présentent.

CEINTURE
Monter 8 m. avec les aig. n° 5,5.
1er rg : 3 m. end., 2 m. env., 3 m. end.
2e rg : 1 m. end., 2 m. env., 2 m. end., 2 m. env., 1 m. end.
Répéter ces 2 rgs jusqu'à 120 cm de haut. tot. en term. par le 2e rg.
Rab. en tric. les m. comme elles se présentent.

MONTAGE
Monter les manches. Fermer les côtés et les manches en inversant la couture sur les 4,5 premiers cm pour le revers.
Coudre les fonds de poches. Coudre les boutons.
Broder une bride sur ch. couture de côté pour y glisser la ceinture.

Bonnet

RÉALISATION
Monter 74 (78) m. sur les aig. n° 6.
1er rg de côtes : 2 m. end., * 2 m. env., 2 m. end.
Reprendre à * jusqu'à la fin du rg.
2e rg : 2 m. env., * 2 m. end., 2 m. env.
Reprendre à * jusqu'à la fin du rg.
Répéter ces 2 rgs pendant 4,5 cm en term. par 1 premier rg.
Prendre les aig. n° 5,5. En comm. par 1 premier rg, tric. de nouveau 4,5 cm de côtes. Prendre les aig. n° 6 et cont. en côtes jusqu'à 20 (24) cm de haut. tot. en term. par 1 deuxième rg.
Fond
1er rg : 2 m. end., * 2 m. ensemble à l'env., 2 m. end.
Reprendre à * jusqu'à la fin du rg.
2e rg : 2 m. env., * 1 m. end., 2 m. env.
Reprendre à * jusqu'à la fin du rg.
3e rg : 2 m. end., * 1 m. env., 2 m. end.
Reprendre à * jusqu'à la fin du rg.
4e rg : 2 m. env., * 1 m. end., 2 m. env.
Reprendre à * jusqu'à la fin du rg.
5e rg : 2 m. ensemble à l'end., * 1 m. env., 2 m. ensemble à l'end.
Reprendre à * jusqu'à la fin du rg.
6e rg : 1 m. env., * 1 m. end., 1 m. env.
Reprendre à * jusqu'à la fin du rg.
7e rg : 1 m. end., * 2 m. ensemble à l'end.
Reprendre à * jusqu'à la fin du rg.
8e rg : 1 (0) m. env., * 2 m. ensemble à l'env.
Reprendre à * jusqu'à la fin du rg.
Couper le fil, le glisser dans les m. rest. Tirer pour fermer le haut du bonnet et arrêter solidement. Fermer par une fine couture inversée sur les 4,5 premiers cm pour le revers.

Veste femme ceinturée en alpaga

FOURNITURES
15 (16) pel. de 50 g d'alpaga
(100 % alpaga double fil, 103 m./50 g)
2 aig. n° 3 et n° 3,5
1 longue aig. circulaire n° 3 – 3 arrêts de m.

MESURES

Tour de poitrine	87/92	97/102	cm
Largeur (dos + devant)	128	138	cm
Longueur	62	66	cm
Longueur des manches	38	40	cm

POINTS EMPLOYÉS
Côtes 2/2 : [2 m. end., 2 m. env.].
Jersey end. : [1 rg end., 1 rg env.].

ÉCHANTILLON
22 m. x 34 rgs = 10 cm tric. en jersey end. avec les aig. n° 3,5.

ABRÉVIATIONS
Voir p. 7.

DOS
Monter 142 (154) m. sur les aig. n° 3.
1er rg : 2 m. end., * 2 m. env., 2 m. end.
Reprendre à * jusqu'à la fin du rg.
2e rg : 2 m. env., * 2 m. end., 2 m. env.
Reprendre à * jusqu'à la fin du rg.
Répéter ces 2 rgs pendant 4 cm.
Prendre les aig. n° 3,5.
En comm. par 1 rg end., cont. en jersey end.
jusqu'à 62 (66) cm de haut. tot. en term. par 1 rg env.
Épaules
Rab. 17 (18) m. au début des 6 rgs suiv.
Rab. les 40 (46) m. rest.

FONDS DE POCHES (2)
Monter 34 m. sur les aig. n° 3,5.
En comm. par 1 rg end., tric. 15 cm de jersey end. en term. par 1 rg env.
Laisser en attente sur un arrêt de m.

DEVANT GAUCHE
Monter 67 (71) m. sur les aig. n° 3.
1er rg : 2 m. end., * 2 m. env., 2 m. end.
Reprendre à * jusqu'aux 5 dernières m., 2 m. env., 3 m. end.
2e rg : 1 m. end., 2 m. env., * 2 m. end., 2 m. env.
Reprendre à * jusqu'à la fin du rg.
Répéter ces 2 rgs pendant 4 cm.

Prendre les aig. n° 3,5.
En comm. par 1 rg end., cont. en jersey end. jusqu'à 15 cm de haut. tot. en term. par 1 rg env.

Mise en place du fond de poche

Rg suiv. : 18 (20) m. end., glisser les 34 m. suiv. sur un arrêt de m., les remplacer par les m. d'un fond de poche en les tric. à l'end., 15 (17) m. end.
Cont. en jersey end. jusqu'à 46 (49) cm de haut. tot. en term. par 1 rg env.

Encolure

Dim. 1 m. ts les 2 rgs côté encolure jusqu'à ce qu'il ne reste que 51 (54) m.
Cont. droit jusqu'à la haut. des épaules en term. côté emmanch.

Épaules

Rab. 17 (18) m. au début du rg suiv.
Tric. 1 rg.
Rab. 17 (18) m. au début du rg suiv.
Tric. 1 rg.
Rab. les 17 (18) m. rest.

DEVANT DROIT

Monter 65 (69) m. sur les aig. n° 3.
1er rg : 2 m. end., * 2 m. env., 2 m. end.
Reprendre à * jusqu'aux 5 dernières m., 2 m. env., 3 m. end.
2e rg : 1 m. end., 2 m. env., * 2 m. end., 2 m. env.
Reprendre à * jusqu'à la fin du rg.
Répéter ces 2 rgs pendant 4 cm.
Prendre les aig. n° 3,5.
En comm. par 1 rg end., cont. en jersey end. jusqu'à 15 cm de haut. tot. en term. par 1 rg env.

Mise en place du fond de poche

Rg suiv. : 15 (17) m. end., glisser les 34 m. suiv. sur un arrêt de m., les remplacer par les m. d'un fond de poche en les tric. à l'end., 18 (20) m. end.
Cont. le devant droit en vis-à-vis du devant gauche.

MANCHES

Monter 62 (66) m. sur les aig. n° 3,5.
1er rg : 2 m. end., * 2 m. env., 2 m. end.
Reprendre à * jusqu'à la fin du rg.
2e rg : 2 m. env., * 2 m. end., 2 m. env.
Reprendre à * jusqu'à la fin du rg.
Répéter ces 2 rgs pendant 8 cm en term. par un 2e rg.
Prendre les aig. n° 3.
Tric. de nouveau 8 cm de côtes 2/2 en term. par un 2e rg.
Reprendre les aig. n° 3,5.
En comm. par 1 rg end., cont. en jersey end. en augm. 1 m. à ch. extrémité du 3e rg puis ts les 4 rgs jusqu'à 110 (118) m.
Cont. droit jusqu'à 46 (48) cm de haut. tot. en term. par 1 rg env.
Rab.

BORDURES DES POCHES

En trav. sur l'end., reprendre les m. en attente aux poches, aig. n° 3. Tric. 2 cm de côtes 2/2, comme expliqué pour le dos.
Rab. en tric. les m. comme elles se présentent.

BORDURES DES DEVANTS ET COL

Coudre les épaules.
En trav. sur l'end., avec l'aig. circulaire, relever 106 (112) m. le long de la partie droite du devant droit, à la suite 49 (51) m. sur le biais d'encolure, 36 (40) m. sur l'encolure dos, 49 (51) m. sur le biais d'encolure du devant gauche et 106 (112) m. sur la partie droite du devant gauche = 346 (366) m.
Tric. ainsi en allers-retours :
En comm. par le 2e rg, tric. 1 rg de côtes comme expliqué pour le dos.
1er rg : tric. 197 (209) m. Tourner.
2e rg : tric. 48 (52) m. Tourner.
3e rg : tric. 54 (58) m. Tourner.
4e rg : tric. 60 (64) m. Tourner.
Cont. ainsi pendant encore 16 rgs en reprenant 6 m. à la fin de ch. rg.
Rg suiv. : tric. tout le rg en côtes.
Tric. 13 rgs de côtes sur toutes les m.
Rab. en tric. les m. comme elles se présentent.

CEINTURE

Monter 14 m. sur les aig. n° 3.
1er rg : 2 m. end., * 2 m. env., 2 m. end.
Reprendre à * jusqu'à la fin du rg.
2e rg : 1 m. end., 1 m. env., 2 m. end., * 2 m. env., 2 m. end.
Reprendre à * jusqu'aux 2 dernières m., 1 m. env., 1 m. end.
Répéter ces 2 rgs pendant 160 cm en term. par un 2e rg.
Rab. en tric. les m. comme elles se présentent.

MONTAGE

Coudre les manches. Fermer les côtés puis les manches en inversant la couture sur les 8 premiers cm pour le revers. Coudre les fonds et les bordures des poches. Broder une bride au niveau de la taille sur chaque couture de côté pour y glisser la ceinture.

Les augmentations et diminutions en « œillet » sont faites à quelques mailles des bords sur les côtés et les manches. Elles ont un aspect décoratif intéressant sur un simple pull en jersey.

Pull raglan à col cheminée

Ce pull légèrement ajusté est mis en forme par des diminutions apparentes. En faisant les augmentations avec le fil tendu entre les mailles, on forme des œillets très décoratifs.

FOURNITURES

10 (11 – 12) pel. de coton mélangé
(60 % coton, 40 % acrylique, 90 m./50 g)
2 aig. n° 4,5

TAILLES ET MESURES

Tour de poitrine	82/87	87/92	92/97	cm
Mesures du vêtement terminé				
Largeur du pull (dos + devant)	88	94	102	cm
Longueur à l'épaule	54	58	61	cm
Longueur des manches	43	44	45	cm

POINTS EMPLOYÉS

Jersey end. : [1 rg end., 1 rg env.].
Surjet simple : 1 m. glissée, 1 m. end. sur laquelle on rab. la m. glissée.

ÉCHANTILLON

18 m. et 25 rgs = 10 cm tricotés en jersey end. avec les aig. n° 4,5.

ABRÉVIATIONS

Voir p. 7.

DOS OU DEVANT

Monter 82 (88 – 94) m. sur les aig. n° 4,5.
En comm. par 1 rg end., tric. 10 rgs de jersey end., en term. par 1 rg sur l'env.

Côtés

Comm. à façonner les côtés ainsi :
Rg suiv. (end. du trav.) : 3 m. end., 1 surjet simple, tric. à l'end. jusqu'aux 5 dernières m., 2 m. ensemble à l'end., 3 m. end.
En comm. par 1 rg env., cont. en jersey end. pendant 9 rgs.
Rg suiv. (end. du trav.) : 3 m. end., 1 surjet simple, tric. à l'end. jusqu'aux 5 dernières m., 2 m. ensemble à l'end., 3 m. end.
Répéter ces 10 derniers rgs encore 1 fs, en term. par 1 rg sur l'end. = 76 (82 – 88) m.

Tric. 15 rgs, en term. par 1 rg sur l'env.
Rg suiv. (end. du trav.) : 3 m. end., avec la pointe de l'aig. droite, soulever le fil tendu entre la m. de l'aig. droite et de l'aig. gauche, le poser sur l'aig. gauche puis tric. le brin **avant** à l'end. pour former une nouvelle m. appelée *augmentation intercalaire* (augm. intercalaire), tric. à l'end. jusqu'aux 3 dernières m., 1 augm. intercalaire, 3 m. end.
Répéter ces 16 derniers rgs encore 1 fs = 80 (86 – 92) m.
Cont. droit jusqu'à 31 (32 – 33) cm de haut. tot., en term. par 1 rg sur l'env.

Emmanchures raglan
Trav. ainsi pour former les emmanch. :
Rg suiv. (end. du trav.) : 3 m. end., 1 surjet simple, tric. à l'end. jusqu'aux 5 dernières m., 2 m. ensemble à l'end., 3 m. end.
Rg suiv. : à l'env.
Rg suiv. : 3 m. end., 1 surjet simple, tric. à l'end. jusqu'aux 5 dernières m., 2 m. ensemble à l'end., 3 m. end.
Répéter ces 2 derniers rgs jusqu'à ce qu'il reste 30 m., en term. par 1 rg sur l'end.
Tric. 13 rgs droits.
Rab.

MANCHES
Monter 40 (42 – 44) m. sur les aig. n° 4,5.
En comm. par 1 rg end., tric. 10 (14 – 12) rgs de jersey end., en term. par 1 rg sur l'env.
Cont. en jersey end. en faisant ainsi les augm. :
Rg suiv. (end. du trav.) : 3 m. end., 1 augm. intercalaire, tric. à l'end. jusqu'aux 3 dernières m., 1 augm. intercalaire, 3 m. end.
Tric. 7 (5 – 5) rgs droits, en term. par 1 rg sur l'env.
Rg suiv. (end. du trav.) : 3 m. end., 1 augm. intercalaire, tric. à l'end. jusqu'aux 3 dernières m., 1 augm. intercalaire, 3 m. end.
Répéter ces 8 (6 – 6) derniers rgs jusqu'à 64 (70 – 76) m.
Cont. droit jusqu'à 43 (44 – 45) cm de haut. tot., en term. par 1 rg sur l'env.

Emmanchures raglan
Trav. ainsi pour former les emmanch. :
Rg suiv. (end. du trav.) : 3 m. end., 1 surjet simple, tric. à l'end. jusqu'aux 5 dernières m., 2 m. ensemble à l'end., 3 m. end.
Rg suiv. : à l'env.
Rg suiv. : 3 m. end., 1 surjet simple, tric. à l'end. jusqu'aux 5 dernières m., 2 m. ensemble à l'end., 3 m. end.
Répéter ces 2 derniers rgs jusqu'à ce qu'il reste 14 m., en term. par 1 rg sur l'end.
Tric. 13 rgs droits.
Rab.

MONTAGE
Coudre les emmanchures raglan.
Fermer les manches et les côtés.

Le col cheminée prolonge le pull pour former une jolie bordure qui se tient droite, éloignée du cou. Utilisez la technique du « grafting », parfaitement invisible, pour coudre les emmanchures.

Pull femme en alpaga à col roulé

FOURNITURES
10 (11 – 12) pel. de 50 g d'alpaga
(100 % alpaga double fil, 103 m./50 g)
2 aig. n° 3 et n° 4 – 2 arrêts de m.

MESURES

Tour de poitrine	87	91	96	cm
Largeur (dos + devant)	91	100	110	cm
Longueur	51	56	61	cm
Longueur des manches (sans le revers)	46	47	48	cm

POINTS EMPLOYÉS
Côtes 2/2 : [2 m. end., 2 m. env.].
Jersey end. : [1 rg end., 1 rg env.].
Surjet simple : 1 m. glissée, 1 m. end. sur laquelle on rab. la m. glissée.

ÉCHANTILLON
21 m. x 30 rgs = 10 cm tric. en jersey end. avec les aig. n° 4.

ABRÉVIATIONS
Voir p. 7.

DOS
Monter 86 (94 – 102) m. sur les aig. n° 3.
1er rg : 2 m. end., * 2 m. env., 2 m. end.
Reprendre à * jusqu'à la fin du rg.
2e rg : 2 m. env., * 2 m. end., 2 m. env.
Reprendre à * jusqu'à la fin du rg. Répéter ces 2 rgs pendant 7 cm.
Prendre les aig. n° 4.
En comm. par 1 rg end., tric. en jersey end. pendant 4 (6 – 8) rgs.
Rg d'augm. : 3 m. end., 1 augm., tric. à l'end. jusqu'aux 3 dernières m., 1 augm., 3 m. end.
Augm. 1 m. à ch. extrémité, ts les 10 rgs, comme ci-dessus, jusqu'à 98 (108 – 118) m. Cont. droit jusqu'à 32 (35 – 38) cm de haut. tot., en term. par 1 rg env.

Emmanchures
Rg suiv. : 3 m. end., 2 m. ensemble à l'end., tric. à l'end. jusqu'aux 5 dernières m., 1 surjet simple, 3 m. end.
Rg suiv. : à l'env.
Répéter ces 2 rgs 7 (8 – 9) autres fs = 82 (90 – 98) m. Cont. droit jusqu'à 49 (54 – 59) cm de haut. tot., en term. par 1 rg env.

Encolure
Rg suiv. : 30 (33 – 36) m. end., tourner et trav. sur ces m. pour le 1er côté de l'encolure. Dim. 1 m. côté encolure aux 4 rgs suiv. = 26 (29 – 32) m. Tric. 1 rg env.

Épaule
Rab. 13 (14 – 16) m. au début du rg suiv. Tric. 1 rg.
Rab. les 13 (15 – 16) m. rest. En trav. sur l'end., reprendre les m. en attente, glisser les 22 (24 – 26) m. centrales sur un arrêt de m. puis trav. sur les 30 (33 – 36) dernières m. pour former le 2e côté en vis-à-vis du 1er.

DEVANT
Trav. comme pour le dos jusqu'à 43 (48 – 53) cm de haut. tot., en term. par 1 rg env.

Encolure
Rg suiv. : 33 (36 – 39) m. end., tourner et trav. sur ces m. pour le 1er côté de l'encolure.
Dim. 1 m. côté encolure ts les 2 rgs jusqu'à ce qu'il reste 26 (29 – 32) m.
Tric. droit jusqu'à hauteur des épaules en term. côté emmanch.

Épaule
Rab. 13 (14 – 16) m. au début du rg suiv. Tric. 1 rg.
Rab. les 13 (15 – 16) m. rest.
En trav. sur l'end., reprendre les m. en attente, glisser les 16 (18 – 20) m. centrales sur un arrêt de m. puis trav. sur les 33 (36 – 39) dernières m. pour former le 2e côté en vis-à-vis du 1er.

MANCHES
Monter 46 (50 – 54) m. sur les aig. n° 4.
1er rg : 2 m. end., * 2 m. env., 2 m. end. Reprendre à * jusqu'à la fin.
2e rg : 2 m. env., * 2 m. end., 2 m. env. Reprendre à * jusqu'à la fin.
Répéter ces 2 rgs pendant 5 cm. Prendre les aig. n° 3.
Tric. encore pendant 5 cm. Prendre les aig. n° 4.
En comm. par 1 rg end., tric. en jersey end. pendant 4 rgs.
Rg d'augm. : 3 m. end., 1 augm., tric. à l'end. jusqu'aux 3 dernières m., 1 augm., 3 m. end. Augm. ainsi 1 à 3 m. de ch. extrémité, ts les 6 rgs jusqu'à 76 (82 – 88) m. Cont. droit jusqu'à 51 (52 – 53) cm de haut. tot., en term. par 1 rg sur l'env.

Tête de manche
Rg suiv. : 3 m. end., 2 m. ensemble à l'end., tric. à l'end. jusqu'aux 5 dernières m., 1 surjet simple, 3 m. end.
Rg suiv. : à l'env.
Répéter ces 2 rgs 7 (8 – 9) autres fs = 60 (64 – 68) m. Rab.

COL
Coudre l'épaule droite. En trav. sur l'end., avec les aig. n° 3, relever 23 m. sur le côté gauche de l'encolure devant, reprendre les 16 (18 – 20) m. en attente au milieu du devant, relever 23 m. sur le côté droit de l'encolure devant, 9 m. sur le bord de l'encolure du dos, reprendre les 22 (24 – 26) m. en attente au milieu du dos puis relever 9 m. sur le bord de l'encolure dos = 102 (106 – 110) m.
Rg suiv. : 2 m. env., * 2 m. end., 2 m. env.
Reprendre à * jusqu'à la fin du rg.
Rg suiv. : 2 m. end., * 2 m. env., 2 m. end.
Reprendre à * jusqu'à la fin du rg. Répéter ces 2 rgs pendant 8 cm. Prendre les aig. n° 4 et tric. pendant 10 cm.
Rab. souplement en tric. les m. comme elles se présentent.

MONTAGE
Coudre l'épaule gauche et le col en inversant la couture sur les 12 derniers cm pour le revers. Monter les manches.
Fermer les côtés puis les manches en inversant la couture sur les 5 derniers cm pour le revers.

Pull raglan

FOURNITURES
11 (12 – 13) pel. de 50 g de laine mérinos
(100 % laine mérinos, 78m./50 g)
2 aig. n° 5
1 aig. à torsade

MESURES

Tour de poitrine	82	87	92	cm
Largeur (dos + devant)	88	94	102	cm
Longueur	61	63	66	cm
Longueur des manches	43	44	45	cm

POINTS EMPLOYÉS
Jersey end. : [1 rg end., 1 rg env.].
Surjet simple : 1 m. glissée, 1 m. end. sur laquelle on rab. la m. glissée.

ÉCHANTILLON
18 m. x 24 rgs = 10 cm tric. en jersey end. avec les aig. n° 5.

ABRÉVIATIONS
4 MCG (4 m. croisées à gauche) = mettre 2 m. en attente sur l'aig. à torsade placée devant, tric. à l'end. les 2 m. suiv. puis les 2 m. en attente.
4 MCD (4 m. croisées à droite) = mettre 2 m. en attente sur l'aig. à torsade placée derrière, tric. à l'end. les 2 m. suiv. puis les 2 m. en attente.
Voir également p. 7.

DOS OU DEVANT
Ils sont tric. de la même façon.
Monter 84 (89 – 96) m. sur les aig. n° 5.
En comm. par 1 rg end., tric. 10 rgs en jersey end.
Rg de dim. : 3 m. end., 1 surjet simple, tric. à l'end. jusqu'aux 5 dernières m., 2 m. ensemble à l'end., 3 m. end.
En comm. par 1 rg env., tric. 11 rgs de jersey end.
Répéter ces 12 derniers rgs 1 autre fs puis encore 1 fs le rg de dim. = 78 (83 – 90) m.
En comm. par 1 rg env., tric. 15 rgs de jersey end.
Rg d'augm. : 3 m. end., 1 augm., tric. à l'end. jusqu'aux 3 dernières m., 1 augm., 3 m. end.
Répéter ces 16 derniers rgs 1 autre fs = 82 (87 – 94) m.
En comm. par 1 rg env., cont. droit jusqu'à 37 (37 – 38) cm de haut. tot.
Emmanchures raglan
Rab. 3 (3 - 4) m. au début des 2 rgs suivants puis :
1er rg : 3 m. end., 1 surjet simple, 4 MCG, tric. à l'end. jusqu'aux 9 dernières m., 4 MCD, 2 m. ensemble à l'end., 3 m. end.
2e rg : à l'env.
3e rg : 3 m. end., 1 surjet simple, tric. à l'end. jusqu'aux 5 dernières m., 2 m. ensemble à l'end., 3 m. end.
4e rg : à l'env.
Répéter ces 4 rgs jusqu'à ce qu'il reste 30 (31 – 32) m. en term. par 1 rg env.
En comm. par 1 rg end., tric. encore 12 rgs de jersey end. et rab.

MANCHES
Monter 44 (47 – 52) m. sur les aig. n° 5.
En comm. par 1 rg end., tric. 10 rgs de jersey end.
Rg d'augm. : 3 m. end., 1 augm., tric. à l'end. jusqu'aux 3 dernières m., 1 augm., 3 m. end.
En comm. par 1 rg env., tric. 7 rgs de jersey end.
Répéter ces 8 derniers rgs jusqu'à 68 (73 – 80) m.
Cont. droit jusqu'à 43 (44 – 45) cm de haut. tot. en term. par 1 rg env.
Emmanchure raglan
Rab. 3 (3 – 4) m. au début des 2 rgs suiv. puis :
1er rg : 3 m. end., 1 surjet simple, 4 MCG, tric. à l'end. jusqu'aux 9 dernières m., 4 MCD, 2 m. ensemble à l'end., 3 m. end.
2e rg : à l'env.
3e rg : 3 m. end., 1 surjet simple, tric. à l'end. jusqu'aux 5 dernières m., 2 m. ensemble à l'end., 3 m. end.
4e rg : à l'env.
Répéter ces 4 rgs jusqu'à ce qu'il reste 16 (17 – 18) m. en term. par 1 rg env.
En comm. par 1 rg end., tric. encore 12 rgs de jersey end.
Rab.

MONTAGE
Coudre les emmanchures.
Fermer les manches et les côtés.
Repasser les rangs de montage pour éviter qu'ils ne roulent.

Pull homme Guernesey

FOURNITURES

16 (16 – 18) pel. de 50 g de laine mérinos
(100 % laine mérinos, 110 m./50 g)
2 aig. n° 3 et n° 4 – 1 arrêt de m.

MESURES

Tailles	Small	médium	large	
Largeur (dos + devant)	105	112	120	cm
Longueur	66	68	70	cm
Longueur de manches	46	48	49	cm

POINTS EMPLOYÉS

Point mousse : tric. toujours à l'end.
Côtes plates : [2 m. env., 3 m. end.].
Jersey end. : [1 rg end., 1 rg env.].

ÉCHANTILLON

22 m. et 30 rgs = 10 cm tric. en jersey end. avec les aig. n° 4.

ABRÉVIATIONS

Voir p. 7.

DOS

Monter 116 (124 – 132) m. sur les aig. n° 3.
Tric. 15 rgs à l'end.
Prendre les aig. n° 4.
Rg suiv. : à l'end.
Rg suiv. : 4 m. end., tric. à l'env. jusqu'aux 4 dernières m., 4 m. end.
Répéter ces 2 derniers rgs 4 autres fs.
En comm. par 1 rg end., cont. en jersey end. jusqu'à 31 (32 – 33) cm de haut. tot. en term. par 1 rg env.
Rg d'augm. et de changement de point (end. du trav.) : 2 m. end., * 1 augm., 1 m. end., 2 m. env., 1 m. end. Reprendre à * jusqu'aux 2 dernières m, 1 augm., 2 m. end. = 145 (155 – 165) m.
Rg suiv. : 4 m. env., * 2 m. end., 3 m. env.
Reprendre à * jusqu'aux 6 dernières m., 2 m. end., 4 m. env.
Rg suiv. : 4 m. end., * 2 m. env., 3 m. end.
Reprendre à * jusqu'aux 6 dernières m., 2 m. env., 4 m. end.
Répéter ces 2 derniers rgs jusqu'à 64 (66 – 68) cm de haut. tot. en term. par 1 rg sur l'env.

Encolure

Rg suiv. : tric. les 56 (61 – 66) premières m. Tourner et trav. uniquement sur ces m. pour le 1er côté de l'encolure.
Dim. 1 m. côté encolure aux 5 rgs suiv. = 51 (56 – 61) m.
Rg suiv. : 2 m. end., 2 m. ensemble * 2 m. env., 1 m. end., 2 m. ensemble. Reprendre à * jusqu'aux 2 dernières m., 2 m. env. = 41 (45 – 49) m.
Rab.
En trav. sur l'end., glisser les 33 m. centrales sur un arrêt de m.
Reprendre le trav. sur les 56 (61 – 66) dernières m. en dim. 1 m. côté encolure aux 5 rgs suiv. = 51 (56 – 61) m.
Rg suiv. : * 2 m. env., 1 m. end., 2 m. ensemble.
Reprendre à * jusqu'aux 6 dernières m., 2 m. env., 1 m. end., 2 m. ensemble, 1 m. end. = 41 (45 – 49) m. Rab.

DEVANT

Trav. comme pour le dos jusqu'à 58 (60 – 62) cm de haut. tot. en term. sur l'env.

Encolure

Tric. les 61 (66 – 71) premières m. en côtes plates.
Tourner et trav. uniquement sur ces m. pour le 1er côté de l'encolure.
Dim. 1 m. côté encolure aux 5 rgs suiv.
puis ts les 2 rgs 5 fs = 51 (56 – 61) m.
Cont. droit jusqu'à la haut. des épaules en term. par 1 rg sur l'env.
Rg suiv. : 2 m. end., 2 m. ensemble * 2 m. env., 1 m. end., 2 m. ensemble. Reprendre à * jusqu'aux 2 dernières m. : 2 m. env. = 41 (45 – 49) m.
Rab.
En trav. sur l'end., glisser les 23 m. centrales sur un arrêt de m.
Reprendre le trav. sur les 61 (66 – 71) dernières m.
en dim. pour l'encolure 1 m. aux 5 rgs suiv.
puis ts les 2 rgs 5 fs = 51 (56 – 61) m.
Cont. droit jusqu'à la haut. des épaules en term. sur l'env.
Rg suiv. : * 2 m. env., 1 m. end., 2 m. ensemble.
Reprendre à * jusqu'aux 6 dernières m. : 2 m. env., 1 m. end., 2 m. ensemble, 1 m. end. = 41 (45 – 49) m.
Rab.

MANCHES

Monter 54 (58 – 62) m. sur les aig. n° 3.
1er rg : 2 m. end., * 2 m. env., 2 m. end.
Reprendre à * jusqu'à la fin du rg.
2e rg : 2 m. env., * 2 m. end., 2 m. env.
Reprendre à * jusqu'à la fin du rg.
Répéter ces 2 derniers rgs pendant 6 cm en term. par le 2e rg.
Prendre les aig. n° 4.
En comm. par 1 rg end., tric. 4 rgs de jersey end.
Rg suiv. : 2 m. end., 1 augm., tric. à l'end. jusqu'aux 2 dernières m., 1 augm., 2 m. end.
Augm. 1 m. à ch. extrémité, comme ci-dessus, tous les 4 rgs jusqu'à 88 (92 – 96) m.
Tric. 1 rg env.
Rg. d'augm. et de changement de point : 2 m. end., * 1 augm., 1 m. end., 2 m. env., 1 m. end. Reprendre à * jusqu'aux 2 dernières m., 1 augm., 2 m. end. = 110 (115 – 120) m.
Rg suiv. : [3 m. env., 2 m. end.] 22 (23 – 24) fs.
Rg suiv. : [2 m. env., 3 m. end.] 22 (23 – 24) fs.
Ces 2 rgs forment les côtes plates.
Cont. en tric. les m. comme elles se présentent, en augm. 1 m. à ch. extrémité du 2e rg puis ts les 4 rgs jusqu'à 136 (141 – 146) m.
Cont. droit jusqu'à 46 (48 – 49) cm de haut. tot.
Rab. en tric. les m. comme elles se présentent.

BORDURE D'ENCOLURE
Coudre l'épaule droite.
En trav. sur l'end avec les aig. n° 3, relever 26 m. sur le biais de l'encolure devant, sur les 26 m. en attente au milieu devant tric. : 1 m. end., 2 m. ensemble [2 m. env., 1 m. end., 2 m. ensemble] 4 fs, relever 25 m. sur le biais gauche de l'encolure devant, relever 5 m. sur le biais de l'encolure du dos, sur les m. en attente tric. : 1 m. end., 2 m. ensemble [2 m. env., 1 m. end., 2 m. ensemble] 6 fs, relever 6 m. sur le biais de l'encolure dos = 106 m.
Rg suiv. : 2 m. env., * 2 m. end., 2 m. env.
Reprendre à * jusqu'à la fin.
Rg suiv. : 2 m. end., * 2 m. env., 2 m. end.
Reprendre à * jusqu'à la fin.
Répéter ces 2 derniers pendant 8 cm.
Cont. avec les aig. n° 4 pendant 10 cm.
Rab. souplement en tric. les m. comme elles se présentent.

MONTAGE
Coudre l'épaule gauche et le col en inversant la couture sur les 10 derniers cm pour le revers.
Monter les manches. Fermer les manches et les côtés en laissant ouverte la bordure au point mousse.

Coussin en mohair

FOURNITURES
2 pel. de 50 g de fil mohair
(80 % mohair, 20 % polyamide – 130 m./50 g)
2 aig. n° 4
1 coussin de 40 x 40 cm

MESURES
La housse est prévue pour un coussin de 40 x 40 cm.

POINT EMPLOYÉ
Jersey end. : [1 rg end., 1 rg env.].

ÉCHANTILLON
20 m. x 28 rgs = 10 cm tric. en jersey end. avec les aig. n° 4.

ABRÉVIATIONS
Voir p. 7.

RÉALISATION
Monter 90 m. sur les aig. n° 4.
Tric. 100 cm de jersey end.
Rab.

MONTAGE
En laissant les 20 premiers cm libres, plier les 80 cm restants endroit contre endroit. Coudre les côtés.
Retourner. Glisser les 20 cm à l'intérieur de la housse.

Jeté de lit en mohair

FOURNITURES
6 pel. de 50g. de fil mohair
(80 % mohair, 20 % polyamide, 130 m./50 g)
2 aig. n° 4
4,60 m. de ruban de satin de 5 cm de large (facultatif)

MESURES
Environ 80 x 115 cm.

POINTS EMPLOYÉS
Point de riz : voir détail en cours d'explications.
Jersey end. : [1 rg end., 1 rg env.].

ÉCHANTILLON
20 m. x 28 rgs = 10 cm tric. en jersey end. avec les aig. n° 4.

ABRÉVIATIONS
Voir p. 7.

CENTRE DU JETÉ
Monter 160 m. sur les aig. n° 4.
1er rg : * 1 m. end., 1 m. env. Reprendre à * jusqu'à la fin.
2e rg : * 1 m. env., 1 m. end. Reprendre à * jusqu'à la fin.
Répéter ces 2 rgs 2 autres fs.
Rg suiv. : 4 m. point de riz (comme ci-dessus), tric. à l'end. jusqu'aux 4 dernières m., 4 m. point de riz.
Rg suiv. : 4 m. point de riz, tric. à l'env. jusqu'aux 4 dernières m., 4 m. point de riz.
Répéter ces 2 derniers rgs jusqu'à 143 cm de haut. tot. en term. par 1 rg sur l'env.
Rg suiv. : * 1 m. end., 1 m. env. Reprendre à * jusqu'à la fin.
2e rg : * 1 m. env., 1 m. end. Reprendre à * jusqu'à la fin.
Répéter ces 2 derniers rgs 1 autre fs puis tric. 1 fs le 1er rg.
Rab. en tric. les m. au point de riz.

MONTAGE
Pour une finition plus décorative, poser ainsi le ruban de satin sur la bordure au point de riz : coudre le ruban, à la main sur l'endroit, sur le bord intérieur de la bordure en le pliant dans les angles et en réunissant les extrémités. Plier le ruban vers l'envers et le coudre sur le bord intérieur de la bordure.

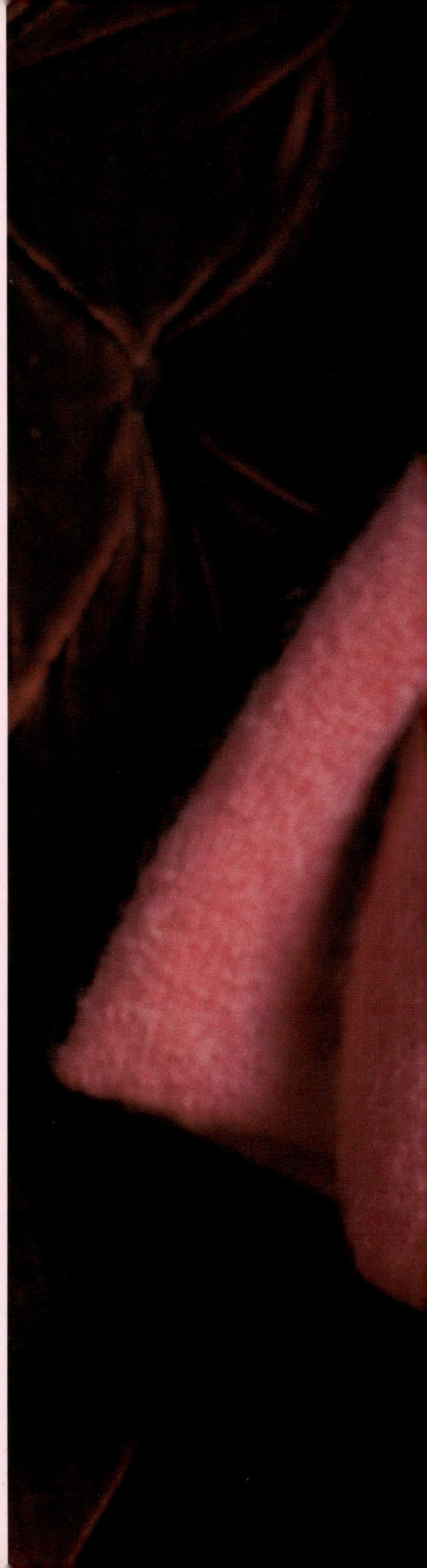

Les « reliefs » de tricot

Des points de base aux torsades entremêlées, le tricot est un support idéal pour exercer sa créativité en modelant la texture d'intéressants reliefs.

Donner du relief au tricot

Les deux techniques les plus fréquemment employées pour obtenir des tricots épais avec du relief sont les torsades et les noppes. Voici comment en obtenir de tout simples, sachant que les bases sont les mêmes pour toutes leurs variantes. Les conseils que je donne aux pages 74-76 pour les motifs irlandais font appel à des astuces un peu plus techniques.

Les torsades

Elles s'obtiennent en croisant les mailles. On utilise pour ce faire des aiguilles courtes à deux pointes, qui servent à garder les mailles en attente sur l'arrière du tricot (la torsade partira alors en biais vers la droite) ou sur l'avant du tricot (la torsade partira vers la gauche). Pour ma part, je trouve plus pratiques les aiguilles à deux pointes qui sont incurvées en leur milieu, car cela empêche les mailles de glisser. Les torsades proposées ci-dessous se travaillent toutes sur six mailles, mais on peut les effectuer sur un nombre de mailles plus réduit ou plus élevé. *(voir le coussin avec torsades p. 104, où les torsades sont tricotées sur quatre mailles).*

TORSADE CROISÉE PAR L'ARRIÈRE

1 Glissez les trois premières mailles sur l'aiguille à torsade et mettez-la en attente sur l'arrière du travail puis tricotez les trois mailles suivantes à l'endroit en gardant le fil tendu pour ne pas créer de trou dans le tricot.

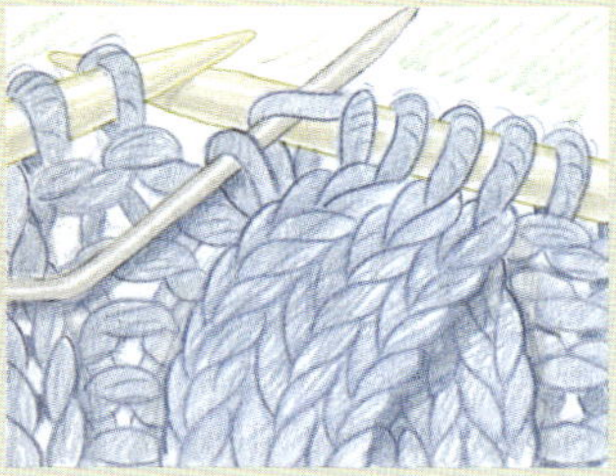

2 Tricotez alors les trois mailles directement sur l'aiguille à deux pointes, ou bien faites-les glisser de nouveau sur l'aiguille gauche avant de les tricoter. Le croisement est achevé.

TORSADE CROISÉE PAR L'AVANT

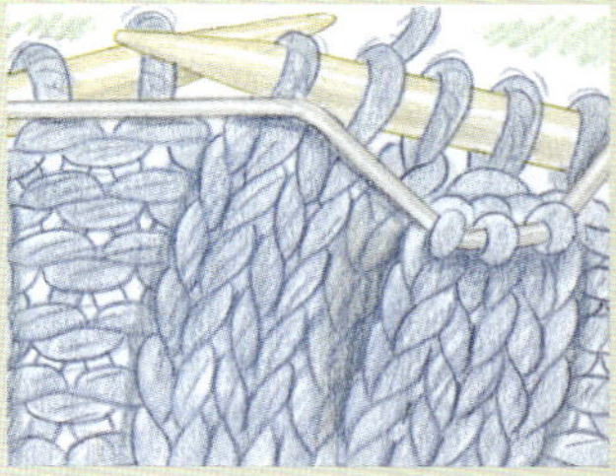

1 Glissez les trois premières mailles sur l'aiguille à torsade et mettez-la en attente sur l'avant du travail puis tricotez les trois mailles suivantes à l'endroit en gardant le fil tendu pour ne pas créer de trou dans le tricot.

2 Tricotez alors les trois mailles directement sur l'aiguille à deux pointes, ou bien faites-les glisser de nouveau sur l'aiguille gauche avant de les tricoter. Le croisement est achevé.

Les noppes

Elles s'obtiennent en effectuant des augmentations dans une seule maille, que l'on rabat ensuite jusqu'à ce qu'il n'en reste plus qu'une lorsqu'elles sont terminées. Deux versions vous sont proposées ici : sur un seul rang, ou sur plusieurs rangs. Toutes deux peuvent être agrandies ou rétrécies selon le nombre de mailles et de rangs sur lesquels on travaille. Et, bien qu'ils soient ici présentés sur un point jersey, vous pouvez également les effectuer sur un point jersey envers. Les noppes sur plusieurs rangs s'accommodent également du jersey endroit (comme ici) ou du jersey envers selon l'effet souhaité. Pour ce faire, tricotez votre premier rang après avoir retourné le tricot pour la première fois (étape 2) comme un rang à l'endroit ou à l'envers.

NOPPE SUR UN RANG

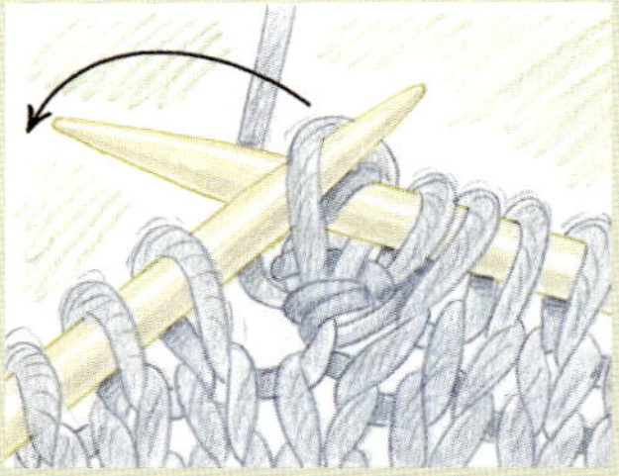

1 Pour former une noppe de quatre mailles à partir d'une seule maille, tricotez le fil avant de la première maille de la manière habituelle, puis tricotez le fil arrière, l'avant et encore l'arrière de la même maille avant de la faire tomber de l'aiguille gauche (*voir p. 18 pour la méthode*). Soulevez ensuite la deuxième maille de l'aiguille droite et passez-la par-dessus la première avant de la faire glisser de l'aiguille, comme sur le schéma.

2 Ramenez les troisième et quatrième mailles par-dessus la première maille en les faisant glisser, de la même manière, une par une de l'aiguille. Vous diminuez ainsi vos quatre mailles pour n'en conserver qu'une et terminez ainsi la noppe sur un rang.

NOPPE SUR PLUSIEURS RANGS

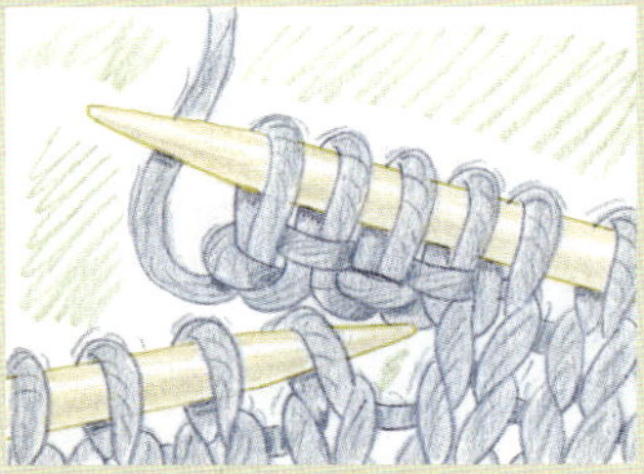

1 Pour former une noppe de cinq mailles à partir d'une maille, tricotez dans l'avant de la maille suivante de la manière habituelle, puis tricotez dans l'arrière, l'avant et encore l'arrière de la même maille avant de la faire tomber de l'aiguille gauche *(voir p. 18 pour la méthode)*.

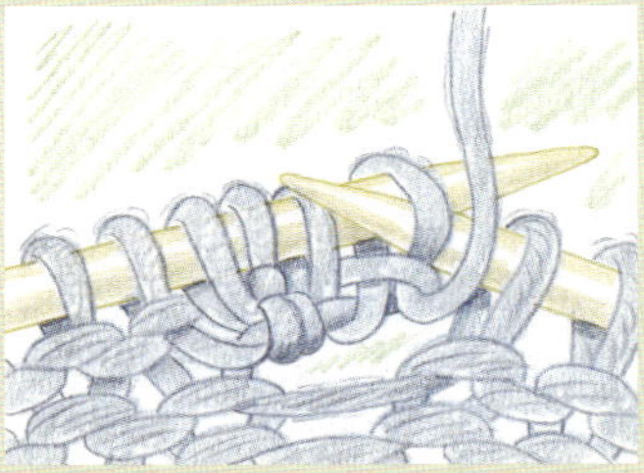

2 Tournez alors l'ouvrage et tricotez à l'envers les cinq mailles de la noppe, puis retournez-le et tricotez à l'endroit les cinq mailles. Tricotez encore sur ces mêmes mailles un rang à l'envers et un rang à l'endroit, pour terminer par un rang à l'endroit.

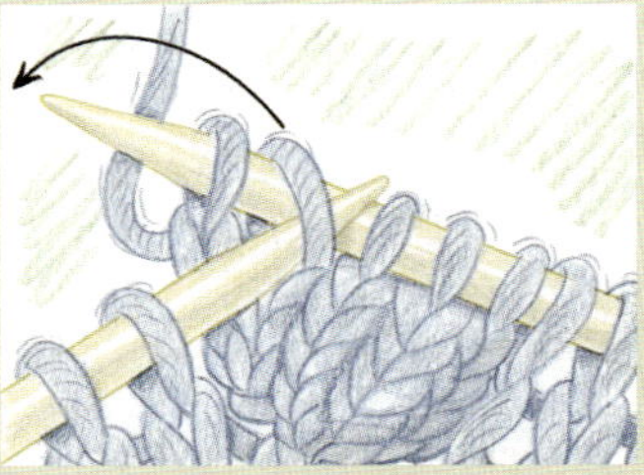

3 L'endroit de l'ouvrage toujours face à vous, insérez la pointe de l'aiguille gauche dans la seconde maille de l'aiguille droite et rabattez-la par-dessus la première maille avant de la faire tomber de l'aiguille. Procédez de même avec les troisième, quatrième et cinquième mailles, en les travaillant une à une pour former la noppe. (On peut aussi tricoter les troisième et quatrième rangs de la manière suivante pour fermer la noppe : 2 mailles ensemble à l'envers, une maille à l'envers, 2 mailles ensemble à l'envers, tourner, glisser une maille, tricoter deux mailles à l'endroit, rabattre la maille glissée par-dessus la maille obtenue).

Créer des motifs avec des torsades

L'une des choses que je préfère dans le tricot, c'est la multitude d'effets que l'on peut obtenir en combinant torsades, noppes et mailles en relief, qui permettent de créer à chaque fois un ouvrage unique en son genre. Pour le réussir, voici quelques conseils.

Comment bien disposer ses motifs

Lorsque je conçois le patron d'un pull irlandais, je commence par dessiner des formes simples que je remplis ensuite de motifs linéaires. J'aime créer une harmonie dans le dessin, et je pense que pour y parvenir le meilleur moyen consiste à choisir des motifs se répondant les uns aux autres. Cela peut être un simple détail au point mousse au centre d'un losange de torsades, que rappellent des zébrures ou des lisières au point mousse, ou le fait de tricoter les mailles des côtes et des torsades en prenant le fil arrière pour leur donner plus de relief.
Les échantillons présentés ici montrent les différentes étapes d'élaboration d'une chemise en dentelle. J'ai choisi un fil denim ne déteignant pas comme le denim bleu, mais qui fait superbement ressortir les motifs structurés. Ce fil est cependant assez épais, aussi ai-je décidé pour alléger un peu l'ouvrage d'y introduire des mailles ajourées.

Se familiariser avec les matières

Dans le jeté irlandais présenté p. 105, j'ai combiné des points traditionnels pour former un patchwork en relief. On peut tricoter séparément chaque carré pour s'exercer aux divers composants des motifs irlandais : les torsades verticales, les torsades en diagonale (qui partent vers la droite ou vers la gauche), et les noppes. Vous remarquerez que les carrés qui composent le jeté ne sont pas parfaits. La déformation est due à la tension exercée par les torsades. Elle peut être neutralisée par un jeu d'augmentations et de diminutions avant et après les torsades. Mais j'imagine que si c'est la première fois que vous vous attaquez à un tel ouvrage, vous n'aurez pas spécialement envie d'effectuer en plus ce travail. Dans ce cas, puisque le jeté sera probablement destiné à être négligemment étendu sur un lit ou sur un canapé, sachez qu'avec un peu de chance cela ne se remarquera pas !

Tricoter son propre pull irlandais

Pour tricoter son propre pull irlandais, il faut d'abord choisir les motifs et effectuer un échantillon de chaque. On les positionne ensuite les uns par rapport aux autres : l'un au centre et les autres autour. Dans votre choix final, vous répéterez l'arrangement à droite et à gauche du panneau central.
Lorsque vous aurez trouvé une séquence qui vous plaît, vous pourrez choisir une bordure, par exemple l'une de celles proposées dans le chapitre « Bordures ».

Mesurez la distance entre le centre du panneau choisi pour le milieu et le bord extérieur du premier panneau, et voyez si elle correspond à la moitié de la largeur nécessaire pour le vêtement. Si besoin est, ajoutez ou retirez des panneaux jusqu'à obtenir la mesure souhaitée. N'oubliez pas que votre vêtement doit avoir des formes simples – celles d'une chemise, aux bords droits et aux épaules tombantes seront parfaites (*voir « Créer un vêtement de forme simple » pp. 22-23*).

Positionnez votre encolure avec soin, en essayant de ne pas faire croiser vos torsades juste en dessous pour éviter les déformations. Pour ce qui est des manches, vous constaterez que vous ne pouvez disposer que d'un nombre limité de panneaux près des poignets, sinon le bas des manches sera trop large.

En d'autres termes, puisque vous élargissez les manches vous devrez rajouter des mailles dans un point simple. Choisissez-en un d'aspect intéressant tel que le point de riz double, plutôt qu'un point jersey envers qui pourra paraître trop fade et dépouillé.

Peaufiner les motifs

Une fois que vous aurez sélectionné un ensemble de motifs pour un pull irlandais, vous pourrez apporter à votre vêtement une touche personnelle supplémentaire en travaillant également les bordures, les poignets, l'encolure ou le col. Vous obtiendrez ainsi un pull tout à fait original, et en tous cas bien plus que tous ceux que vous pourrez acheter.

Travailler les motifs dans les bordures

Les tricots à côtes ou à torsades sont en général bien plus beaux si les motifs principaux se poursuivent jusque dans les côtes du bas. Cela peut vouloir dire, dans le cas le plus simple, qu'une côte entre deux torsades viendra rejoindre celles du bas ou qu'une torsade de quatre mailles sur l'avant d'un vêtement s'insèrera dans les côtes. Dans le pull à torsades p. 85, il m'a semblé important que certains motifs complexes s'intègrent à la bordure en côtes 2/2 du bas et des poignets. En les incorporant au col cheminée, j'ai pu lui donner de la tenue pour qu'il ne gêne pas au niveau du cou.

On peut créer un effet plus spectaculaire en faisant courir un grand panneau du bas jusqu'à l'encolure, ou en supprimant carrément la bordure du bas pour obtenir un aspect déstructuré. Si vous avez des noppes dans votre motif principal et que cela ne risque pas trop de surcharger le vêtement, vous pouvez aussi en introduire de plus petites dans les mailles envers des côtes.

Ajouter des mailles pour compenser les torsades

Ces considérations nous rappellent que les torsades vont tirer sur le tricot. Si, par exemple, vous agrémentez un pull tricoté dans un point simple en lui ajoutant une torsade centrale, vous verrez que sa largeur réelle s'en trouvera diminuée. Pour compenser cet effet, il est généralement prévu dans les patrons de faire une augmentation après la bordure avant de commencer une torsade. Cela complique malheureusement le travail lorsqu'on souhaite poursuivre les motifs jusque dans les bordures, car il faut alors trouver pour augmenter des mailles des endroits où la continuité des motifs ne sera pas interrompue.

Les fils et les matières pour les tricots irlandais

Les effets varient selon les fils et leur poids. Ainsi, un fil de coton fin pourra produire un motif très net qui sera du meilleur effet sur une veste d'été, alors que le même fil plus épais alourdira peut-être trop un gilet de style irlandais. Une laine double fil donnera rarement le bon relief aux points que j'aime, aussi ai-je tendance à travailler plutôt avec une laine naturelle. L'un de mes fils préférés demeure cependant le fil denim, qui se décolore au fur et à mesure qu'on le porte et qu'on le lave. Sur les motifs en relief, il met en valeur les points les plus hauts, les faisant ressortir davantage. Le vêtement n'en est alors que plus beau.

CHOISIR L'AIGUILLE QUI SERVIRA À METTRE LES MAILLES EN ATTENTE
Pour obtenir un bon résultat, utilisez une aiguille un peu moins grosse que les aiguilles principales pour que les mailles ne se détendent pas.

Pull à capuche Guernesey pour enfant

Un pull pratique, à capuche, avec un motif Guernesey ! Ce vêtement sera aussi spectaculaire dans un bleu tonique ou un denim ombré.

FOURNITURES

9 (11) pel. de 50 g de coton (100 % coton, 115 m./50 g)
2 aig. n° 3 et n° 3,5 - 1 aig. à torsades

ÂGES ET MESURES

Âges	3/4	5/6	ans
Mesures du vêtement terminé			
Tour de poitrine (dos + devant)	80	94	cm
Longueur à l'épaule	44	50	cm
Longueur des manches	27	30	cm

POINTS EMPLOYÉS

Jersey end. : [1 rg end., 1 rg env.].
Jersey env. : [1 rg env., 1 rg end.].
Motifs : voir détail en cours de réalisation.
Lire la grille de droite à gauche sur les rgs impairs (end. du trav.) et de gauche à droite sur les rgs pairs (env. du trav.).

ÉCHANTILLON

25 m. x 34 rgs = 10 cm tric. en jersey end. avec les aig. n° 3,5.

ABRÉVIATIONS

4CrG (4 m. croisées à gauche) : glisser 2 m. sur l'aig. à torsade et la mettre en attente devant le trav., 2 m. end. puis tric. à l'end. les 2 m. en attente.
4CrD (4 m. croisées à droite) : glisser 2 m. sur l'aig. à torsade et la mettre en attente derrière le trav., 2 m. end. puis tric. à l'end. les 2 m. en attente. *Voir également p. 7.*

LOSANGES

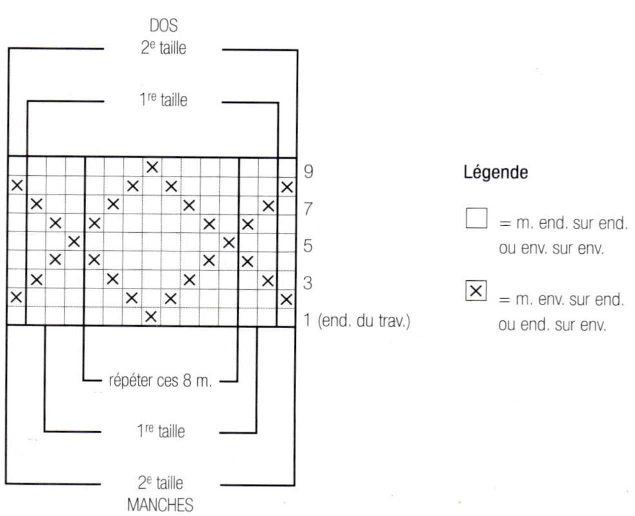

MOTIFS GUERNESEY

Le pull est garni de 5 motifs :

Motif A (sur 13 m.)
1er rg (end. du trav.) : 13 m. end.
2e rg : 13 m. env.
3e rg : 6 m. end., 1 m. env., 6 m. end.
4e rg : 5 m. env., 1 m. end., 1 m. env., 1 m. end., 5 m. env.
5e rg : 4 m. end., 1 m. env., 3 m. end., 1 m. env., 4 m. end.
6e rg : 3 m. env., 1 m. end., [2 m. env., 1 m. end.] 2 fs, 3 m. env.
7e rg : 2 m. end., 1 m. env., 2 m. end., 1 m. env., 1 m. end., 1 m. env., 2 m. end., 1 m. env., 2 m. end.
8e rg : 1 m. env., 1 m. end., 2 m. env., 1 m. end., 3 m. env., 1 m. end., 2 m. env., 1 m. end., 1 m. env.
9e rg : 3 m. end., 1 m. env., [2 m. end., 1 m. env.] 2 fs, 3 m. end.
10e rg : 2 m. env., 1 m. end., 2 m. env., 1 m. end., 1 m. env., 1 m. end., 2 m. env., 1 m. end., 2 m. env.
11e rg : 4 m. end., 1 m. env., 3 m. end., 1 m. env., 4 m. end.
12e rg : 3 m. env., 1 m. end., [2 m. env., 1 m. end.] 2 fs, 3 m. env.
13e rg : 5 m. end., 1 m. env., 1 m. end., 1 m. env., 5 m. end.
14e rg : 4 m. env., 1 m. end., 3 m. env., 1 m. end., 4 m. env.
15e rg : 6 m. end., 1 m. env., 6 m. end.
16e rg : 5 m. env., 1 m. end., 1 m. env., 1 m. end., 5 m. env.
17e rg : 6 m. end., 1 m. env., 6 m. end.
18e au 22e rg : 13 m. env.
Ces 22 rgs forment un motif entier et sont à répéter pendant tout le trav.

Motif B (sur 10 m.)
1er rg (end. du trav.) : 1 m. env., 1 m. end., 1 m. env., 4 m. end., 1 m. env., 1 m. end., 1 m. env.
2e rg : 1 m. env., 1 m. end., 6 m. env., 1 m. end., 1 m. env.
3e rg : 1 m. env., 1 m. end., 1 m. env., 4CrG, 1 m. env., 1 m. end., 1 m. env.
4e rg : 1 m. env., 1 m. end., 6 m. env., 1 m. end., 1 m. env.
Ces 4 rgs forment un motif entier et sont à répéter pendant tout le trav.

Motif C (sur 13 m.)
1er rg (end. du trav.) : 13 m. end.
2e rg : 13 m. env.
3e rg : 6 m. end., 1 m. env., 6 m. end.
4e rg : 5 m. env., 1 m. end., 1 m. env., 1 m. end., 5 m. env.
5e rg : 4 m. end., 1 m. env., [1 m. end., 1 m. env.] 2 fs, 4 m. end.
6e rg : 3 m. env., 1 m. end., [1 m. env., 1 m. end.] 3 fs, 3 m. env.
7e rg : 2 m. end., 1 m. env., [1 m. end., 1 m. env.] 4 fs, 2 m. end.
8e rg : 1 m. env., [1 m. end., 1 m. env.] 6 fs.
9e rg : comme le 7e rg.
10e rg : comme le 6e rg.
11e rg : comme le 5e rg.
12e rg : comme le 4e rg.
13e rg : comme le 3e rg.
14e rg : 13 m. env.
Ces 14 rgs forment un motif entier et sont à répéter pendant tout le trav.

Motif D (sur 10 m.)

1er rg (end. du trav.) : 1 m. env., 1 m. end., 1 m. env., 4 m. env., 1 m. env., 1 m. end., 1 m. env.

2e rg : 1 m. env., 1 m. end., 6 m. env., 1 m. end., 1 m. env.

3e rg : 1 m. env., 1 m. end., 1 m. env., 4CrD, 1 m. env., 1 m. end., 1 m. env.

4e rg : 1 m. env., 1 m. end., 6 m. env., 1 m. end., 1 m. env.

Ces 4 rgs forment un motif entier et sont à répéter pendant tout le trav.

DOS

Monter 101 (109) m. sur les aig. n° 3.

En comm. par 1 rg end., tric. 6 rgs de jersey end. pour le roulotté du bas, en term. par 1 rg sur l'env.

Tric. 4 rgs à l'env., en term. par 1 rg sur l'env.

En comm. et term. comme indiqué sur la grille pour la taille choisie, tric. les 9 rgs des losanges en term. par 1 rg sur l'end.

Tric. 4 rgs à l'env. en term. par 1 rg sur l'end.

Prendre les aig. n° 3,5.

En comm. par 1 rg env., cont. en jersey end. jusqu'à 18 (24) cm de haut. tot., en term. par 1 rg sur l'env.

Tric. 4 rgs à l'env., en term. par 1 rg sur l'end.

Tric. de nouveau les 9 rgs des losanges, en term. par 1 rg sur l'end.

Tric. 4 rgs à l'env., en term. par 1 rg sur l'end.

Disposer ainsi des augm. avant les motifs :

Rg suiv. (env. du trav.) : 18 (17) m. env., [1 augm., 22 (17) m. env.] 3 (5) fs, 1 augm., 17 m. env. = 105 (125) m.

1re taille seulement

Rg suiv. (end. du trav.) : tric. le 1er rg des motifs A, B, C, B, A, D, C, D, A.

Rg suiv. : tric. le 2e rg des motifs A, D, C, D, A, B, C, B, A.

2e taille seulement

Rg suiv. (end. du trav.) : tric. le 1er rg des motifs B, A, B, C, B, A, D, C, D, A, D.

Rg suiv. : tric. le 2e rg des motifs D, A, D, C, D, A, B, C, B, A, B.

Pour les 2 tailles

Ces 2 rgs positionnent les motifs **.

Tric. 84 rgs de motifs.

Épaules

En cont. à former les motifs, rab. 32 (40) m. au début des 2 rgs suiv.

Rab. les 41 (45) m. rest.

DEVANT

Trav. comme pour le dos jusqu'à **.

Tric. ainsi pendant 64 rgs en term. par 1 rg sur l'env.

Encolure

En cont. à former les points, partager ainsi le trav. :

Rg suiv. (end. du trav.) : tric. 40 (48) m., 2 m. ensemble, tourner, laisser les autres m. en attente sur une aig.

Cont. sur ces m. pour le 1er côté en dim. 1 m. côté encolure, ts les 2 rgs jusqu'à ce qu'il reste 32 (40) m.

Tric. 1 rg droit, en term. par 1 rg sur l'env. Rab. 32 (40) m.

En trav. sur l'end., reprendre les m. en attente en rab. les 21 (25) premières m. pour le milieu de l'encolure puis en tric. ensemble les 2 m. suiv.

Tric. le 2e côté de l'encolure en vis-à-vis du 1er.

MANCHES

Monter 51 (55) m. sur les aig. n° 3.

En comm. par 1 rg end., tric. 6 rgs de jersey end. pour le roulotté du bas, en term. par 1 rg sur l'env.

Tric. 4 rgs à l'env., en term. par 1 rg sur l'env.

En comm. et term. comme indiqué sur la grille pour la taille choisie, tric. les 9 rgs des losanges en term. par 1 rg sur l'end.

Tric. 4 rgs à l'env. en term. par 1 rg sur l'end.

Prendre les aig. n° 3,5.

En comm. par 1 rg sur l'env., tric. en jersey end. en augm. 1 m. à ch. extrémité du 2e rg puis ts les 4 rgs jusqu'à 69 (77) m., en terminant par 1 rg sur l'end.

Tric. 4 rgs à l'env. en term. par 1 rg sur l'end.

Disposer ainsi des augm. avant les motifs :

Rg suiv. (env. du trav.) : 2 (6) m. env., [1 augm., 22 m. env.] 3 fs, 1 augm., 1(5) m. env. = 73 (81) m.

1re taille seulement

Rg suiv. (end. du trav.) : tric. les 7 dernières m. du 1er rg du motif B puis le 1er rg des motifs C, B, A, D, C, tric. les 7 premières m. du 1er rg du motif D.

Rg suiv. : tric. les 7 dernières m. du 2e rg du motif D puis le 2e rg des motifs C, D, A, B, C, tric. les 7 premières m. du 2e rg du motif B.

2e taille seulement

Rg suiv. (end. du trav.) : tric. la dernière m. du 1er rg du motif A puis tric. le 1er rg des motifs B, C, B, A, D, C, D ; tric. la 1re m. du 1er rg du motif A.

Rg suiv. : tric. la dernière m. du 2e rg du motif A, tric. le 2e rg des motifs D, C, D, A, B, C, B, tric. la 1re m. du 2e rg du motif A.

Pour les 2 tailles

Ces 2 rgs positionnent les motifs. Cont. en augm. 1 m. à ch. extrémité du rg suiv. puis ts les 4 rgs jusqu'à 91 (99) m. en formant les motifs au fur et à mesure des augm.

Tric. 42 rgs de motifs. Rab. en tric. les motifs.

CAPUCHE

Monter 57 (63) m. sur les aig. n° 3.

1er rg : à l'end.

2e rg : 5 m. end., tric. à l'env. jusqu'à la fin du rg.

Répéter ces 2 rgs jusqu'à 51 (55) cm de haut. tot. en term. par 1 rg sur l'env. Rab.

MONTAGE

Coudre les épaules. Monter les manches en alignant le milieu sur la couture des épaules.

Fermer les manches et les côtés en laissant les bordures se rouler. Plier la capuche en deux, fermer l'arrière.

Coudre la capuche dans l'encolure en juxtaposant les bords au milieu de l'encolure du devant.

La bordure en bas du pull et des manches est formée par quelques rangs de jersey qui se roulent. Cette finition est traditionnellement utilisée dans les tricots de Guernesey.

Veste croisée au point de riz et béret

FOURNITURES
Veste : 8 (8 – 9) pel. de 50 g de laine mérinos
(100 % laine mérinos, 78 m./ 50 g)
Béret : 2 pel.
2 aig. n° 3,5, n° 4,5 et n° 5
8 boutons

MESURES

Veste				
Âges	1	2	3	ans
Largeur (dos + devant)	70	74	79	cm
Longueur	35	39	43	cm
Longueur des manches (sans le revers)	20	22	25	cm
Béret	1 à 3 ans			

POINTS EMPLOYÉS
Côtes 1/1 : [1 m. end., 1 m. env.].
Point de riz : voir détail en cours d'explications.

ÉCHANTILLON
18 m. et 32 rgs = 10 cm tricotés au point de riz avec les aig. n° 5.

ABRÉVIATIONS
Voir p. 7.

Veste

DOS
Monter 65 (69 – 73) m. sur les aig. n° 5.
1er rg (end. du trav.) : 1 m. end., * 1 m. env., 1 m. end.
Reprendre à * jusqu'à la fin du rg.
Répéter toujours ce rg pour obtenir du point de riz.
Cont. au point de riz jusqu'à 35 (39 – 43) cm de haut. tot.,
en term. par 1 rg sur l'env.
Épaules :
Rab. 11 (12 – 13) m. au début des 2 rgs suiv. et 12 (12 – 13) m.
au début des 2 rgs suiv.
Rab. les 19 (21 – 21) m. rest.

FONDS DE POCHES (2)
Monter 15 (17 – 19) m. sur les aig. n° 5.
Tric. 11 (12 – 13) cm au point de riz.
Laisser en attente sur une aig.

DEVANT GAUCHE
Monter 43 (45 – 47) m. sur les aig. n° 5.
Tric. au point de riz jusqu'à 13 (14 – 15) cm de haut. tot.,
en term. par 1 rg sur l'env.

Mise en place du fond de poche

Rg suiv. : 6 m. point de riz, rab. les 15 (17 – 19) m. suiv., tric. au point de riz jusqu'à la fin.

Rg suiv. : 22 m. point de riz, tric. les m. d'un fond de poche au point de riz, tric. au point de riz jusqu'à la fin du rg.

Cont. au point de riz jusqu'à 30 (34 – 38) cm de haut. tot., en term. par 1 rg sur l'env.

Encolure

Rab. 15 (16 – 17) m. au début du rg suiv.

Dim. 1 m. côté encolure à ch. rg jusqu'à ce qu'il reste 23 (24 – 26) m.

Cont. droit jusqu'à la haut. de l'épaule.

Épaule :

Rab. 11 (12 – 13) m. au début du rg suiv. Tric. 1 rg.

Rab. les 12 (12 – 13) m. rest.

DEVANT DROIT

Monter 43 (45 – 47) m. sur les aig. n° 5.

Tric. au point de riz jusqu'à 13 (14 – 15) cm de haut. tot., en term. par 1 rg sur l'env.

Mise en place du fond de poche

Rg suiv. : 22 m. point de riz, rab. les 15 (17 – 19) m. suivantes, tric. au point de riz jusqu'à la fin du rg.

Rg suiv. : 6 m. point de riz, tric. les m. de l'autre fond de poche au point de riz puis tric. au point de riz jusqu'à la fin du rg.

Cont. droit jusqu'à 14 (15 – 16) cm de haut. tot., en term. par 1 rg sur l'env.

Boutonnières : 3 m. point de riz, 1 jeté, 2 m. ensemble, 10 m. point de riz, 1 jeté, 2 m. ensemble, terminer le rg au point de riz.

Cont. jusqu'à 21,5 (24 – 26,5) cm de haut. tot., en term. par 1 rg sur l'env. Tric. 1 rg de boutonnières comme ci-dessus.

Cont. jusqu'à 29 (33 – 37) cm de haut. tot., en term. par 1 rg sur l'env. Tric. 1 rg de boutonnières comme ci-dessus. Cont. jusqu'à 30 (34 – 38) cm de haut. tot., en term. par 1 rg sur l'env.

Encolure

Rab. 15 (16 – 17) m. au début du rg suiv.

Dim. 1 m. côté encolure à ch. rg jusqu'à 23 (24 – 26) m.

Cont. droit jusqu'à la haut. de l'épaule.

Épaule

Rab. 11 (12 – 13) m. au début du rg suiv.

Tric. 1 rg. Rab. les 12 (12 – 13) m. rest.

MANCHES

Monter 35 (39 – 43) m. sur les aig. n° 5.

Tric. au point de riz pendant 5 (6 – 7) cm.

Prendre les aig. n° 4,5.

Tric. au point de riz pendant 5 (6 – 7) cm.

Reprendre les aig. n° 5.

Cont. au point de riz en augmentant 1 m. à ch. extrémité du 3e rg puis ts les 4 rgs jusqu'à 55 (61 – 67) m.

Cont. droit jusqu'à 25 (28 – 32) cm de haut. tot.

Rab.

COL

Coudre les épaules.

En trav. sur l'end., avec les aig. n° 3,5 et en commençant sur la 11e des m., relever 5 (6 – 7) m. sur les m. rab. au devant droit (laisser les 10 premières pour le croisement des devants), à la suite 18 m. sur l'encolure du devant droit, 19 (21 – 21) m. sur l'encolure du dos, 18 m. sur l'encolure du devant gauche et 5 (6 – 7) m. sur les m. rab. = 65 (69 – 71) m.

Rg suiv. : tric. au point de riz.

2 rgs suiv. : tric. au point de riz jusqu'aux 5 (6 – 7) dernières m., tourner.

2 rgs suiv. : tric. au point de riz jusqu'aux 8 (9 – 10) dernières m., tourner.

2 rgs suiv. : tric. au point de riz jusqu'aux 11 (12 – 13) dernières m., tourner.

2 rgs suiv. : tric. au point de riz jusqu'aux 14 (15 – 16) dernières m., tourner.

2 rgs suiv. : tric. au point de riz jusqu'aux 17 (18 – 19) dernières m., tourner.

2 rgs suiv. : tric. au point de riz jusqu'aux 20 (21 – 22) dernières m., tourner.

Tric. au point de riz jusqu'à la fin du rg.

Tric. 18 rgs au point de riz. Rab.

MARTINGALE

Monter 49 (53 – 55) m. sur les aig. n° 3,5.

Tric. 2,5 cm au point de riz. Rab.

MONTAGE

Monter les manches.

Fermer les côtés puis les manches en inversant la couture sur les 7 (8 – 9) premiers cm pour le revers.

Coudre les fonds de poches. Coudre les boutons sur le devant gauche. Poser la martingale dans le dos en cousant 1 bouton sur ch. extrémité.

BÉRET

Monter 80 m. sur les aig. n° 4,5.

Côtes 1/1 : * 1 m. end., 1 m. env. Reprendre à * jusqu'à la fin du rg.

Répéter ce rg 4 autres fs.

Rg d'augm. : 2 m., * 1 augm. , 3 m., 1 augm., 2 m.

Reprendre à * jusqu'aux 3 dernières m. : 1 augm., 3 m. = 111 m.

Prendre les aig. n° 5.

Cont. au point de riz jusqu'à 10 cm de haut. tot.

Fond du béret

Rg de dim. : 1 m., * 3 m. ensemble, 19 m.

Reprendre à * jusqu'à la fin du rg. Tric. 1 rg.

Rg de dim. : 1 m., * 3 m. ensemble, 17 m.

Reprendre à * jusqu'à la fin du rg. Tric. 1 rg.

Rg de dim. : 1 m., * 3 m. ensemble, 15 m.

Reprendre à * jusqu'à la fin du rg. Tric. 1 rg.

Cont. ainsi en diminuant 10 m. ts les 2 rgs jusqu'à ce qu'il reste 11 m. Tric. 1 rg. Couper le fil. Le passer dans les m. et serrer. Fermer le béret par une fine couture.

Pull à torsades

Ce pull dans le style des îles Aran est tricoté en pure laine originaire du pays. La matière et la variété des torsades entrelacées en font vraiment un bon pull d'hiver.

FOURNITURES

15 écheveaux de 100 g de pure laine (140 m./100 g)
2 aig. n° 4 et n° 4,5
1 aig. à torsades

TAILLES ET MESURES

Tour de poitrine	86/97	cm
Mesures du pull terminé		
Tour de poitrine (dos + devant)	120	cm
Longueur à l'épaule	66	cm
Longueur des manches	43	cm

POINTS EMPLOYÉS

Jersey end. : [1 rg end., 1 rg env.].
Jersey env. : [1 rg env., 1 rg end.].
Motifs : voir détail en cours de réalisation.
Lire la grille de droite à gauche sur les rgs impairs (end. du trav.) et de gauche à droite sur les rgs pairs (env. du trav.).

ÉCHANTILLON

18 m. x 26 rgs = 10 cm tric. en jersey end. avec les aig. n° 4,5.
Le motif D mesure 11 cm de large.

ABRÉVIATIONS

3TG (3 m. torsadées à gauche) : glisser 2 m. sur l'aig. à torsade et la mettre en attente devant le trav., 1 m. env. puis tric. à l'end. les 2 m. en attente.
3TD (3 m. torsadées à droite) : glisser 1 m. sur l'aig. à torsade et la mettre en attente derrière le trav., 2 m. end. puis tric. à l'env. la m. en attente.
4CrG (4 m. croisées à gauche) : glisser 2 m sur l'aig. à torsade et la mettre en attente devant le trav., 2 m. end. puis tric. à l'end. les 2 m. en attente.
4CrD (4 m. croisées à droite) : glisser 2 m. sur l'aig. à torsade et la mettre en attente derrière le trav., 2 m. end. puis tric. à l'end. les 2 m. en attente.
Voir également p. 7.

MOTIFS UTILISÉS

Les motifs suivants sont utilisés dans le pull :

Motif A (sur 12 m.)
1er rg (end. du trav.) : 2 m. end., 2 m. env., 4 m. end., 2 m. env., 2 m. end.
2e rg : 2 m. env., 2 m. end., 4 m. env., 2 m. end., 2 m. env.
3e rg : 2 m. end., 2 m. env., 4 CrG, 2 m. env., 2 m. end.
4e rg : comme le 2e rg.
Ces 4 rgs forment le motif et sont à répéter pendant tout le trav.

Motif B (sur 26 m.)
1er rg (end. du trav.) : 2 m. env., [3TG, 3TD, 2 m. env.] 3 fs.
2e rg : 3 m. end., [4 m. env., 4 m. end.] 2 fs, 4 m. env., 3 m. end.
3e rg : 3 m. env., [4CrG, 4 m. env.] 2 fs, 4CrG, 3 m. env.
4e rg : comme le 2e rg.
5e rg : 2 m. env., [3TD, 3TG, 2 m. env.] 3 fs.
6e rg : 2 m. end., [2 m. env., 2 m. end.] 6 fs.
7e au 12e rg : répéter 1 fs du 1er au 6e rg.
13e rg : 1 m. env., [3TD, 2 m. env., 3TG] 3 fs, 1 m. env.
14e rg : 1 m. end., 2 m. env., [4 m. end., 4 m. env.] 2 fs, 4 m. end., 2 m. env., 1 m. end.
15e rg : 1 m. env., 2 m. end., [4 m. env., 4CrD] 2 fs, 4 m. env., 2 m. end., 1 m. env.
16e rg : comme le 14e rg.
17e rg : 1 m. env., 2 m. end., 3 m. env., [3TD, 3TG, 2 m. env.] 2 fs, 1 m. env., 2 m. end., 1 m. env.
18e rg : 1 m. end., 2 m. env., 3 m. end., [2 m. env., 2 m. end.] 4 fs, 1 m. end., 2 m. env., 1 m. end.
19e rg : 1 m. env., 2 m. end., 3 m. env., [3TG, 3TD, 2 m. env.] 2 fs, 1 m. env., 2 m. end., 1 m. env.
20e rg : comme le 14e rg.
21e rg : comme le 15e rg.
22e rg : comme le 14e rg.
23e rg : 1 m. env., [3TG, 2 m. env., 3TD] 3 fs, 1 m. env.
24e rg : 2 m. end., [2 m. env., 2 m. end.] 6 fs.
Ces 24 rgs forment le motif et sont à répéter pendant tout le travail.

Motif C (sur 15 m.)
1er rg (end. du trav.) : 3 m. env., 3TG, 3TD, 3TG, 3 m. env.
2e rg : 3 m. end., 2 m. env., 2 m. end., 4 m. env., 3 m. end.
3e rg : 4 m. env., 4CrD, 2 m. env., 2 m. end., 3 m. env.
4e rg : 3 m. end., 2 m. env., 2 m. end., 4 m. env., 4 m. end.
5e rg : 3 m. env., 3TD, 3TG, 3TD, 3 m. env.
6e rg : 4 m. end., 4 m. env., 2 m. end., 2 m. env., 3 m. end.
7e rg : 3 m. env., 2 m. end., 2 m. env., 4CrG, 4 m. env.
8e rg : 4 m. end., 4 m. env., 2 m. end., 2 m. env., 3 m. end.
Ces 8 rgs forment le motif et sont à répéter pendant tout le travail.

Motif D (sur 32 m.)
1er rg (end. du trav.) : 7 m. env., [3TD, 3TG] 3 fs, 7 m. env.
2e rg : 7 m. end., 2 m. env., 2 m. end., 4 m. env., 2 m. end., 4 m. env., 2 m. end., 2 m. env., 7 m. end.
3e rg : 6 m. env., 3TD, [2 m. env., 4CrD] 2 fs, 2 m. env., 3TG, 6 m. env.
4e rg et ts les rgs pairs suiv. : tric. les m. comme elles se présentent.
5e rg : 5 m. env., 3TD, 2 m. env., [3TD, 3TG] 2 fs, 2 m. env., 3TG, 5 m. env.
7e rg : 4 m. env., [3TD, 2 m. env.] 2 fs, 4CrG, [2 m. env., 3TG] 2 fs, 4 m. env.
9e rg : 3 m. env., [3TD, 2 m. env.] 2 fs, 3TD, 3TG, [2 m. env., 3TG] 2 fs, 3 m. env.
11e rg : 3 m. env., [2 m. end., 3 m. env.] 2 fs, 2 m. end., 2 m. env., 2 m. end., [3 m. env., 2 m. end.] 2 fs, 3 m. env.
13e rg : 3 m. env., [3TG, 2 m. env.] 2 fs, 3TG, 3TD, [2 m. env., 3TD] 2 fs, 3 m. env.
15e rg : 4 m. env., [3TG, 2 m. env.] 2 fs, 4CrG, [2 m. env., 3TD] 2 fs, 4 m. env.
17e rg : 5 m. env., 3TG, 2 m. env., [3TG, 3TD] 2 fs, 2 m. env., 3TD, 5 m. env.
19e rg : 6 m. env., 3TG, [2 m. env., 4CrD] 2 fs, 2 m. env., 3TD, 6 m. env.
21e rg : 7 m. env., [3TG, 3TD] 3 fs, 7 m. env.
23e rg : 8 m. env., [4CrG, 2 m. env.] 2 fs, 4CrG, 8 m. env.
24e rg : 8 m. end., [4 m. env., 2 m. end.] 2 fs, 4 m. env., 8 m. end.
Ces 24 rgs forment le motif et sont à répéter pendant tout le travail.

DOS ou DEVANT (les 2 sont semblables)

Monter 158 m. sur les aig. n° 4.
Disposer ainsi les côtes torsadées :
1er rg de côtes (end. du trav.) : 2 m. end., [2 m. env., 2 m. end.] 11 fs, 3 m. env., 2 m. end., 2 m. env., 2 m. end., 3 m. env., 2 m. end.,[2 m. env., 2 m. end.] 10 fs, 3 m. env., 2 m. end., 2 m. env., 2 m. end., 3 m. env., [2 m. end., 2 m. env.] 11 fs, 2 m. end.
2e rg de côtes : 4 m. en côtes, 1 augm., 2 m. env., 1 augm., 34 m. en côtes, 1 augm., 2 m. env., 1 augm., 20 m. en côtes, 1 augm., 2 m. env., 1 augm., 30 m. en côtes, 1 augm., 2 m. env., 1 augm., 20 m. en côtes, 1 augm., 2 m. env., 1 augm., 34 m. en côtes, 1 augm., 2 m. env., 1 augm., 4 m. en côtes = 170 m.
3e rg de côtes : tric. le 3e rg du motif A, 26 m. en côtes, tric. le 3e rg du motif A, 12 m. en côtes, tric. le 3e rg du motif A, 22 m. en côtes, tric. le 3e rg du motif A, 12 m. en côtes, tric. le 3e rg du motif A, 26 m. en côtes, tric. le 3e rg du motif A.
4e rg de côtes : tric. le 4e rg du motif A, 26 m. en côtes,

tric. le 4e rg du motif A, 12 m. en côtes, tric. le 4e rg du motif A, 22 m. en côtes, tric. le 4e rg du motif A, 12 m. en côtes, tric. le 4e rg du motif A, 26 m. en côtes, tric. le 4e rg du motif A.
Tric. encore 7 rgs en respectant cette disposition, en term. par 1 rg sur l'end.
Disposer ainsi les augm. sur le rg suiv. :
12e rg de côtes (env. du trav.) : tric. le 4e rg du motif A, 26 m. en côtes, tric. le 4e rg du motif A, 1 augm., 3 m. en côtes, 1 augm., 2 m. env., 1 augm.,7 m. en côtes, tric. le 4e rg du motif A, 2 m. en côtes, [1 augm., 2 m. en côtes] 10 fs, tric. le 4e rg du motif A, 1 augm., 3 m. en côtes, 1 augm., 2 m. env., 1 augm., 7 m. en côtes, tric. le 4e rg du motif A, 26 m. en côtes, tric. le 4e rg du motif A = 186 m.
Prendre les aig. n° 4,5 et cont. ainsi pour placer les grosses torsades :
1er rg : tric. le 1er rg des motifs A, B, A, C, A, D, A, C, A, B, A.
2e rg : tric. le 2e rg des motifs A, B, A, C, A, D, A, C, A, B, A.
Ces 2 rgs mettent les points en place.
Cont. en respectant ce placement jusqu'à 62 cm de haut. tot., en term. par le 8e rg des motifs B et D.

Encolure

En cont. à former les points, partager le trav. comme suit pour l'encolure :
Rg suiv. (end. du trav.) : tric. les 55 premières m., tourner, laisser les autres m. en attente sur une aig.
Cont. sur ces m. pour le 1er côté de l'encolure, en formant les points et en dim. 1 m. côté encolure, ts les 2 rgs jusqu'à 60 m., en term. par 1 rg sur l'end.
1er rg (env. du trav.) : 1 m. env., 1 m. end., 2 m. ensemble à l'env. 2 fs, 4 m. end., 2 m. env., 2 m. end., 2 m. ensemble à l'env. 2 fs, 2 m. end., 2 m. env. sur C et A ; 1 m. end., 2 m. env., 4 m. end., 2 m. ensemble à l'env. 2 fs, 4 m. end., 2 m. ensemble à l'env. 2 fs, 4 m. end., 2 m. env., 1 m. end. sur B ; 2 m. env., 2 m. end., 2 m. ensemble à l'env. 2 fs, 2 m. end., 2 m. env. sur A.
Rab. en tric. les motifs.
En trav. sur l'end., reprendre les m. en attente, glisser les 56 premières m. sur un arrêt de m. puis tric. jusqu'à la fin du rg en formant les points.
Dim. 1 m. côté encolure, ts les 2 rgs jusqu'à 60 m., en term. par 1 rg sur l'end.
Rg suiv. (env. du trav.) : 2 m. env., 2 m. end., 2 m. ensemble à l'env. 2 fs, 2 m. end., 2 m. env. sur A ; 1 m. end., 2 m. env., 4 m. end., 2 m. ensemble à l'env. 2 fs, 4 m. end., 2 m. ensemble à l'env. 2 fs, 4 m. end., 2 m. env., 1 m. end. sur B ; 2 m. env., 2 m. end., 2 m. ensemble à l'env. 2 fs, 2 m. end., 2 m. env. sur A ; 3 m. end., 2 m. ensemble à l'env. 2 fs, 2 m. end., 2 m. ensemble à l'env. 2 fs, 1 m. env. sur C.
Rab. en tric. les motifs.

MANCHES

Monter 66 m. sur les aig. n° 4.
Disposer ainsi les côtes torsadées :
1er rg de côtes (end. du trav.) : 3 m. env., 2 m. end., 2 m. env., 2 m. end., 3 m. env., 2 m. end., [2 m. env., 2 m. end.] 10 fs, 3 m. env., 2 m. end., 2 m. env., 2 m. end., 3 m. env.
2e rg de côtes : 16 m. en côtes, 1 augm., 2 m. env., 1 augm., 30 m. en côtes, 1 augm., 2 m. env., 1 augm., 16 m. en côtes = 70 m.
3e rg de côtes : 12 m. en côtes, tric. le 3e rg du motif A, 22 m. en côtes, tric. le 3e rg du motif A, 12 m. en côtes.
4e rg de côtes : 12 m. en côtes, tric. le 4e rg du motif A, 22 m. en côtes, tric. le 4e rg du motif A, 12 m. en côtes.
Tric. encore 7 rgs en respectant cette disposition, en term. par 1 rg sur l'end.
Disposer ainsi les augm. sur le rg suiv. :
12e rg de côtes (env. du trav.) : 1 m. en côtes, 1 augm., 2 m. en côtes, 1 augm., 2 m. env., 1 augm., 7 m. en côtes, tric. le 4e rg du motif A, 2 m. en côtes, [1 augm., 2 m. en côtes] 10 fs, tric. le rg du motif A, 1 augm., 3 m. en côtes, 1 augm., 2 m. env., 1 augm., 7 m. en côtes = 86 m.
Prendre les aig. n° 4,5 et cont. ainsi pour placer les grosses torsades :
1er rg (end. du trav.) : tric. le 1er rg des motifs C, A, D, A, C.
2e rg : tric. le 2e rg des motifs C, A, D, A, C.

Ces 2 rgs mettent les points en place.
En cont. à former les motifs, augm. 1 m. à ch. extrémité du rg suiv. puis alternativement ts les 4e et 3e rg jusqu'à 138 m. en disposant ainsi les m. : à droite tric. les 12 premières m. en A, les 10 m. suiv. en suiv. les 10 premières m. de A et les 4 dernières en jersey env. ; à gauche tric. les 12 premières m. en A, les 10 m. suiv. en suiv. les 10 dernières m. de A et les 4 dernières en jersey env.
Cont. droit jusqu'à 43 cm de haut. tot., en term. par 1 rg sur l'env.
Rab. en tric. les points.

COL (dos et devant sont semblables)
En trav. sur l'end., avec les aig. n° 4, relever 10 m. sur côté gauche de l'encolure, à la suite reprendre les 56 m. en attente puis relever 10 m. sur le côté droit = 76 m.
1er rg (env. du trav.) : 2 m. env., 2 m. end., 4 m. env., 2 m. end., tric. les 56 m. suiv. en cont. les points, 2 m. end., 4 m. env., 2 m. end., 2 m. env.
2e rg : 2 m. end., 2 m. env., 4CrG, 2 m. env., tric. les 56 m. suiv. en cont. les points, 2 m. env., 4CrG, 2 m. env., 2 m. end.
3e rg : 2 m. env., 2 m. end., 4 m. end., tric. les 56 m. suiv. en cont. les points, 2 m. end., 4 m. env., 2 m. end., 2 m. env.
Tric. encore 11 rgs en respectant cette disposition.
15e rg : 2 m. env., 2 m. end., 2 m. ensemble à l'env. 2 fs, 2 m. end., 2 m. env., 2 m. end., 2 m. ensemble à l'env. 2 fs, 2 m. end., 2 m. env., 8 m. end., 2 m. ensemble à l'env. 2 fs, 2 m. end., 2 m. ensemble à l'env. 2 fs, 2 m. end., 2 m. ensemble à l'env. 2 fs, 8 m. end., 2 m. env., 2 m. end., 2 m. ensemble à l'env. 2 fs, 2 m. end., 2 m. env., 2 m. end., 2 m. ensemble à l'env. 2 fs, 2 m. end., 2 m. env.
Rab. en tric. les points.

MONTAGE
Coudre les épaules. Fermer le col.
Monter les manches en alignant le milieu sur la couture des épaules.
Fermer les manches et les côtés.

Les torsades sur 4 mailles de ce pull descendent dans les côtes pour les animer en créant une bordure intéressante. Les motifs se prolongent sur le col pour lui donner de la tenue.

Pull au point de riz

FOURNITURES

13 (14 – 15) pel. de 50 g de laine et coton
(50 % laine mérinos, 50 % coton, 107 m./50 g)
2 aig. n° 3 – 1 petite aig. circulaire n° 3 – 1 arrêt de m.

MESURES

Tour de poitrine	82	87	92	cm
Largeur (dos + devant)	88	94	102	cm
Longueur	50,5	53,5	56,5	cm
Longueur des manches	38	40	42	cm

POINTS EMPLOYÉS

Point de riz : voir détail en cours d'explications.

ÉCHANTILLON

25 m. x 40 rgs = 10 cm tric. au point de riz avec les aig. n° 3.

ABRÉVIATIONS

Voir p. 7.

DOS

Monter 113 (119 – 129) m. sur les aig. n° 3.
1er rg (endroit du trav.) : 1 m. end., * 1 m. env., 1 m. end.
Reprendre à * jusqu'à la fin.
Répéter toujours ce rg pour former le point de riz.
Tric. 15 (17 – 19) rgs.
Dim. 1 m. à ch. extrémité du rg suiv. puis ts les 6 rgs jusqu'à 101 (107 – 119) m.
Cont. droit jusqu'à 15 (16 – 17) cm de haut. tot., en term. par 1 rg sur l'env.
Augm. 1 m. à ch. extrémité du rg suiv. puis ts les 6 rgs jusqu'à retrouver les 113 (119 – 129) m.
Cont. droit jusqu'à 32 (34 – 36) cm de haut. tot., en term. par 1 rg sur l'end.

Emmanchures

Rab. 5 (6 – 7) m. au début des 2 rgs suiv.
Dim. 1 m. à ch. extrémité du rg suiv. puis ts les 2 rgs jusqu'à 83 (87 – 91) m.
Cont. droit jusqu'à 50 (53 – 56) cm de haut. tot., en term. par 1 rg sur l'env.

Encolure dos

Rg suiv. : tric. 32 (34 – 35) m. Tourner et cont. sur ces m. pour le 1er côté de l'encolure.
Rg suiv. : rab. les 4 premières m. Term. le rg.

Épaule

Rg suiv. : rab. 9 m. Tric. jusqu'à la fin.
Rg suiv. : rab. 2 m. Tric. jusqu'à la fin.
Rg suiv. : rab. 9 (10 – 10) m. Tric. jusqu'à la fin.
Rg suiv. : tric. au point de riz.
Rg suiv. : rab. les 8 (9 – 10) m. rest.

En trav. sur l'end., reprendre les m. en attente en rab. les 19 (19 – 21) premières m. Tric. le 2e côté de l'encolure en vis-à-vis.

DEVANT

Trav. comme pour le dos jusqu'à 37 (39 – 41) cm de haut. tot. en term. par 1 rg sur l'env.

Ouverture du devant

Rg suiv. : tric. 50 (53 – 59) m. Tourner et trav. sur ces m. pour le 1er côté de l'encolure. Tric. 21 rgs.

Encolure

Rg suiv. : tric. jusqu'aux 8 dernières m., les mettre en attente sur un arrêt de m.
Dim. 1 m. à ch. rg côté encolure jusqu'à 26 (28 – 29) m.
Cont. droit jusqu'au niveau de l'épaule en term. côté emmanch.

Épaule

Rg suiv. : rab. 9 m. Term. le rg.
Rg suiv. : tric. au point de riz.
Rg suiv. : rab. 9 (10 – 10) m. Term. le rg.
Rg suiv. : tric. au point de riz.
Rg suiv. : rab. les 8 (9 – 10) m. rest.
En trav. sur l'end., reprendre les m. en attente en ajoutant 1 m. au début du rg. Term. le rg.
Tric. le 2e côté de l'encolure en vis-à-vis.

MANCHES

Monter 49 (53 – 55) m. sur les aig. n° 3.
Tric. 10 rgs au point de riz comme expliqué pour le dos.
Cont. au point de riz et **simultanément** augm. 1 m. à ch. extrémité du rg suiv. puis ts les 7 rgs jusqu'à 85 (91 – 97) m.
Trav. droit jusqu'à 38 (40 – 42) cm de haut. tot. en term. par 1 rg sur l'env.

Tête de manche

Rab. 5 (6 – 7) m. au début des 2 rgs suiv.
Dim. 1 m. à ch. extrémité, ts les 2 rgs, jusqu'à 57 (59 – 61) m.
Tric. 3 rgs.
Dim. 1 m. à ch. extrémité du rg suiv. puis ts les 6 rgs jusqu'à 51 (53 – 55) m. puis ts les 2 rgs jusqu'à 45 (45 – 47) m.
Rab. 1 m. à ch. extrémité des 4 rgs suiv.
Rab. 4 m. au début des 2 rgs suiv.
Rab. les 29 (29 – 31) m. rest.

BORDURE D'ENCOLURE

Coudre les épaules.
En trav. sur l'end., avec les aig. n° 3, relever 15 m. sur le bord droit de l'ouverture du devant, reprendre les 8 m. en attente, relever 15 m. sur l'encolure du devant jusqu'à l'épaule, 6 m. sur le bord de l'encolure du dos, 19 (19 – 21) m. au milieu de l'encolure du dos, 6 m. sur l'autre bord, 15 m. sur l'encolure du devant gauche, reprendre les 8 m. en attente puis relever 15 m. sur le bord de la fente = 107 (107 – 109) m.
Tric. 1 rg end.
Rab.

MONTAGE

Monter les manches.
Fermer les manches et les côtés.

Cardigan cintré

FOURNITURES

12 (13 – 14) pel. de 50 g de laine/coton (50 % laine, 50 % coton, 107 m./50 g)
2 aig. n° 2,5 et 3
8 boutons

MESURES

Tour de poitrine	82	87/92	97/102	cm
Largeur (dos + devant)	92	102	112	cm
Longueur	56	58	60	cm
Longueur des manches (sans le revers)	42	44	46	cm

POINTS EMPLOYÉS

Point de riz : voir détail en cours d'explications.
Jersey end. : [1 rg end., 1 rg env.].

ÉCHANTILLON

25 m. x 34 rgs = 10 cm tric. en jersey end. avec les aig. n° 3.

ABRÉVIATIONS

Dim. de 3 m. : D3 = glisser 2 m. sur l'aig. droite en les prenant comme pour les tric. ensemble à l'end., 1 m. end. sur laquelle on rab. les 2 m. glissées. La m. centrale reste ainsi sur le dessus.
Voir également p. 7.

COTÉ DROIT DU DOS

Monter 61 (67 – 73) m. sur les aig. n° 2,5.
1er rg du point de riz : 1 m. end., * 1 m. env., 1 m. end.
Reprendre à * jusqu'à la fin du rg.
Répéter ce rg 6 autres fs.
Prendre les aig. n° 3.
1er rg (end. du trav.) : tric. à l'end. jusqu'aux 4 dernières m., [1 m. env., 1 m. end.] 2 fs.
2e rg : [1 m. end., 1 m. env.] 2 fs, 1 m. end., tric. à l'env. jusqu'à la fin du rg.
Ces 2 rgs positionnent les points : bordure de la fente au point de riz, dos en jersey end.
Répéter ces 2 rgs 17 autres fs.
37e rg : tric. jusqu'aux 5 dernières m., rab. ces 5 m.
Laisser les 56 (62 – 68) m. en attente sur 1 aig.

CÔTÉ GAUCHE DU DOS

Monter 61 (67 – 73) m. sur les aig. n° 2,5.
1er rg du point de riz : 1 m. end., * 1 m. env., 1 m. end.
Reprendre à * jusqu'à la fin du rg.
Répéter ce rg 6 autres fs.
Prendre les aig. n° 3.
1er rg (endroit du trav.) : [1 m. end., 1 m. env.] 2 fs, tric. à l'end. jusqu'à la fin du rg.
2e rg : tric. à l'env. jusqu'aux 5 dernières m., 1 m. end., [1 m. env., 1 m. end.] 2 fs.
Ces 2 rgs positionnent les points : bordure de la fente au point de riz, dos en jersey end.
Répéter ces 2 rgs 17 autres fs puis encore 1 fs le 1er rg.
38e rg : tric. à l'env. jusqu'à la fin du rg puis à la suite reprendre les m. du dos droit = 117 (129 – 141) m.
1er rg de dim. : 28 (31 – 34) m. end., D3, 55 (61 – 67) m., D3, 28 (31 – 34) m. end., = 113 (125 – 137) m.
Tric. 3 rgs.
2e rg de dim. : 27 (30 – 33) m. end., D3, 53 (59 – 65) m. end., D3, 27 (30 – 33) m. end. = 109 (121 – 133) m.
Tric. 3 rgs.
Cont. à diminuer ainsi au rg suiv. puis ts les 4 rgs jusqu'à 85 (97 – 109) m.
Tric. 3 (5 – 7) rgs.
1er rg d'augm. : 21 (24 – 27) m. end., 1 augm., 1 m. end., 1 augm., 41 (47 – 53) m. end., 1 augm., 1 m. end., 1 augm., 21 (24 – 27) m. end. = 89 (101 – 113) m.
Tric. 3 rgs.
2e rg d'augm. : 22 (25 – 28) m. end., 1 augm., 1 m. end., 1 augm., 43 (49 – 55) m. end., 1 augm., 1 m. end., 1 augm., 22 (25 – 28) m. end. = 93 (105 – 117) m.
Tric. 3 rgs.
Cont. à augm. ainsi au rg suiv. puis ts les 4 rgs jusqu'à 117 (129 – 141) m.
Cont. droit jusqu'à 36 (37 – 38) cm de haut. tot., en term. par 1 rg sur l'env.

Emmanchures

Rab. 6 (7 – 8) m. au début des 2 rgs suiv.
Dim. 1 m. à ch. extrémité du rg suiv. puis ts les 2 rgs jusqu'à 93 (99 – 105) m.
Cont. droit jusqu'à 56 (58 – 60) cm de haut. tot., en term. par 1 rg sur l'env.

Épaules

Rab. 10 (11 – 11) m. au début des 4 rgs suiv. et 9 (9 – 11) m. au début des 2 rgs suiv.
Rab. les 35 (37 – 39) m. rest.

DEVANT GAUCHE

Monter 61 (67 – 73) m. sur les aig. n° 2,5.
1er rg du point de riz : 1 m. end., * 1 m. env., 1 m. end.
Reprendre à * jusqu'à la fin du rg.
Répéter ce rg 6 autres fs.
Prendre les aig. n° 3.
1er rg (end. du trav.) : tric. à l'end. jusqu'aux 4 dernières m., [1 m. env., 1 m. end.] 2 fs.
2e rg : [1 m. end., 1 m. env.] 2 fs, 1 m. end., tric. à l'env. jusqu'à la fin.
Ces 2 rgs positionnent les points : devant en jersey end., bordure au point de riz.
Tric. encore 36 rgs.

1er rg de dim. : 28 (31 – 34) m. end., D3, 26 (29 – 32) m. end., [1 m. env., 1 m. end.] 2 fs = 59 (65 – 71) m.
Tric. 3 rgs.
2e rg de dim. : 27 (30 – 33) m. end., D3, 25 (28 – 31) m. end., [1 m. env., 1 m. end.] 2 fs = 57 (63 – 69) m. Tric. 3 rgs
Cont. à dim. ainsi au rg suiv. puis ts les 4 rgs jusqu'à 45 (51 – 57) m. Tric. 3 (5 – 7) rgs.
1er rg d'augm. : 21 (24 – 27) m. end., 1 augm., 1 m. end., 1 augm., 19 (22 – 25) m. end., [1 m. env., 1 m. end.] 2 fs = 47 (53 – 59) m. Tric. 3 rgs.
2e rg d'augm. : 22 (25 – 28) m. end., 1 augm., 1 m. end., 1 augm., 20 (23 – 26) m. end., [1 m. env., 1 m. end.] 2 fs = 49 (55 – 61) m. Tric. 3 rgs.
Cont. à augm. ainsi au rg suiv. puis ts les 4 rgs jusqu'à 61 (67 – 73) m. Cont. droit jusqu'à 36 (37 – 38) cm de haut. tot., en term. par 1 rg sur l'env.

Emmanchure

Rab. 6 (7 – 8) m. au début du rg suiv. Tric. 1 rg.
Dim. 1 m. au début du rg suiv. puis ts les 2 rgs jusqu'à 49 (52 – 55) m. Cont. droit jusqu'à 51 (52 – 53) cm de haut. tot., en term. par 1 rg sur l'end.

Encolure

Rab. 4 m. au début du rg suiv. Tric. 1 rg.
Rab. 4 m. au début du rg suiv. Dim. ensuite 1 m. côté encolure à ch. rg jusqu'à ce qu'il reste 29 (31 – 33) m.
Tric. droit jusqu'à la haut. de l'épaule en term. côté emmanch.

Épaule

Rab. 10 (11 – 11) m. au début du rg suiv. Tric. 1 rg.
Rab. 10 (11 – 11) m. au début du rg suiv. Tric. 1 rg.
Rab. les 9 (9 – 11) m. rest.

DEVANT DROIT

Repérer l'emplacement des boutonnières par des épingles sur la bordure du devant gauche : la 1re à 2 cm du début, la 8e à 1 cm de l'encolure, les 6 autres régulièrement espacées.
Trav. ainsi pour former les boutonnières :
Rg avec boutonnière (end. du trav.) : 1 m. end., 1 m. env., 2 m. ensemble à l'end., 1 jeté, 1 m. end. Tric. jusqu'à la fin du rg.
Pour le devant, monter 61 (67 – 73) m. sur les aig. n° 2,5.
1er rg du point de riz : 1 m. end., * 1 m. env., 1 m. end.
Reprendre à * jusqu'à la fin du rg. Répéter ce rg 6 autres fs.
Prendre les aig. n° 3.
1er rg (end. du trav.) : [1 m. end., 1 m. env.] 2 fs, tric. à l'end. jusqu'à la fin du rg.
2e rg : tric. à l'env. jusqu'aux 5 dernières m., 1 m. end., [1 m. env., 1 m. end.] 2 fs.
Ces 2 rgs positionnent les points : bordure au point de riz, devant en jersey end.
Tric. encore 36 rgs.
1er rg de dim. : [1 m. end., 1 m. env.] 2 fs, 26 (29 – 32) m. end., D3, 28 (31 – 34) m. end. = 59 (65 – 71) m.
Tric. 3 rgs.

2e rg de dim. : [1 m. end., 1 m. env.] 2 fs, 25 (28 – 31) m. end., D3, 27 (30 – 33) m. end. = 57 (63 – 69) m. Tric. 3 rgs.
Cont. ainsi à tric. le devant droit en vis-à-vis du devant gauche sans oublier les boutonnières.

MANCHES

Revers

Première moitié : monter 25 (27 – 29) m. sur les aig. n° 2,5.
1er rg au point de riz : 1 m. end., * 1 m. env., 1 m. end.
Reprendre à * jusqu'à la fin. Répéter ce rg 24 autres fs.
Laisser les m. en attente sur une aig.
Seconde moitié : monter 25 (27 – 29) m. sur les aig. n° 2,5.
1er rg au point de riz : 1 m. end., * 1 m. env., 1 m. end.
Reprendre à * jusqu'à la fin du rg. Répéter ce rg 24 autres fs.
Rg suiv. : tric. 24 (26 – 28) premières m. de la seconde moitié au point de riz, tric. la dernière m. avec la 1re m. de la première moitié puis tric. les 24 (26 – 28) dernières m. au point de riz. = 49 (53 – 57) m. Tric. encore 23 rgs au point de riz.
Prendre les aig. n° 3.
Cont. en jersey end. en augm. 1 m. à ch. extrémité du rg suiv. puis ts les 7 rgs jusqu'à 81 (87 – 93) m.
Cont. droit jusqu'à 47 (49 – 51) cm de haut. tot., en term. par 1 rg sur l'env.

Tête de manches

Rab. 6 (7 – 8) m. au début des 2 rgs suiv.

Dim. 1 m. à ch. extrémité des 3 rgs suiv. puis ts les 2 rgs jusqu'à 47 (49 – 51) m. Dim. ensuite 1 m. à ch. extrémité ts les 4 rgs jusqu'à ce qu'il reste 35 m. Tric. 1 rg.

Dim. 1 m. à ch. extrémité du rg suiv. puis ts les 2 rgs 2 fs.

Dim. 1 m. à ch. extrémité des 5 rgs suiv.

Rab. 3 m. au début des 2 rgs suiv. = 13 m. Rab.

COL

Monter 33 (37 – 41) m. sur les aig. n° 2,5.

1er rg au point de riz : 1 m. end., * 1 m. env., 1 m. end.

Reprendre à * jusqu'à la fin du rg.

Cont. au point de riz en augm. 10 m. au début des 4 rgs suiv.

Rg suiv. : ajouter 10 m. et les tric. ainsi :1 m. end., 2 m. env., 1 m. end., [1 m. end., 1 m. env.] 3 fs puis tric. au point de riz jusqu'à la fin du rg.

Rg suiv. : ajouter 10 m. et les tric. ainsi : 3 m. end., 1 m. env., [1 m. end., 1 m. env.] 3 fs puis tric. au point de riz jusqu'aux 4 dernières m. : 1 m. env., 3 m. end. = 93 (97 – 101) m.

Cont. ainsi :

1er rg : 1 m. end., 2 m. env., 2 m. end., * 1 m. env., 1 m. end.

Reprendre à * jusqu'aux 4 dernières m. : 1 m. end., 2 m. env., 1 m. end.

2e rg. (rg d'augm.) : 3 m. end., 1 m. env., 1 augm., tric. au point de riz jusqu'aux 4 dernières m., 1 augm., 1 m. env., 3 m. end.

3e rg : 1 m. end., 2 m. env., 1 m. end., tric. au point de riz jusqu'aux 4 dernières m., 1 m. end., 2 m. env., 1 m. end.

4e rg : 3 m. end., 1 m. env., tric. au point de riz jusqu'aux 4 dernières m., 1 m. env., 3 m. end.

5e rg (rg d'augm.) : 1 m. end., 2 m. env., 1 m. end., 1 augm., tric. au point de riz jusqu'aux 4 dernières m., 1 augm., 1 m. end., 2 m. env., 1 m. end.

6e rg : comme le 4e rg.

7e rg : comme le 3e rg.

Répéter du 2e au 7e rg 2 autres fs, puis tric. encore 1 fs le 2e et le 3e rg. Rab. en tric. les m. au point de riz.

MONTAGE

Coudre les épaules.

Monter les manches.

Fermer les côtés puis les manches en inversant la couture sur la moitié du point de riz pour le revers.

Coudre les boutons.

Croiser les bordures de la fente du dos et les coudre au milieu du dos. Coudre le rg de montage du col dans l'encolure, du milieu d'une bande de boutonnage au milieu de l'autre.

Retourner les revers et les maintenir par quelques points.

Veste au point de riz

Le point de riz est mon favori. Il est important d'utiliser une laine ou un coton de bonne qualité pour qu'il garde tout son relief. Cette veste ajustée a des revers de manches retournés.

FOURNITURES

9 (10 – 11) écheveaux de 100 g de laine
(100 % pure laine, 140 m./100 g)
2 aig. n° 4 et n° 4,5
2 arrêts de m.
8 boutons

TAILLES ET MESURES

Tailles	small	medium	large	
Mesures du vêtement terminé				
Largeur (dos + devant)	104	108	112	cm
Longueur à l'épaule	48	50	52	cm
Longueur des manches	43	46	48	cm
(sans le revers)				

POINTS EMPLOYÉS

Point mousse : tric. toujours à l'end.
Point de riz : voir détail en cours de réalisation.

ÉCHANTILLON

18 m. et 32 rgs = 10 cm tric. au point de riz avec des aig. n° 4,5.

ABRÉVIATIONS

Voir p. 7.

DOS

Monter 95 (99 – 103) m. sur les aig. n° 4.
Tric. 7 rgs au point mousse pour la bordure du bas.
Prendre les aig. n° 4,5 en comm. ainsi le point de riz :
1er rg du point de riz : 1 m. end., * 1 m. env., 1 m. end.
Reprendre à * jusqu'à la fin du rg.
(Marquer ce rg d'un fil de couleur pour repérer l'end. du trav.)
Répéter ce rg pour former le point de riz jusqu'à 48 (50 – 52) cm de haut. tot., en term. par 1 rg sur l'env.

Épaules

En faisant attention à ne pas décaler le point et en les tric. au point de riz, rab. 15 (15 – 16) m. au début des 2 rgs suiv.
puis 15 (16 – 16) m. au début des 2 rgs suiv.
Rab. les 35 (37 – 39) m. rest.

FONDS DE POCHES (2)

Monter 23 m. sur les aig. n° 4.
Tric. au point de riz comme expliqué pour le dos jusqu'à 12 cm de haut. tot.
Laisser en attente sur un arrêt de m.

DEVANT GAUCHE

Monter 49 (51 – 53) m. sur les aig. n° 4.
Tric. 7 rgs au point mousse pour la bordure du bas.
Prendre les aig. n° 4,5 en comm. ainsi le point de riz avec la bande de boutonnage au point mousse :
Rg suiv. (end. du trav.) : 1 m. env., * 1 m. end., 1 m. env.
Reprendre à * jusqu'aux 4 dernières m., 4 m. end.
(Marquer ce rg d'un fil de couleur pour repérer l'end. du trav.)
Rg suiv. : 4 m. end., * 1 m. env., 1 m. end.
Reprendre à * jusqu'à la dernière m., 1 m. env.
Répéter ces 2 derniers rgs pendant 12 cm en term. par 1 rg sur l'env.

Mise en place du fond de poche

En respectant la disposition du point de riz, placer le fond de poche comme suit :
Rg suiv. (end. du trav.) : tric. les 13 (15 – 17) premières m. au point de riz, glisser les 23 m. suiv. sur un arrêt de m., mettre les m. d'un fond de poche sur l'env. du trav. et les tric. au point de riz puis term. le rg : 9 m. point de riz, 4 m. end.
Cont. en respectant les changements de points jusqu'à 40 (41 – 42) cm de haut. tot., en term. par 1 rg sur l'env.

Encolure

Former l'encolure comme suit :
Rg suiv. (end. du trav.) : tric. au point de riz jusqu'aux 9 dernières m., glisser ces 9 m. sur un arrêt de m.
Cont. au point de riz en dim. 1 m. côté encolure à ch. rg jusqu'à ce qu'il reste 30 (31 – 32) m.
Tric. droit jusqu'à la haut. des épaules, en term. côté emmanch.

Épaule

En les tric. au point de riz, rab. 15 (15 – 16) m. au début du rg suiv.
Tric. 1 rg.
Rab. les 15 (16 – 16) m. rest.
Marquer l'emplacement des boutonnières par des épingles sur la bande de boutonnage, la première sur le 1er rg de point de riz du bas, la dernière à 1,5 cm de l'encolure, les 6 autres régulièrement espacées.

DEVANT DROIT

Monter 49 (51 – 53) m. sur les aig. n° 4.
Tric. 7 rgs au point mousse pour la bordure du bas.
Prendre les aig. n° 4,5 en comm. ainsi le point de riz avec la bande de boutonnage au point mousse :
1er rg (avec boutonnière, sur l'end. du trav.) : 1 m. end., 2 m. ensemble, 1 jeté, 1 m. end., * 1 m. env., 1 m. end.
Reprendre à * jusqu'à la dernière m., 1 m. env. (Marquer ce rg avec boutonnière d'un fil de couleur pour repérer l'end. du trav.)
Rg suiv. : 1 m. env., * 1 m. end., 1 m. env.
Reprendre à * jusqu'aux 4 dernières m., 4 m. end.
Rg suiv. : 4 m. end., * 1 m. env., 1 m. end.
Reprendre à * jusqu'à la dernière m., 1 m. env.
Rg suiv. : 1 m. env., * 1 m. end., 1 m. env.

Les fonds de poches de cette veste sont tricotés à part puis intégrés aux devants. Le résultat est bien plus net qu'avec des poches appliquées.

Reprendre à * jusqu'aux 4 dernières m., 4 m. end.
Répéter ces 2 derniers rgs en formant les boutonnières au niveau des épingles et **simultanément** mettre en place le fond de poche au même niveau que pour le devant gauche :
Rg suiv. (end. du trav.) : 4 m. end., 9 m. au point de riz, glisser les 23 m. suiv. sur un arrêt de m., mettre les m. d'un fond de poche sur l'env. du trav. et les tric. au point de riz puis 13 (15 – 17) m. au point de riz.
Cont. en respectant la disposition des points (devant au point de riz avec bande de boutonnage au point mousse) en formant les boutonnières au fur et à mesure jusqu'à la haut. de l'encolure en term. par 1 rg sur l'env.
Encolure
Former l'encolure comme suit :
Rg suiv. (end. du trav.) : 4 m. end., tric. les 5 m. suiv. au point de riz et mettre ces 9 m. en attente sur un arrêt de m., cont. le rg au point de riz.
Term. le devant droit en inversant les explications du devant gauche pour former l'encolure et rab. l'épaule.

BORDURES DES POCHES

En trav. sur l'end. avec les aig. n° 4, reprendre les 23 m. en attente sur un arrêt de m.
Tric. 3 rgs à l'end.
Rab. en tric. les m. à l'end.

MANCHES

Monter 45 (47 – 49) m. sur les aig. n° 4,5.
Tric. 7 cm au point de riz comme expliqué pour le dos.
Prendre les aig. n° 4 et tric. de nouveau 7 cm au point de riz.
Prendre les aig. n° 4,5.
Cont. au point de riz en augm. 1 m. à ch. extrémité du rg suiv. puis ts les 6 rgs jusqu'à 79 (83 – 87) m.
Cont. droit jusqu'à 50 (53 – 55) cm de haut. tot.
Rab. en tric. les m. au point de riz.

COL

Coudre les épaules.
En travaillant sur l'end. avec les aig.n° 4, glisser les 9 m. en attente au devant droit sur l'aig., à la suite, relever 18 (20 – 22) m. sur le biais d'encolure du devant droit, 35 (37 – 39) m. sur l'encolure dos, 18 (20 – 22) m. sur le biais d'encolure du devant gauche puis reprendre les 9 m. en attente au devant gauche en les tric. au point de riz = 89 (95 – 101) m.
1er rg (env. du trav.) : 4 m. end., tric. au point de riz jusqu'aux 4 dernières m., 4 m. end.
2e rg (end. du trav.) : rab. les 3 premières m. en les tric. à l'end., tric. au point de riz jusqu'aux 4 dernières m., 4 m. end.
3e rg : rab. les 3 premières m. en les tric. à l'end., tric. au point de riz jusqu'à la fin du rg = 83 (89 – 95) m.
4e rg : 4 m. end., 59 (63 – 67) m. point de riz, tourner, laisser les m. rest. sur l'aig. sans les tric.
5e rg : 43 (45 – 47) m. point de riz, tourner.
6e rg : 47 (49 – 51) m. point de riz, tourner.
7e rg : 51 (53 – 55) m. point de riz, tourner.
8e rg : 55 (57 – 59) m. point de riz, tourner.
9e rg : 59 (61 – 63) m. point de riz, tourner.
10e rg : 63 (65 – 67) m. point de riz, tourner.
11e rg : 67 (69 – 71) m. point de riz, tourner.
12e rg : tric. au point de riz jusqu'aux 4 dernières m., 4 m. end.
En tric. les augm. au point de riz, cont. ainsi :
13e rg : 4 m. end., 1 augm., tric. au point de riz jusqu'aux 4 dernières m., 1 augm., 4 m. end. = 85 (91 – 97) m.
14e, 15e et 16e rgs : 4 m. end., tric. au point de riz jusqu'aux 4 dernières m., 4 m. end.
Répéter ces 4 derniers rgs – du 13e rg au 16e rg – 4 autres fs = 93 (99 – 105) m.
Tric. 4 rgs au point mousse.
Rab. en tric. les m. à l'end.

MONTAGE

Monter les manches en alignant le milieu de la manche sur la couture des épaules. Fermer les côtés puis les manches en inversant la couture pour le revers. Coudre les fonds et les bordures des poches. Coudre les boutons.

L'utilisation d'un point réversible, comme le point de riz ou le point mousse, permet d'ajouter sans difficulté une touche de style comme un revers en bas d'une manche.

Pull homme Guernesey en denim

Ce généreux pull est embelli de motifs traditionnels de Guernesey. Tricoté dans un inusable fil en denim, ce vêtement se décolorera joliment au fur et à mesure des lavages.

FOURNITURES

26 (29) pel. de 50 g de coton denim (100 % coton, 93 m./50 g)
2 aig. n° 3,5 et n° 4
1 aig. à torsades

TAILLES ET MESURES

Tour de poitrine	02/107	112/117	cm
Mesures du vêtement terminé (après lavage)			
Tour de poitrine (dos + devant)	140	152	cm
Longueur à l'épaule	70	70	cm
Longueur des manches	48	48	cm

POINTS EMPLOYÉS

Côtes 2/2 : voir détail en cours de réalisation.
Jersey end. : [1 rg end., 1 rg env.].
Point mousse : tric. toujours à l'end.
Motifs : voir détail en cours de réalisation.

ÉCHANTILLON AVANT LAVAGE

Voir les informations de base sur le denim p. 9.
20 m. x 28 rgs = 10 cm tric. en jersey end. avec les aig. n° 4.

ABRÉVIATIONS

6CrG (6 m. croisées à gauche) : glisser 3 m. sur l'aig. à torsades et la mettre en attente devant le trav., tric. 3 m. end. puis tric. à l'end. les 3 m. en attente. *Voir également p. 7.*

MOTIFS UTILISÉS

Les motifs suivants sont utilisés dans le pull :

Motif A (sur 16 m.)
1er rg (end. du trav.) : 2 m. env., 5 m. end., 2 m. env., 5 m. end., 2 m. env.
2e rg : 2 m. end., 4 m. env., 4 m. end., 4 m. env., 2 m. end.
3e rg : 2 m. env., 3 m. end., 1 m. env., 1 m. end., 2 m. env., 1 m. end., 1 m. env., 3 m. end., 2 m. env.
4e rg : 2 m. end., 2 m. env., 1 m. end., 2 m. env., 2 m. end., 2 m. env., 1 m. end., 2 m. env., 2 m. end.
5e rg : 2 m. env., 1 m. end., 1 m. env., 3 m. end., 2 m. env., 3 m. end., 1 m. env., 1 m. end.,, 2 m. env.
6e rg : 3 m. end., 4 m. env., 2 m. end., 4 m. env., 3 m. end.
Ces 6 rgs forment le motif et sont à répéter pendant tout le trav.

Motif B (sur 9 m.)
1er rg (end. du trav.) : 2 m. end., [1 m. env., 1 m. end.] 2 fs, 1 m. env., 2 m. end.
2e rg : 3 m. env., 1 m. end., 1 m. env., 1 m. end., 3 m. env.
Ces 2 rgs forment le motif et sont à répéter pendant tout le trav.

Motif C (sur 16 m.)
1er rg (end. du trav.) : 6 m. end.
2e rg : 6 m. env.
3e rg : 6CrG
4e rg : 6 m. env.
5e et 6e rgs : comme le 1er et le 2e rg.
Ces 6 rgs forment le motif et sont à répéter pendant tout le trav.

DOS OU DEVANT (les 2 sont semblables)

Monter 140 (152) m. sur les aig. n° 3,5.
Tric. 11 rgs au point mousse pour la bordure du bas.
Prendre les aig. n° 4 et, en comm. par 1 rg end., cont. en jersey end. jusqu'à 50 cm de haut. tot., en term. par 1 rg sur l'end.

Empiècement

Répartir ainsi des augm. sur le rg suiv. pour préparer l'empiècement :
Rg suiv. (env. du trav.) : 7 (13) m. env., * 1 augm., 14 m. env. Reprendre à * jusqu'aux 7 (13) dernières m., 1 augm., 7 (13) m. env. = 150 (162) m.

1re taille uniquement
1er rg (end. du trav.) : 1 m. env., tric. le 1er rg des motifs A et B, 2 m. env., tric. le 1er rg des motifs C, A, B, 2 m. env., tric. le 1er rg des motifs C, A, C, 2 m. env., tric. le 1er rg des motifs B, A, C, 2 m. env., tric. le 1er rg des motifs B et A, 1 m. env.
Rg suiv. : 1 m. end., tric. le 2e rg des motifs A et B, 2 m. end., tric. le 2e rg des motifs C, A et B, 2 m. end., tric. le 2e rg des motifs C, A et C, 2 m. end., tric. le 2e rg des motifs B, A et C, 2 m. end., tric. le 2e rg des motifs B et A, 1 m. end.

2e taille uniquement
1er rg (end. du trav.) : 1 m. env., tric. le 1er rg des motifs C, A et B, 2 m. env., tric. le 1er rg des motifs C, A et B, 2 m. env., tric. le 1er rg des motifs C, A et C, 2 m. env., tric. le 1er rg des motifs B, A et C, 2 m. env., tric. le 1er rg des motifs B, A et C, 1 m. env.
Rg suiv. : 1 m. end., tric. le 2e rg des motifs C, A et B, 2 m. end., tric. le 2e rg des motifs C, A et B, 2 m. end., tric. le 2e rg des motifs C, A et C, 2 m. end., tric. le 2e rg des motifs B, A et C, 2 m. end., tric. le 2e rg des motifs B, A et C, 1 m. end.

Pour les 2 tailles
Ces 2 rgs ont mis les points en place.
Cont. ainsi jusqu'à 82 cm de haut. tot., en term. par le 6e rg des motifs A et C.

Encolure

En cont. à former les points, partager ainsi le trav. pour l'encolure :
Rg suiv. (end. du trav.) : tric. 59 (65) m., tourner, mettre les autres m. en attente sur une aig.
Cont. uniquement sur ces m. pour le premier côté de l'encolure, en dim. 1 m. côté encolure ts les 2 rgs jusqu'à 55 (61) m.
Tric. 3 rgs droits, en term. par le 6e rg des motifs A et C, côté emmanchure.
Pour l'épaule, laisser les m. rest. en attente sur un arrêt de m.

En trav. sur l'end., glisser les 32 m. centrales sur un arrêt de m. puis reprendre le trav. sur les m. rest.
Tric. ce côté en vis-à-vis de l'autre, mais en term. par le 6e rg des motifs A et C, côté encolure.

MANCHES
Monter 62 m. sur les aig. n° 3,5.
En comm. par 2 m. end. et 2 m. env., tric. en côtes comme suit :
1er rg de côtes : 2 m. end., * 2 m. env., 2 m. end.
Reprendre à * jusqu'à la fin du rg.
2e rg de côtes : 2 m. env., * 2 m. end., 2 m. env.
Reprendre à * jusqu'à la fin du rg.
Répéter ces 2 derniers rgs 24 autres fs.
Prendre les aig. n° 4 et, en comm. par 1 rg end., cont. en jersey end. en augm. 1 m. à ch. extrémité du 5e rg puis ts les 6 rgs jusqu'à 88 m., en term. par 1 rg sur l'end.
Tric. 2 rgs droits, en term. par 1 rg sur l'end.
Rg suiv. (env. du trav.) : à l'env. en répart. 2 augm. = 90 m.
Comm. ainsi la répartition des points :
Rg suiv. : tric. les 4 dernières m. du 1er rg du motif C, puis le 1er rg des motifs A et B, 2 m. env., tric. le 1er rg des motifs C, A et C, 2 m. env., tric. le 1er rg des motifs B et A puis les 4 premières m. du 1er rg du motif C.
Rg suiv. : tric. les 4 dernières m. du 2e rg du motif C puis le 2e rg des motifs A et B, 2 m. end., tric. le 2e rg des motifs C, A et C, 2 m. end., tric. le 2e rg des motifs B et A puis les 4 premières m. du 2e rg du motif C.
Ces 2 rgs ont mis les points en place.
Cont. ainsi en augm. 1 m. à ch. extrémité du rg suiv. puis ts les 8 rgs en formant les motifs jusqu'à 102 m.
Cont. droit jusqu'à 68 cm de haut. tot., en term. par 1 rg sur l'env.
Rab. en tric. les points.

COL
Coudre l'épaule droite.
En trav. sur l'end., avec les aig. n° 3,5, relever 12 m. sur le côté gauche de l'encolure devant, tric. les 32 m. en attente en cont. les motifs, relever 12 m. sur le côté droit de l'encolure devant puis 12 m. sur le côté droit de l'encolure dos, tric. les 32 m. en attente en cont. les motifs, relever 12 m. sur le côté gauche de l'encolure dos = 112 m.
1er rg (sur l'env.) : tric. 12 m. au point de riz, cont. les motifs sur les 32 m. suiv., 24 m. point de riz, cont. les motifs sur les 32 m. suiv., 12 m. point de riz.
Tric. encore 16 rgs en suiv. cette disposition.
Rab. en tric. les points et en faisant 2 dim. au-dessus de chaque torsade.

Le col est tricoté au point de riz et les torsades le maintiennent loin du cou. Le vieillissement naturel du fil va faire ressortir le relief des points.

MONTAGE
Coudre l'épaule gauche. Fermer le col. Laver tous les morceaux selon les instructions du fabricant et les conseils p. 9.
Monter les manches en alignant le milieu sur la couture des épaules.
Fermer les manches en inversant la couture sur les côtes pour le revers.
Fermer les côtés en laissant ouverte la bordure en point mousse du bas.

Coussin torsadé

La confection d'une housse de coussin torsadée est un bon moyen d'apprendre à tricoter les torsades et de se perfectionner. Utiliser une laine de bonne qualité pour conserver l'élasticité du travail.

FOURNITURES

2 écheveaux de 100 g de laine (100 % pure laine, 140 m./100 g)
2 aig. n° 4,5
1 aig. à torsade
4 boutons
1 coussin carré de 35 cm de côté

MESURES

Environ 35 x 35 cm

POINTS EMPLOYÉS

Côtes 2/2 : [2 m. end., 2 m. env.].
Torsades : voir détail en cours de réalisation.

ÉCHANTILLON

21 m. et 30 rgs = 10 cm tric. sur l'ensemble des points légèrement étirés, avec les aig. n° 4,5.

ABRÉVIATIONS

4CrD (4 m. croisées à droite) : glisser 2 m. sur l'aig. à torsade et les mettre en attente derrière le trav., tric. à l'end. les 2 premières m. de l'aig. gauche puis tric. à l'end. les 2 m. en attente
Voir également p. 7.

DOS DE LA HOUSSE

Monter 74 m. sur les aig. n° 4,5.
Placer ainsi les torsades :
1er rg (end. du trav.) : 2 m. end., * 1 m. env., 4 m. end., 1 m. env., 2 m. end. Reprendre à * jusqu'à la fin du rg.
2e rg : 2 m. env., * 1 m. end., 4 m. env., 1 m. end., 2 m. env. Reprendre à * jusqu'à la fin du rg.
3e rg : 2 m. end., * 1 m. env., 4CrD, 1 m. env., 2 m. end. Reprendre à * jusqu'à la fin du rg.
4e rg : comme le 2e rg.
5e et 6e rgs : comme le 1er et le 2e rg.
Ces 6 rgs placent les torsades. Les répéter jusqu'à 33 cm de haut. tot., en term. par 1 rg sur l'env.

Bande de boutonnage

Trav. ainsi pour la bordure en côtes 2/2 :
1er rg (end. du trav.) : 2 m. end., * 2 m. env., 2 m. end. Reprendre à * jusqu'à la fin du rg.
2e rg : 2 m. env., * 2 m. end., 2 m. env. Reprendre à * jusqu'à la fin du rg **.
Répéter ces 2 rgs 2 autres fs. Rab. en tric. les m. en côtes.

DESSUS DE LA HOUSSE

Trav. comme expliqué pour le dos jusqu'à **.
En cont. à tric. en côtes, former des boutonnières sur 2 rgs ainsi :
1er rg de boutonnière (end. du trav.) : tric. les 9 premières m. en côtes, rab. les 2 m. suiv., [tric. en côtes jusqu'à ce qu'il y ait 16 m. sur l'aig. après les m. rab., rab. les 2 m. suiv.] 3 fs, tric. en côtes jusqu'à la fin du rg.
2e rg de boutonnière : tric. en côtes sur tout le rg en montant 2 m. au-dessus des m. rab. du rg précédent.
Tric. encore 2 rgs en côtes.
Rab. en tric. les m. en côtes.

MONTAGE

Poser dos et dessus endroit contre endroit. Coudre sur 3 côtés en laissant ouvert celui avec les boutonnières. Retourner la housse. Coudre les boutons en vis-à-vis des boutonnières.

Jeté des îles Aran

Cette couverture utilise toutes les techniques que vous devez connaître pour réaliser les motifs des îles Aran. Ils créent une surface tourmentée de noppes, torsades, point de riz et jersey envers.

FOURNITURES
15 pel. de 50 g de laine mérinos (100 % laine, 82 m./50 g)
1 longue aig. circulaire n° 4 et n° 4,5
1 aig. à torsade

MESURES
Taille approximative : 74 x 102 cm

ÉCHANTILLON
20 m. et 36 rgs = 10 cm tric. au point de riz avec l'aig. n° 4,5.

ABRÉVIATIONS
6CrG (6 m. croisées à gauche) : glisser 3 m. sur l'aig. à torsade et la mettre en attente devant le trav., 3 m. end. puis tric. à l'end. les 3 m. en attente.
6CrD (6 m. croisées à droite) : glisser 3 m. sur l'aig. à torsade et la mettre en attente derrière le trav., 3 m. end. puis tric. à l'end. les 3 m. en attente.
5CrG 3/2 (5 m. croisées à gauche, 3 et 2) : glisser 3 m. sur l'aig. à torsade et la mettre en attente devant le trav., 2 m. end., remettre la m. env. de l'aig. à torsade sur l'aig. gauche et la tric. à l'env. puis tric. à l'end. les 2 m. de l'aig. à torsade.
3TG (3 m. torsadées à gauche) : glisser 2 m. sur l'aig. à torsade et la mettre en attente devant le trav., 1 m. env. puis tric. à l'end. les 2 m. en attente.
3TD (3 m. torsadées à droite) : glisser 1 m. sur l'aig. à torsade et la mettre en attente derrière le trav., 2 m. end. puis tric. à l'env. la m. en attente.
4TG (4 m. torsadées à gauche) : glisser 2 m. sur l'aig. à torsade et la mettre en attente devant le trav., 2 m. env. puis tric. à l'end. les 2 m. en attente.
4TD (4 m. torsadées à droite) : glisser 2 m. sur l'aig. à torsade et la mettre en attente derrière le trav., 2 m. end. puis tric. à l'env. les 2 m. en attente.
4CrG (4 m. croisées à gauche) : glisser 2 m. sur l'aig. à torsade et la mettre en attente devant le trav., 2 m. end. puis tric. à l'end. les 2 m. en attente.
4CrD (4 m. croisées à droite) : glisser 2 m. sur l'aig. à torsade et la mettre en attente derrière le trav., 2 m. end. puis tric. à l'end. les 2 m. en attente.
5TG (5 m. torsadées à gauche) : glisser 3 m. sur l'aig. à torsade et la mettre en attente devant le trav., 2 m. env. puis tric. à l'end. les 3 m. en attente.
5TD (5 m. torsadées à droite) : glisser 2 m. sur l'aig. à torsade et la mettre en attente derrière le trav., 3 m. end. puis tric. à l'env. les 2 m. en attente.
5CrG 2/3 (5 m. croisées à gauche, 2 et 3) : glisser les 2 m. suiv. sur l'aig. à torsade et la mette devant le trav., 2 m. end., 1 m. env. puis tric. à l'end. les 2 m. de l'aig. à torsade.
Voir également p. 7.

EXPLICATIONS DES MOTIFS
Les motifs suiv. sont utilisés pour tric. les carrés de la couverture :

Motif A (sur 34 m.)
1er rg (end. du trav.) : [1 m. env., 1 m. end.] 3 fs, 1 m. env., 6 m. end., 1 m. env., [1 m. env., 1 m. end.] 3 fs, 1 m. env., 6 m. end., 1 m. env., [1 m. end., 1 m. env.] 3 fs.
2e rg : [1 m. env., 1 m. end.] 3 fs, 1 m. end., 6 m. env., 1 m. end., [1 m. end., 1 m. env.] 3 fs, 1 m. end., 6 m. env., 1 m. end., [1 m. end., 1 m. env.] 3 fs.
3e au 6e rg : répéter le 1er et le 2e rg 2 autres fs.
7e rg : [1 m. env., 1 m. end.] 3 fs, 1 m. env., 6CrG, 1 m. env., [1 m. env., 1 m. end.] 3 fs, 1 m. env., 6CrG, 1 m. env., [1 m. end., 1 m. env.] 3 fs.
8e rg : comme le 2e rg.
9e au 38e rg : répéter du 1er au 8e rg 3 autres fs, puis du 1er au 6e rg.

Motif B (sur 34 m.)
1er rg (end. du trav.) : 7 m. env., 5CrG 3/2, 10 m. env., 5CrG 3/2, 7 m. env.
2e rg : 7 m. end., 2 m. env., 1 m. end., 2 m. env., 10 m. end., 2 m. env., 7 m. end.
3e rg : 6 m. env., 3TD, 1 m. env., 3TG, 8 m. env., 3TD, 1 m. end., 3TG, 6 m. env.

4e rg : 6 m. end., 2 m. env., 1 m. end., 1 m. env., 1 m. end., 2 m. env., 8 m. end., 2 m. env., 1 m. end., 1 m. env., 1 m. end., 2 m. env., 6 m. end.
5e rg : 5 m. env., 3TD, 1 m. end., 1 m. env., 1 m. end., 3TG, 6 m. env., 3TD, 1 m. end., 1 m. env., 1 m. end., 3TG, 5 m. env.
6e rg : 5 m. end., 2 m. env., [1 m. end., 1 m. env.] 2 fs, 1 m. end., 2 m. env., 6 m. end., 2 m. env., [1 m. end., 1 m. env.] 2 fs, 1 m. end., 2 m. env., 5 m. end.
7e rg : 4 m. env., 3TD, [1 m. end., 1 m. env.] 2 fs, 1 m. end., 3TG, 4 m. env., 3TD, [1 m. end., 1 m. env.] 2 fs, 1 m. end., 3TG, 4 m. env.
8e rg : 4 m. end., 2 m. env., [1 m. end., 1 m. env.] 3 fs, 1 m. end., 2 m. env., 4 m. end., 2 m. env., [1 m. end., 1 m. env.] 3 fs, 1 m. end., 2 m. env., 4 m. end.
9e rg : 3 m. env., 3TD, [1 m. end., 1 m. env.] 3 fs, 1 m. end., 3TG, 2 m. env., 3TD, [1 m. end., 1 m. env.] 3 fs, 1 m. end., 3TG, 3 m. env.
10e rg : 3 m. end., 2 m. env., [1 m. end., 1 m. env.] 4 fs, 1 m. end., 2 m. env., 2 m. end., 2 m. env., [1 m. end., 1 m. env.] 4 fs, 1 m. end., 2 m. env., 3 m. end.
11e rg : 3 m. env., 3TG, [1 m. env., 1 m. end.] 3 fs, 1 m. env., 3TD, 2 m. env., 3TG, [1 m. env., 1 m. end.] 3 fs, 1 m. env., 3TD, 3 m. env.
12e rg : comme le 8e rg.
13e rg : 4 m. env., 3TG, [1 m. env., 1 m. end.] 2 fs, 1 m. env., 3TD, 4 m. env., 3TG, [1 m. env., 1 m. end.] 2 fs, 1 m. env., 3TD, 4 m. env.
14e rg : comme le 6e rg.
15e rg : 5 m. env., 3TG, 1 m. env., 1 m. end., 1 m. env., 3TD, 6 m. env., 3TG, 1 m. env., 1 m. end., 1 m. env., 3TD, 5 m. env.
16e rg : comme le 4e rg.
17e rg : 6 m. env., 3TG, 1 m. env., 3TD, 8 m. env., 3TG, 1 m. env., 3TD, 6 m. env.
18e rg : comme le 2e rg.
19e au 38e rg : répéter du 1er au 18e rg une autre fs puis le 1er et le 2e rg.

Motif C (sur 34 m.)
1er rg (end. du trav.) : 1 m. env., 1 m. end., 3 m. env., 2 m. end., 8 m. env., 4 CrD, 8 m. env., 2 m. end., 3 m. env., 1 m. end., 1 m. env.
2e rg : 1 m. env., 1 m. end., 1 m. env., 2 m. end., 2 m. env., 8 m. end., 4 m. env., 8 m. end., 2 m. env., 2 m. end., 1 m. env., 1 m. end., 1 m. env.
3e rg : 1 m. env., 1 m. end., 3 m. env., 4TG, 4 m. env., 4TD, 4TG, 4 m. env., 4TD, 3 m. env., 1 m. end., 1 m. env.
4e rg : 1 m. env., 1 m. end., 1 m. env., 4 m. end., [2 m. env., 4 m. end.] 3 fs, 2 m. env., 4 m. end., 1 m. env., 1 m. end., 1 m. env.
5e rg : 1 m. env., 1 m. end., 5 m. env., 4TG, 4TD, 4 m. env., 4TG, 4TD, 5 m. env., 1 m. end., 1 m. env.
6e rg : 1 m. env., 1 m. end., 1 m. env., 6 m. end., 4 m. env., 8 m. end., 4 m. env., 6 m. end., 1 m. env., 1 m. end., 1 m. env.
7e rg : 1 m. env., 1 m. end., 7 m. env., 4CrD, 4 m. env., (relever le fil tendu entre la dernière m. de l'aig. droite et la 1re de l'aig. gauche avec la pointe de l'aig. droite et la poser sur l'aig. gauche et tric. à l'end. 1 fs le fil avant, 1 fs le fil arrière et 1 fs le fil avant, [tourner et tric. les 3 m. à l'end.] 3 fs, tourner, glisser 1 m., tric. 2 m. ensemble à l'end. sur lesquelles on rab. la m. glissée, 1 m. env., rab. la 2e m. sur la 1re) = 1 noppe, 3 m. env., 4CrG, 7 m. env., 1 m. end., 1 m. env.
8e rg : comme le 6e.
9e rg : 1 m. env., 1 m. end., 5 m. env., 4TD, 4TG, 4 m. env., 4TD, 4TG, 5 m. env., 1 m. end., 1 m. env.
10e rg : comme le 4e rg.
11e rg : 1 m. env., 1 m. end., 3 m. env., 4TD, 4 m. env., 4TG, 4TD, 4 m. env., 4TG, 3 m. env., 1 m. end., 1 m. env.
12e rg : comme le 2e rg.
13e rg : 1 m. env., 1 m. end., 3 m. env., 2 m. end., 4 m. env., 1 noppe, 4 m. env., 4CrD, 4 m. env., 1 noppe, 4 m. env., 2 m. end., 3 m. env., 1 m. end., 1 m. env.
14e rg : 1 m. env., 1 m. end., 1 m. env., 2 m. end., 2 m. env., 8 m. end., 4 m. env., 8 m. end., 2 m. env., 2 m. end., 1 m. env., 1 m. end., 1 m. env.
15e au 26e rg : répéter du 3e au 14e rg.
27e au 36e rg : répéter du 3e au 12e rg.
37e et 38e rgs : comme le 1er et le 2e rgs.

Motif D (sur 34 m.)
1er rg (end. du trav.) : 1 m. env., 1 m. end., 4 m. env., 3TD, 5 m. env., 6CrD, 5 m. env., 3TG, 4 m. env., 1 m. end., 1 m. env.
2e rg : 1 m. env., 1 m. end., 1 m. env., 3 m. end., 2 m. env., 6 m. end., 6 m. env., 6 m. end., 2 m. env., 3 m. end., 1 m. env., 1 m. end., 1 m. env.
3e rg : 1 m. env., 1 m. end., 3 m. env., 3TD, 4 m. env., 5TD, 5TG, 4 m. env., 3TG, 3 m. env., 1 m. end., 1 m. env.
4e rg : 1 m. env., 1 m. end., 1 m. env., 2 m. end., 2 m. env., 5 m. end., 3 m. env., 4 m. end., 3 m. env., 5 m. end., 2 m. env., 2 m. end., 1 m. env., 1 m. end., 1 m. env.
5e rg : 1 m. env., 1 m. end., 2 m. env., 3TD, 3 m. env., 5TD, 4 m. env., 5TG, 3 m. env., 3TG, 2 m. env., 1 m. end., 1 m. env.
6e rg : [1 m. env., 1 m. end.] 2 fs, 2 m. env., 1 m. end., (tric. 3 fs la m. suiv. à l'end. en prenant alternativement le fil avant et le fil arrière, [tourner et tric. les 3 m. à l'end.] 3 fs, tourner, glisser 1 m., tric. 2 m. ensemble à l'end. sur lesquelles on rab. la m. glissée) = 1 noppe, 2 m. end., 3 m. env., 8 m. end., 3 m. env., 2 m. end., 1 noppe, 1 m. end., 2 m. env., [1 m. end., 1 m. env.] 2 fs.
7e rg : 1 m. env., 1 m. end., 2 m. env., 3TG, 3 m. env., 3 m. end., 8 m. env., 3 m. end., 3 m. env., 3TD, 2 m. env., 1 m. end., 1 m. env.
8e rg : 1 m. env., 1 m. end., 1 m. env., 2 m. end., 2 m. env., 3 m. end., 3 m. env., 8 m. end., 3 m. env., 3 m. end., 2 m. env., 2 m. end., 1 m. env., 1 m. end., 1 m. env.
9e rg : 1 m. env., 1 m. end., 3 m. env., 3TG, 2 m. env., 5TG, 4 m. env., 5TD, 2 m. env., 3TD, 3 m. env., 1 m. end., 1 m. env.
10e rg : 1 m. env., 1 m. end., 1 m. env., 3 m. end., 2 m. env., [4 m. end., 3 m. env.] 2 fs, 4 m. end., 2 m. env., 3 m. end., 1 m. env., 1 m. end., 1 m. env.
11e rg : 1 m. env., 1 m. end., 4 m. env., 3TG, 3 m. env., 5TG,

5TD, 3 m. env., 3TD, 4 m. env., 1 m. end., 1 m. env.
12e rg : 1 m. env., 1 m. end., 1 m. env., 2 m. end., 1 noppe, 1 m. end., 2 m. env., 5 m. end., 6 m. env., 5 m. end., 2 m. env., 1 m. end., 1 noppe, 2 m. end., 1 m. env., 1 m. end., 1 m. env.
13e au 38e rg : répéter 2 fs du 1er au 12e rg puis tric. le 1er et le 2e rg.
MOTIF E (sur 34 m.)
1er rg (end. du trav.) : [1 m. env., 1 m. end.,] 4 fs, 3 m. env., 12 m. end., 3 m. env., [1 m. end., 1 m. env.] 4 fs.
2e rg : [1 m. env., 1 m. end.] 4 fs, 1 m. env., 2 m. end., 12 m. env., 2 m. end., 1 m. env., [1 m. end., 1 m. env.] 4 fs.
3e et 4e rgs : comme le 1er et le 2e rg.
5e rg : [1 m. env., 1 m. end.] 4 fs, 3 m. env., 6CrD, 6CrG, 3 m. env., [1 m. end., 1 m. env.] 4 fs.
6e rg : comme le 2e rg.
7e rg et 8e rgs : répéter le 1er et le 2e rg une autre fs.
9e au 38e rg : répéter 3 fs du 1er au 8e rg puis tric. encore 1 fs du 1er au 6e rg.

MOTIF F (sur 34 m.)
1er rg (end. du trav.) : * 6 m. env., 5CrG 2/3, 6 m. env. * Répéter de * à * encore 1 fs.
2e rg : * 6 m. end., 2 m. env., 1 m. end., 2 m. env., 6 m. end. * Répéter de * à * encore 1 fs.
3e rg : * 5 m. env., 3TD, 1 m. end., 3TG, 5 m. env. * Répéter de * à * encore 1 fs.
4e rg : * 5 m. end., 2 m. env., 1 m. end., 1 m. env., 2 m. env., 5 m. end. * Répéter de * à * encore 1 fs.
5e rg : * 4 m. env., 3TD, 1 m. end., 1 m. env., 1 m. end., 3TG, 4 m. env. * Répéter de * à * encore 1 fs.
6e rg : * 4 m. end., 2 m. env., [1 m. end., 1 m. env.] 2 fs, 1 m. end., 2 m. env., 4 m. end. * Répéter de * à * encore 1 fs.
7e rg : * 3 m. env., 3TD, [1 m. end., 1 m. env.] 2 fs, 1 m. end., 3TG, 3 m. env. * Répéter de * à * encore 1 fs.
8e rg : * 3 m. end., 2 m. env., [1 m. end., 1 m. env.] 3 fs, 1 m. end., 2 m. env., 3 m. end. * Répéter de * à * encore 1 fs.
9e rg : * 2 m. env., 3TD, [1 m. end., 1 m. env.] 3 fs, 1 m. end., 3TG, 2 m. env. * Répéter de * à * encore 1 fs.
10e rg : * 2 m. end., 2 m. env., [1 m. end., 1 m. env.] 4 fs, 1 m. end., 2 m. env., 2 m. end. * Répéter de * à * encore 1 fs.
11e rg : * 1 m. env., 3TD, [1 m. end., 1 m. env.] 4 fs, 1 m. end., 3TG, 1m. env. * Répéter de * à * encore 1 fs.
12e rg : * 1 m. end., 2 m. env., [1 m. end., 1 m. env.] 5 fs, 1 m. end., 2 m. env., 1 m. end. * Répéter de * à * encore 1 fs.
13e au 38e rg : répéter encore 1 fs du 1er au 12e rg puis le 1er et le 2e rg.

RÉALISATION
Monter 188 m. sur l'aig. circulaire n° 4. Tric. 4 rgs au point mousse pour la bordure en trav. en allers-retours.
Bande 1
Prendre l'aig. circulaire n° 4,5 et disposer ainsi les points pour la première bande de 5 motifs :
1er rg (end. du trav.) : 3 m. end., tric. le 1er rg du motif A, 3 m. end., tric. le 1er rg du motif B, 3 m. end., tric. le 1er rg du motif A, 3 m. end., tric. le 1er rg du motif C, 3 m. end., tric. le 1er rg du motif A, 3 m. end.
2e rg : 3 m. end., tric. le 2e rg du motif A, 3 m. end., tric. le 2e rg du motif C, 3 m. end., tric. le 1er rg du motif A, 3 m. end., tric. le 2e rg du motif B, 3 m. end., tric. le 2e rg du motif A, 3 m. end.
Ces 2 rgs ont placé les motifs. Cont. cette disposition pour tric. les 38 rgs des motifs. Prendre l'aig. circulaire n° 4.
39e au 42e rg : tric. toujours à l'end.
Bande 2
Prendre l'aig. circulaire n° 4,5 et disposer ainsi les points pour la deuxième bande de 5 motifs :
43e rg (end. du trav.) : 3 m. end., tric. le 1er rg du motif D, 3 m. end., tric. le 1er rg du motif E, 3 m. end., tric. le 1er rg du motif F, 3 m. end., tric. le 1er rg du motif E, 3 m. end., tric. le 1er rg du motif D, 3 m. end.
44e rg : 3 m. end., tric. le 2e rg du motif D, 3 m. end., tric. le 2e rg du motif E, 3 m. end., tric. le 2e rg du motif F, 3 m. end., tric. le 2e rg du motif E, 3 m. end., tric. le 2e rg du motif D, 3 m. end.
Ces 2 rgs ont placé les motifs.
Cont. cette disposition pour tric. les 38 rgs des motifs.
Prendre l'aig. circulaire n° 4.
81e au 84e rg : tric. toujours à l'end.
Bande 3
Prendre l'aig. circulaire n° 4,5 et disposer ainsi les points pour la troisième bande de 5 motifs :
85e rg (end. du trav.) : 3 m. end., tric. le 1er rg du motif A, 3 m. end., tric. le 1er rg du motif C, 3 m. end., tric. le 1er rg du motif A, 3 m. end., tric. le 1er rg du motif B, 3 m. end., tric. le 1er rg du motif A, 3 m. end.
86e rg : 3 m. end., tric. le 2e rg du motif A, 3 m. end., tric. le 2e rg du motif B, 3 m. end., tric. le 1er rg du motif A, 3 m. end., tric. le 2e rg du motif C, 3 m. end., tric. le 2e rg du motif A, 3 m. end.
Ces 2 rgs ont placé les motifs.
Cont. cette disposition pour tric. les 38 rgs des motifs.
Prendre l'aig. circulaire n° 4.
123e au 126e rg : tric. toujours à l'end.
Bande 4
Prendre l'aig. circulaire n° 4,5 et disposer ainsi les points pour la quatrième bande de 5 motifs :
127e rg (end. du trav.) : 3 m. end., tric. le 1er rg du motif F, 3 m. end., tric. le 1er rg du motif E, 3 m. end., tric. le 1er rg du motif D, 3 m. end., tric. le 1er rg du motif E, 3 m. end., tric. le 1er rg du motif F, 3 m. end.
128e rg : 3 m. end., tric. le 2e rg du motif F, 3 m. end., tric. le 2e rg du motif E, 3 m. end., tric. le 1er rg du motif D, 3 m. end., tric. le 2e rg du motif E, 3 m. end., tric. le 2e rg du motif F, 3 m. end.
Ces 2 rgs ont placé les motifs.
Cont. cette disposition pour tric. les 38 rgs des motifs.
Prendre l'aig. circulaire n° 4.
165e au 168e rg : tric. toujours à l'end.
Prendre l'aig. circulaire n° 4,5.
169e au 336e rg : reprendre du 1er au 168e rg. Rab.

Le tricot en couleurs

Des tons mats de la terre aux nuances les plus brillantes, des tons pastel aux plus neutres, la couleur, utilisée seule ou en combinaisons, donne un souffle de vie à n'importe quel tricot.

Conseils de base pour le jacquard

Il existe diverses méthodes pour tricoter avec plusieurs couleurs, et vous devrez choisir celle qui convient le mieux à votre travail. Les trois techniques de base sont : à fils tendus, à fils tissés et l'intarsia. Si vous souhaitez apprendre ces techniques ou simplement les réviser, suivez toutes les étapes indiquées sur ces deux pages. Vous trouverez d'autres conseils pour le jacquard aux pp.112-114.

Fils tendus

On utilise cette méthode pour tricoter plusieurs couleurs sur un petit nombre de mailles, normalement quatre au maximum. Elle implique de croiser les fils l'un par-dessus l'autre pour éviter qu'ils s'emmêlent. Elle sert également pour les petites répétitions dans les motifs Fair Isle, où seules deux couleurs figurent sur un même rang. Vous devez tout simplement laisser pendre au dos de l'ouvrage la couleur que vous ne tricotez pas, et la reprendre lorsque vous en avez besoin. Il y aura des fils libres sur l'envers du tricot.

JACQUARD À FILS TENDUS SUR UN RANG ENDROIT

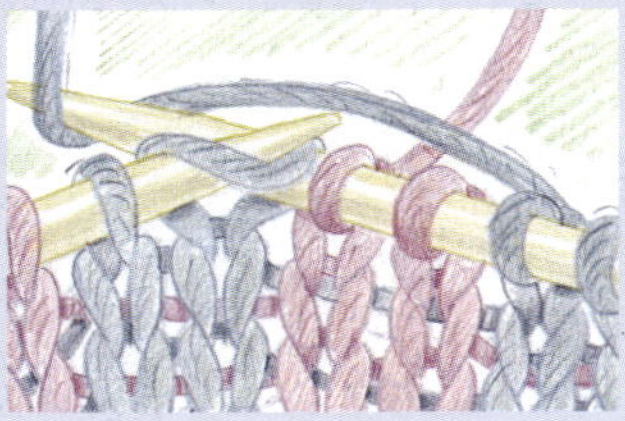

1 Pour changer de couleur sur un rang tricoté à l'endroit, lâchez le fil et prenez celui de la couleur souhaitée en le faisant passer par-dessus le premier. Continuez à tricoter avec ce fil.

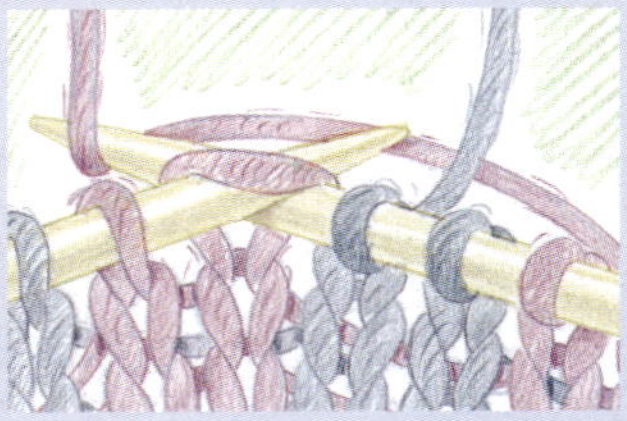

2 Pour revenir à la première couleur, lâchez le fil et reprenez l'ancien en le faisant passer cette fois en dessous du premier. Tricotez ainsi jusqu'au prochain changement de couleur, où vous recommencerez la même opération.

JACQUARD À FILS TENDUS SUR UN RANG ENVERS

1 Pour changer de couleur sur un rang tricoté à l'envers, lâchez le fil et prenez celui de la couleur souhaitée en le faisant passer par-dessus le premier. Poursuivez le tricot avec ce fil en tricotant vos mailles à l'envers.

2 Pour revenir à la première couleur, lâchez le fil et reprenez l'ancien en le faisant passer cette fois en dessous du premier. Tricotez ainsi à l'envers jusqu'au prochain changement de couleur, où vous recommencerez la même opération.

Jacquard à fils tissés

Lorsque deux couleurs sont séparées par plus de quatre mailles, les longs fils à l'arrière de l'ouvrage peuvent nuire à son élasticité. De plus, ils peuvent accrocher les doigts, en particulier dans les manches, ce qui peut s'avérer très gênant lorsque le vêtement est destiné à un enfant. On a alors recours à la technique du « tissage », qui consiste à prendre ces fils dans l'arrière des mailles.

JACQUARD À FILS TISSÉS SUR UN RANG TRICOTÉ À L'ENDROIT

1 Pour tisser un fil dans une maille tricotée à l'endroit, glissez l'aiguille droite dans la maille suivante et déposez dessus la partie du fil qui n'est pas utilisé. Tricotez la maille avec le fil de pelote en le faisant passer en dessous et en vous assurant que ce fil n'est pas pris dans le tricotage de la maille.

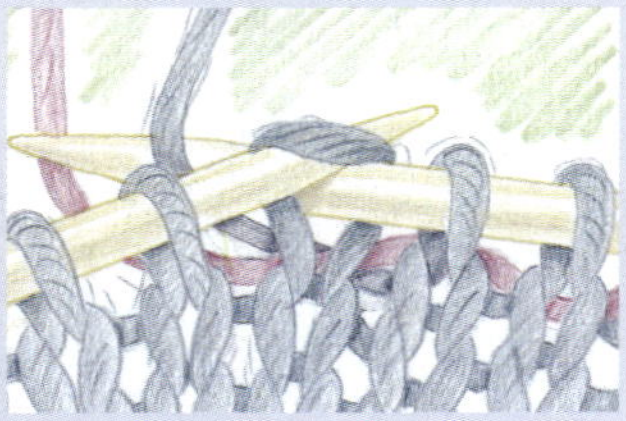

2 Tricotez la maille suivante avec le fil de pelote en le passant au-dessus. Poursuivez l'ouvrage de la sorte en tissant le fil non utilisé à chaque maille alternativement par-dessus et par-dessous le fil de pelote, jusqu'à ce qu'il faille de nouveau l'utiliser.

JACQUARD À FILS TISSÉS SUR UN RANG TRICOTÉ À L'ENVERS

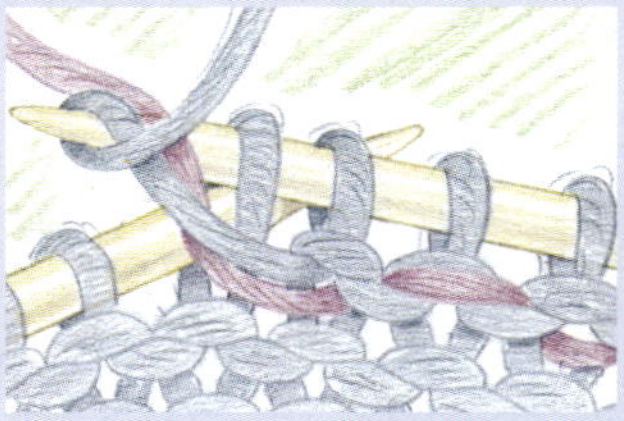

1 Pour tisser un fil dans une maille tricotée à l'envers, glissez l'aiguille droite dans la maille suivante et déposez dessus la partie du fil non utilisé dans le jacquard. Tricotez la maille à l'envers avec le fil de pelote en le faisant passer en dessous et en vous assurant que ce fil n'est pas pris dans le tricotage de la maille.

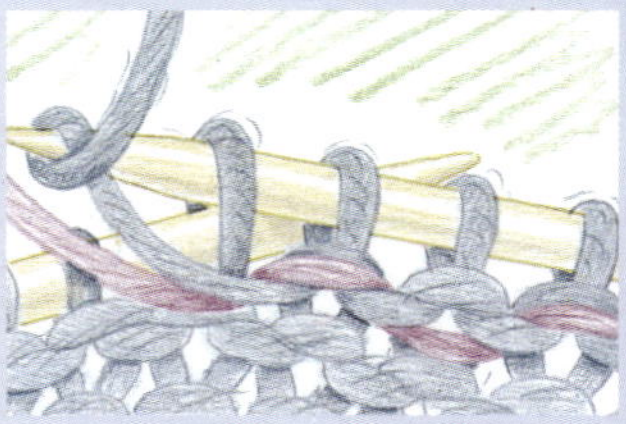

2 Tricotez la maille suivante à l'envers avec le fil de pelote en le passant au-dessus. Poursuivez l'ouvrage de la sorte en tissant le fil de couleur non utilisé à chaque maille alternativement par-dessus et par-dessous le fil de pelote jusqu'à ce qu'il faille de nouveau l'utiliser.

Les intarsia

On utilise l'intarsia pour travailler des blocs de couleur distincts et espacés. En effet, on n'a ainsi pas besoin de faire suivre au(x) fil(s) de couleur des rangs entier du tricot, sachant que les méthodes des fils tendus ou des fils tissés rendraient le tricot par trop rigide et nuiraient à son aspect. En prenant une ou plusieurs pelotes pour chaque couleur et en imbriquant les fils l'un dans l'autre lorsqu'ils se croisent, on obtient un tricot plus net et plus plat. C'est ce qu'on appelle « l'intarsia ».

CHANGER DE COULEUR SUR UNE LIGNE VERTICALE

Si la limite entre 2 couleurs forme une ligne verticale, pour changer de couleur sur un rang endroit, il suffit de lâcher la couleur utilisée, de prendre l'autre couleur et de l'enrouler autour de la première avant de continuer le rang. Entortiller ainsi les 2 fils l'un sur l'autre sur les rgs endroit comme sur les rangs envers, à chaque changement de couleur.

CHANGER DE COULEUR SUR UNE DIAGONALE PARTANT VERS LA DROITE

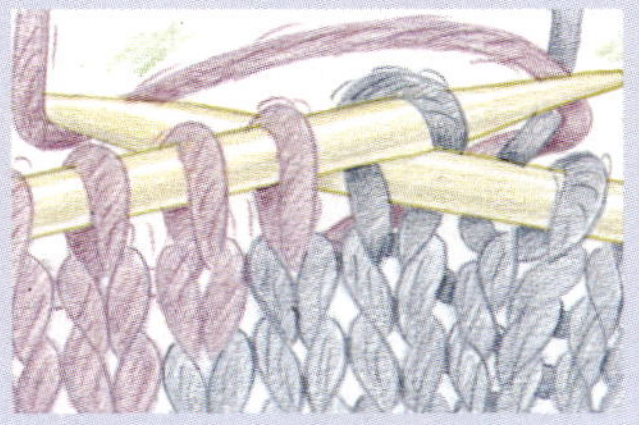

Si la limite entre les zones de couleur suit une diagonale partant vers la droite, lâchez le fil que vous utilisiez sur un rang tricoté à l'endroit. Prenez le fil de la couleur souhaitée et enroulez-le autour de l'autre fil comme sur le schéma, puis continuez à tricoter avec la nouvelle couleur. Entortillez les deux fils uniquement sur les rangs tricotés à l'endroit lorsque le changement de couleur suit une diagonale qui part sur la droite.

CHANGER DE COULEUR SUR UNE DIAGONALE PARTANT VERS LA GAUCHE

Si la limite entre les zones de couleur suit une diagonale partant vers la gauche, lâchez le fil que vous utilisiez sur un rang tricoté à l'envers. Prenez le fil de la couleur souhaitée et enroulez-le autour de l'autre fil comme sur le schéma, puis continuez à tricoter avec la nouvelle couleur. Entortillez les deux fils uniquement sur les rangs tricotés à l'envers lorsque le changement de couleur suit une diagonale qui part sur la gauche.

Suivre une grille

Les motifs de couleur destinés aux tricots sont souvent expliqués sur une grille. Chaque case de ce tableau représente un point, et chaque ligne horizontale représente un rang. Les couleurs sont indiquées soit par des couleurs, soit par des symboles.
On lit le tableau comme on tricote, de bas en haut. Sauf indication contraire, la première ligne du tableau, qui se lit de droite à gauche, représente le premier rang du tricot, tricoté à l'endroit. La seconde ligne du tableau représente le deuxième rang, tricoté à l'envers, et se lit de gauche à droite.
Si un motif se répète, le tableau indiquera combien de mailles entrent dans la composition de chaque répétition.
Les mailles précédant et suivant chaque répétition sont les « mailles lisières ». On tricote les mailles lisières en début de rang, puis les « répétitions » autant de fois que nécessaire jusqu'à atteindre les mailles lisières de la fin du rang.
On compte généralement autant de lignes dans le tableau que de rangs nécessaires pour le motif répété.

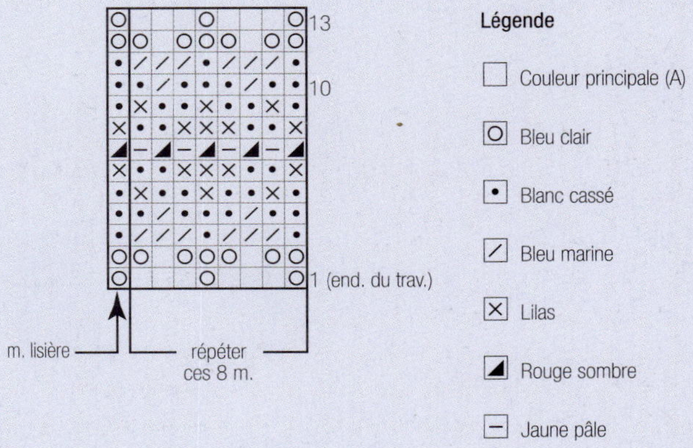

S'exercer au jacquard à fils tendus et à fils tissés

Pour se familiariser au jacquard à fils tendus ou à fils tissés et pour découvrir comment effectuer des nouvelles combinaisons de couleurs, il me semble que le tricot de ces trois échantillons simples est la meilleure méthode.

Tricoter plusieurs couleurs, c'est facile

Nombreuses sont les personnes qui ne s'aventurent pas dans le mélange de couleurs parce qu'elles s'imaginent que c'est plus difficile que ce ne l'est en réalité. Il suffit d'une ou deux mauvaises expériences pour ne plus avoir envie d'essayer. Cependant, il est assez facile de tricoter plusieurs couleurs quand on sait quelle technique utiliser pour tel type de motif.

Tricoter des échantillons

Les échantillons présentés sur ces deux pages et les deux suivantes vous permettront de découvrir toutes les techniques à connaître : fils tendus, fils tissés et intarsia. Je les ai tricotés dans un coton de bonne qualité, mais vous aurez peut-être envie pour vos premiers essais d'utiliser de la laine, dont les fibres solidarisent les mailles et dissimulent mieux les éventuels défauts. Si vous prenez du coton, rappelez-vous que, s'il est de mauvaise qualité ou filandreux, il donnera un motif moins net qu'un coton de bonne qualité.

J'aime ajouter à mes échantillons de couleurs une bordure en point mousse ou en point jersey, qui les rend non seulement plus jolis, mais permet aussi de ne pas avoir à rentrer les extrémités des fils dans les lisières.

Les fils pour le jacquard à fils tendus

La technique des fils tendus sert lorsqu'on ne tricote que quelques mailles dans chaque couleur – normalement, moins de quatre. Pour vous exercer, tricotez un simple motif d'échiquier. Montez d'abord un nombre de mailles multiple de trois en y ajoutant le nombre de mailles voulu pour chaque lisière. Avant d'entamer le motif, tricotez la bordure du bas dans une seule couleur. Le long du premier rang de couleurs, alternez trois mailles dans la couleur différente et trois mailles dans la première couleur, en suivant la méthode p. 68 pour éviter d'emmêler vos fils. Tricotez quatre rangs de cette manière, puis intervertissez les couleurs pour faire apparaître un motif d'échiquier.

Essayez d'être détendue lorsque vous tricotez, autrement vous risquez de faire des points trop serrés. Ne tirez pas non plus trop sur le fil au dos de l'ouvrage, mais tâchez de conserver dessus la même tension égale et la même régularité de travail ; vous obtiendrez ainsi un tricot aussi plat et souple que s'il était au point jersey et d'une seule couleur. J'aime pour ma part lorsque je travaille avec plusieurs couleurs lisser et tirer de temps en temps un petit peu sur mon tricot, car cela permet parfois de faire disparaître des petits défauts, ou de se rendre compte de la manière dont les mailles glissent sur l'aiguille si l'on s'est mis à tricoter trop serré. Essayez, si vous ne les connaissez pas encore, les aiguilles en bambou : bien lisses et souples, elles sont parfaites pour tricoter les couleurs.

Le petit carreau est un motif de couleur utile à connaître. Il rend aussi bien que du vichy en employant la même couleur avec un léger contraste de ton. Les petits carreaux sont souvent bien mis en valeur par d'autres motifs tels que des motifs floraux ou Fair Isle.

Une fois votre échantillon tricoté, repassez-le légèrement et assurez-vous qu'aucun fil, sur l'arrière, ne tire sur le tricot et le déforme.

Jacquard à fils tissés

La technique des fils tissés sert lorsqu'on utilise la même couleur sur plus de quatre mailles, car cela permet de ne pas avoir de longs fils libres sur l'envers du tricot, qui non seulement le rendraient peu élastique, mais accrocheraient aussi vos doigts, montre etc., ce qui peut être particulièrement pénible si l'on doit mettre le vêtement à un bébé et que l'on devra se battre pour passer ses mains dans les manches !

Pour l'échantillon, montez un nombre de mailles divisible par six, plus une, plus celles pour les lisières. Sur le premier rang, alternez une maille dans la couleur de contraste et cinq mailles dans la couleur principale. Passez le fil dans la maille au centre de la couleur principale et entre les mailles de la couleur de contraste en utilisant la technique expliquée p. 111. Poursuivez de la même manière le motif du chevron comme il figure sur l'échantillon ci-dessous.

Ce petit motif de chevron est idéal pour s'entraîner, car vous ne devez utiliser la technique des fils tissés que sur le premier rang, tricoté à l'endroit, et sur le dernier, tricoté à l'envers. De plus, il illustre le fait que bien souvent pour les Fair Isles cette technique n'est pas toujours nécessaire. Ne tissez pas sur des mailles superposées, car cela rendrait votre tricot trop rigide et la couleur de contraste risquerait d'apparaître en transparence. Pour de petits motifs Fair Isle, le « fils tissés » pourra suffire, pour d'autres il faudra combiner « fils tendus » et « fils tissés ».

Combiner les couleurs

L'échantillon ci-dessous illustre parfaitement comment le plus simple des Fair Isle peut bien rendre. Tous les Fair Isles, même les plus petits, offrent d'innombrables possibilités. Vous constaterez en sélectionnant les couleurs, en choisissant un fil plus ou moins épais, en tricotant des couleurs vives sur un fond sombre ou des tons pastel sur un fond clair, que les possibilités avec un même motif sont presque infinies. Mais vous verrez aussi qu'il peut s'avérer difficile de bien combiner les couleurs. Certaines pourront vous sembler superbes tant que le fil sera sur la pelote, et vous décevoir énormément une fois tricotées. C'est souvent dû aux proportions dans lesquelles vous utilisez chaque couleur. Un ton intense pourra faire qu'un autre, plus doux, sera très peu visible, et un ton sombre d'une nuance subtile aura tout simplement l'air sale à côté d'une couleur plus lumineuse. Ce n'est parfois qu'au bout de quatre ou cinq essais que je trouve une combinaison qui me satisfait. Si vous n'avez pas envie de tricoter un ou deux rangs, essayez de broder les motifs au point de mailles *(voir p. 153)*.

ASTUCE POUR LES FILS TISSÉS

Si vous tissez un fil sur l'envers du tricot, mieux vaut éviter les contrastes de couleur trop importants. En effet, un fil foncé pourrait se voir en transparence sur un fond beaucoup plus clair, ce qui serait très laid.

L'intarsia

Avec l'intarsia, les différents fils de couleur ne sont pas ramenés d'un bout à l'autre du tricot comme dans les techniques du fil tendu ou du fil tissé, mais restent près du motif qui les concerne. Ces exercices vous permettront de l'apprendre ou de perfectionner votre technique.

Changer de couleur suivant une verticale

On a recours à l'intarsia lorsqu'on travaille des blocs de couleurs séparés. Vous pouvez donc pour un motif donné devoir travailler avec de nombreux fils différents sur un même rang. Ne soyez pas tentée de l'éviter en utilisant le « fil tendu » ou le « fil tissé », car vous vous retrouveriez avec des motifs qui ne seraient pas plats et des fils au dos qui pourraient fort bien se voir.

Pour vous initier à cette méthode, tricotez un échantillon de deux couleurs partagées verticalement, en suivant la méthode p. 111 qui montre comment entortiller le fil de la couleur principale avec celui de la couleur de contraste pour éviter les trous. Vous pourrez ainsi vous entraîner à entortiller les fils jusqu'à obtenir le meilleur résultat possible. Lors des changements de couleurs, la taille des mailles, comme vous pourrez l'observer, varie légèrement entre deux rangs. Il est très difficile d'obtenir un résultat parfait, mais on peut l'améliorer en tâchant de garder la même tension sur le fil pour les rangs tricotés à l'envers et pour ceux tricotés à l'endroit. Au pire, la maille la plus lâche se retrouvera coincée entre les mailles plus serrées des 2 rangs qui l'encadrent. Vous aurez aussi la bonne surprise de constater que certains défauts s'atténuent lorsqu'on lave ou qu'on manipule un peu le vêtement !

Répéter des intarsias

Le motif floral ci-contre illustre parfaitement le cas de figure où l'on utilise plusieurs fils différents en petite quantité pour tricoter des motifs peu importants. Les brins sont ensuite rentrés sur l'arrière de l'ouvrage, en suivant les lignes de changement de couleur pour qu'on ne les voie pas en transparence.

Choisir les couleurs pour tricoter des intarsias

Ce motif floral rendrait également très bien en employant des couleurs vives sur un fond sombre, ou des variantes d'une seule couleur comme le bleu foncé pour les fleurs et le bleu clair pour les feuilles. Les boutiques de tricot proposent aujourd'hui une variété de couleurs absolument fantastique. Ce choix énorme est à la fois très excitant et presque effrayant. Je trouve pour ma part utile de garder des images de magazines ou de catalogues, ou bien des échantillons de tissu présentant des combinaisons de couleurs auxquelles je n'aurais moi-même sans doute pas pensé, car cela me donne souvent des idées.

PETIT TRUC À SAVOIR

Utilisez plutôt des fils déroulés de longueur modeste pour chaque couleur au lieu de bobines ou de petites pelotes. Vous pourrez ainsi les démêler plus facilement s'ils se prennent les uns dans les autres, ce qui, par ailleurs, risque moins d'arriver.

NE JETEZ PAS VOS ÉCHANTILLONS !

Prenez l'habitude de les conserver, même ceux qui ne vous plaisent pas, car ils pourront toujours vous servir de référence par la suite, ne serait-ce que pour vous rappeler de ne pas réessayer une certaine combinaison de couleurs!

Socquettes Fair Isle

Les socquettes tricotées à la main sont de plus en plus en vogue. La grille jacquard correspond à la version photographiée à droite. Essayez vos propres combinaisons avec tous les coloris que propose ce fil.

FOURNITURES

1 pel. de 50 g de laine mérinos (100 % pure laine, 183 m./50 g) dans la couleur principale (A) et 1 échevette dans 6 autres couleurs
2 aig. n° 2,5 et 3
1 jeu de 4 aig. à 2 pointes n° 3

TAILLE

Longueur du pied : 13 cm.

POINTS EMPLOYÉS

Côtes 1/1 : *voir détails en cours de réalisation.*
Jersey end. : [1 rg end., 1 rg env.].
Jersey end. jacquard : suivre la grille en faisant suivre les fils souplement sur l'envers et en prenant soin de bien les croiser aux changements de couleur pour éviter la formation de trous. Lire la grille de droite à gauche sur l'endroit du trav. (rgs impairs) et de gauche à droite sur les rgs pairs (envers du trav.).

ÉCHANTILLON

28 m. et 36 rgs = 10 cm tric. en jersey end. avec les aig. n° 3.

ABRÉVIATIONS

Voir p. 7.

RÉALISATION

Monter 49 m. A sur les aig. n° 2,5 pour le revers.
1er rg de côtes : 1 m. end., * 1 m. env., 1 m. end.
Reprendre à * jusqu'à la fin du rg.
2e rg de côtes : 1 m. env., * 1 m. end., 1 m. env.
Reprendre à * jusqu'à la fin du rg.
Répéter encore 1 fs le 1er rg.
Prendre les aig. n° 3 et tric. 1 rg env.
En comm. par 1 rg end., tric. en jersey end. les 13 rgs de la grille en répart. 6 dim. sur le 13e rg = 43 m.
Prendre les aig. n° 2,5.
Cont. en côtes A, jusqu'à 12 cm de haut. tot., en term. par 1 rg sur l'end.
Prendre les aig. n° 3.
En comm. par 1 rg end., tric. 4 rgs de jersey end. Couper le fil.
Répartir ainsi les m. sur 3 aig. à 2 pointes : glisser les 9 premières m. sur la 1re aig., les 12 suiv. sur la 2e aig., les 12 suiv. sur la 3e aig. puis les 10 dernières sur l'autre extrémité de la 1re aig.

Talon

En trav. sur l'end., reprendre le trav. avec A sur les 19 m. de la 1re aig. pour tric. : 9 m. end., 2 m. ensemble à l'end., 8 m. end. Tourner.
Trav. uniquement sur ces 18 m., en comm. par 1 rg env. pour tric. 9 rgs de jersey end., en term. par 1 rg sur l'env.
Rg suiv. : 13 m. end., 2 m. ensemble à l'end. en les prenant par derrière, tourner.
Rg suiv. : 1 m. glissée, 8 m. env., 2 m. ensemble à l'env., tourner.
**Rg suiv. : 1 m. glissée, 8 m. end., 2 m. ensemble à l'end. en les prenant par derrière, tourner.
Rg suiv. : 1 m. glissée, 8 m. env., 2 m. ensemble à l'env., tourner **.
Répéter 2 fs de ** à ** = 10 m.
Couper le fil.
Répartir ainsi les m. sur les 3 aig. : glisser les 5 premières m. du talon sur une épingle à nourrice, poser un fil de couleur pour repérer le début du tour, reprendre le trav. en A pour tric. 5 m. end. puis relever 8 m. sur la lisière du talon, 5 m. end., 14 m. end. avec la 2e aig., avec la 3e aig. tric. 5 m. end., relever 8 m. sur l'autre lisière du talon puis tric. les 5 m. de l'épingle à nourrice = 50 m.
Tric. 1 tour à l'end.
Tour suiv. : 12 m. end., 2 m. ensemble à l'end., tric. à l'end. jusqu'aux 14 dernières m., 2 m. ensemble à l'end. en les prenant par derrière, 12 m. end.
Tric. 1 tour à l'end.
Tour suiv. : 11 m. end., 2 m. ensemble à l'end., tric. à l'end. jusqu'aux 13 dernières m., 2 m. ensemble à l'end. en les prenant par derrière, 11 m. end.
Cont. ainsi à dim. 1 m. de ch. côté du talon, ts les 2 tours jusqu'à 40 m.
Cont. droit jusqu'à 11 cm depuis le talon.

Pointe

Tour suiv. : [7 m. end., 2 m. ensemble à l'end., 2 m. end., 2 m. ensemble à l'end. en les prenant par derrière, 7 m. end.] 2 fs.
Tric. 1 tour à l'end.
Tour suiv. : [6 m. end., 2 m. ensemble à l'end., 2 m. end., 2 m. ensemble à l'end. en les prenant par derrière, 6 m. end.] 2 fs.
Cont. ainsi à dim. 4 m. ts les 2 tours jusqu'à 20 m. Répartir les m. sur 2 aig. : semelle et dessus du pied, et fermer le bout par une couture m. dans m.
Fermer l'arrière en inversant la couture pour le revers.
Tric. la 2e socquette semblable.

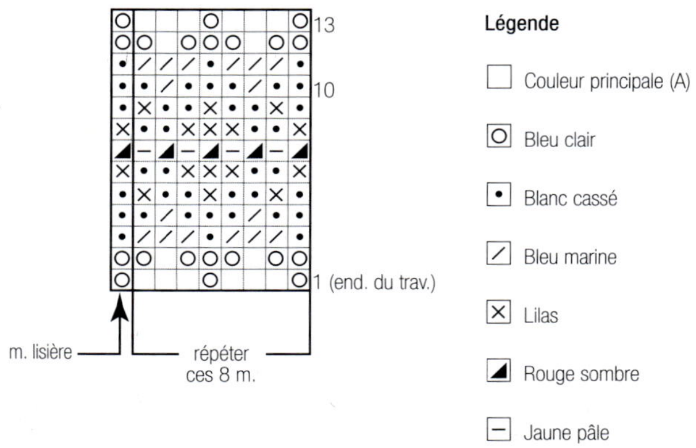

Gilet jacquard Fair Isle

FOURNITURES
4 (6 – 6) pel. de 50 g de laine/coton pour le fond du gilet (M)
(50 % laine, 50 % coton, 107 m. pour 50 g)
1 pelote de chacun des coloris suivants en laine/coton :
marine, lilas, bleu, crème, rose, rouge sombre et jaune
2 aig. n° 2,5 et n° 3
1 aig. circulaire n° 2,5 et n° 3
2 arrêts de mailles
1 fermeture à glissière séparable de 25 (30 – 35) cm

MESURES

Âges	1	2	3	ans
Largeur (dos + devant)	66	73	82	cm
Longueur	33	37	41	cm
Longueur des manches	20	23	26	cm

POINTS EMPLOYÉS
Point de riz : voir détail en cours d'explications.
Jersey end. : [1 rg end., 1 rg env.].
Jersey end. jacquard : suivre la grille en prenant soin de bien croiser les fils aux changements de coloris et en les faisant suivre souplement sur l'env. du travail pour garder la souplesse du tricot.
Répéter toujours les 8 premières m. et les 20 rgs.
Suivre la grille de droite à gauche sur les rgs impairs (end. du travail) et de gauche à droite sur les rgs pairs (env. du travail).

ÉCHANTILLON
21 m. et 30 rgs = 10 cm tricotés en jersey end. jacquard avec les aig. n° 3.

ABRÉVIATIONS
Voir p. 7.

RÉALISATION
DOS ET DEVANTS
Monter 175 (191 – 215) m. M sur l'aig. circulaire n° 2,5.
Tric., en allers-retours comme suit :
1er rg de point de riz : 1 m. end., * 1 m. env., 1 m. end.
Reprendre à * jusqu'à la fin du rg.
Répéter ce rg 4 autres fs.
Prendre l'aig. circulaire n° 3 et cont. ainsi :
1er rg (end. du trav.) : 3 m. au point de riz M (bordure du devant droit), répéter les 8 m. de la grille jusqu'aux 4 dernières m., tric. la m. lisière puis 3 m. point de riz M.
2e rg : 3 m. point de riz M, tric. la m. lisière de la grille, répéter les 8 m. de la grille jusqu'aux 3 dernières m., 3 m. point de riz M.
Ces 2 rgs positionnent les points.
Cont. ainsi : les bordures au point de riz, le centre en jacquard jusqu'à 19 (22 - 25) cm de haut. tot., en term. par 1 rg sur l'env.

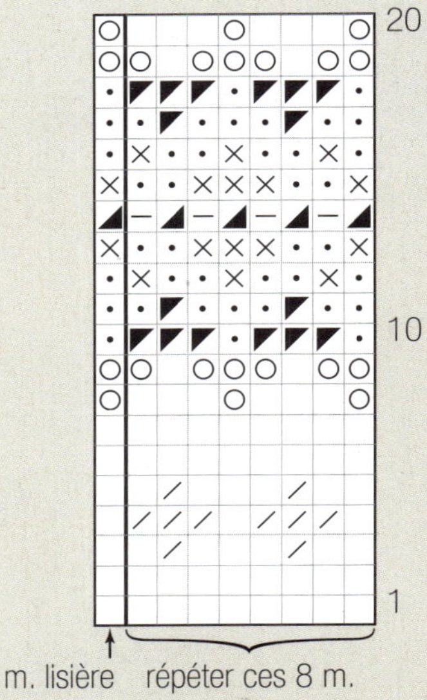

Légende
- Rouge sombre
- Jaune
- Rose
- Crème
- Bleu
- Marine
- Couleur du fond
- Lilas

Partage entre dos et devants

Rg suiv. : 3 m. point de riz M, 40 (44 – 50) m. jersey end. jacquard. Mettre ces m. en attente, sur un arrêt de m., pour le devant droit. Tric. les 89 (97 – 109) m. suivantes en jersey end. jacquard, pour le dos, les mettre en attente sur un autre arrêt de m. Pour le devant gauche, cont. sur les 43 (47 – 53) dernières m. Tric. droit jusqu'à 27 (31 – 35) cm de haut. tot., en term. par 1 rg sur l'env.

Encolure

Rg suiv. : tric. jusqu'aux 3 dernières m., les mettre en attente sur un arrêt de m.

Dim. 1 m. côté encolure, à ch. rg jusqu'à ce qu'il reste 28 (30 – 34) m.

Tric. 5 (3 – 1) rg en term. côté emmanch.

Épaule

Rab. 14 (15 – 17) m. au début du rg suiv.

Tric. 1 rg.

Rab. les 14 (15 – 17) m. rest.

En trav. sur l'env., reprendre les 89 (97 – 109) m. en attente pour le dos.

Travailler droit jusqu'à la haut. de l'épaule en term. par 1 rg sur l'env.

Épaule

Rab. 14 (15 – 17) m. au début des 4 rgs suiv.

Rab. les 33 (37 – 41) m. rest.

En trav. sur l'env., reprendre les 43 (47 – 53) dernières m. pour le devant droit.

Tric. en vis-à-vis du devant gauche.

MANCHES

Monter 37 (43 – 49) m. M sur les aig. n° 2,5.

Tric. 4 rgs au point de riz.

Rg d'augm. : 2 m. point de riz, * 1 augm., 3 m. point de riz. Reprendre à * jusqu'aux 2 dernières m. , 1 augm., 2 m. point de riz = 49 (57 – 65) m.

Prendre les aig. n° 3.

Cont. en jersey end. jacquard, et **simultanément** augm. 1 m. à ch. extrémité du 3e rg puis ts les 4 rgs jusqu'à 73 (79 – 83) m.

Cont. droit jusqu'à 20 (23 – 26) cm de haut. tot., en term. par 1 rg sur l'env.

Rab.

CÔTÉ DROIT DU COL

Coudre les épaules.

En trav. sur l'end., avec les aig. n° 2,5, reprendre les 3 m. en attente de la bordure du devant droit en les tric. au point de riz.

Tric. au point de riz et **simultanément** augm.1 m. côté intérieur au rg suiv. puis ts les 2 rgs jusqu'à 19 m.

Travailler droit jusqu'au niveau de l'épaule.

Arrondi du col

2 rgs suiv. : 11 m. point de riz, tourner le travail, glisser 1 m., tric. au point de riz jusqu'à la fin du rg.

Tric. 6 rgs droits.

Répéter les 8 derniers rgs jusqu'à ce que le bord le plus court du col arrive au milieu de l'encolure dos. Rab.

CÔTÉ GAUCHE DU COL

En trav. sur l'end., avec les aig. n° 2,5, reprendre les 3 m. en attente de la bordure du devant gauche.

Tric. en vis-à-vis du côté droit du col.

MONTAGE

Réunir les 2 parties du col.

Fermer les manches. Monter les manches.

Poser la glissière.

Veste rayée au point mousse

FOURNITURES
2 (2 – 2) pel. de 50 g rose clair (B) et bleu (F) en mérinos double fil (100 % mérinos, 110 m./50 g)
1 (1 – 1) pel. brune (A), rouge (C), fuchsia (D) et crème (E)
2 aig. n° 3 et n° 3,5
6 (6 – 7) boutons
2 arrêts de mailles

MESURES

Tailles	6/9	9/12	12/14	mois
Stature	56	62	70	cm
Longueur	26	30	33	cm
Longueur des manches	16	18	20	cm

(sans le revers)

POINT EMPLOYÉ
Point mousse : tric. toujours à l'end.

ÉCHANTILLON
22 m. x 44 rgs = 10 cm tric. au point mousse avec les aig. n° 3,5.

ABRÉVIATIONS
Voir p. 7.

DOS ET DEVANTS
Monter 124 (136 – 154) m. A sur les aig. n° 3,5.
Tric. 3 rgs end.
Cont. au point mousse en répétant les rayures suiv. :
4 rgs D, 4 rgs C, 8 rgs B, 2 rgs E, 6 rgs F et 2 rgs A.
Cont. droit au point mousse jusqu'à 15 (17 – 19) cm de haut. tot., en term. par 1 rg sur l'env.

Partage du dos et des devants

Rg suiv. : 31 (34 – 39) m. end., mettre ces m. en attente sur un arrêt de m. pour le devant droit, tric. 62 (68 – 76) m. end., mettre ces m. en attente sur un autre arrêt de m. pour le dos.

Devant gauche
Tric. droit sur les 31 (34 – 39) dernières m.
jusqu'à 22 (25 – 27) cm de haut. tot. en term. côté encolure.
Encolure
Rg suiv. : 7 (8 – 9) m. end., mettre ces m. en attente
sur une épingle à nourrice. Tric. jusqu'à la fin du rg.
Diminuer 1 m. côté encolure, à ch. rg, jusqu'à ce qu'il reste
15 (17 – 19) m.
Cont. droit jusqu'à 26 (30 – 33) cm de haut. tot.,
en term. côté emmanch.
Épaule
Rab. toutes les m.
Dos
En trav. sur l'env., reprendre les m. en attente et tric.
au point mousse.
Trav. droit jusqu'à la haut. des épaules en term. par 1 rg sur l'env.
Épaule
Rab. 15 (17 - 19) m. au début des 2 rgs suiv.
Laisser les 32 (34 – 38) m. rest. en attente sur un arrêt de m.
Devant droit
En trav. sur l'env., reprendre les m. en attente et tric. en vis-à-vis
du devant gauche.

MANCHES
Monter 35 (38 – 41) m. B sur les aig. n° 3,5.
Tric. au point mousse : 7 rgs B, 4 rgs C, 4 rgs D.
Tric. 5 rgs A.
Cont. en répétant les rayures : 4 rgs D, 4 rgs C, 8 rgs B, 2 rgs E,
6 rgs F et 2 rgs A.
Simultanément, augm. 1 m. à ch. extrémité du 15e rg
puis ts les 6 rgs jusqu'à 51 (56 – 63) m.
Cont. droit jusqu'à 20 (22 – 24) cm de haut. tot. en term.
par 1 rg sur l'env. Rab.

BORDURE D'ENCOLURE
Coudre les épaules.
En trav. sur l'end. avec les aig. n° 3 et A, reprendre les 7 (8 – 9) m.
en attente sur l'épingle à nourrice puis relever 12 (14 – 16) m. A
sur l'encolure du devant droit, à la suite reprendre
les 32 (34 – 38) m. en attente à l'encolure du dos,
relever 12 (14 – 16) m. sur l'encolure du devant gauche
puis reprendre les 7 (8 – 9) dernières m. en attente
= 70 (78 – 88) m.
Tric. 3 rgs end.
Rab.

BORDURE DEVANT GAUCHE
En trav. sur l'end., avec les aig. n° 3 et A, relever 54 (60 – 66) m.
au bord du devant gauche.
Tric. 3 rgs end.
Rab.

BORDURE DEVANT DROIT
En trav. sur l'end., avec les aig. n° 3 et A, relever 54 (60 – 66) m.
au bord du devant gauche.
Tric. 1 rg end.
Rg de boutonnières : 1 (1 – 2) m. end., [2 m. ensemble à l'end.,
1 jeté, 8 (9 – 8) m. end.] 5 (5 – 6) fs, 2 m. ensemble à l'end.,
1 jeté, 1 (2 – 2) m. end.
Tric. 1 rg end.
Rab.

MONTAGE
Fermer les manches en inversant la couture
sur les 4 premiers cm pour le revers.
Monter les manches.
Coudre les boutons.

Pull rayé en soie

FOURNITURES

2 (3 – 3) pel. de 50 g de soie, 4 fils (100 % soie, 186 m./ 50 g) crème (A)
1 pel. grise (B) et rouge (C)
2 aig. n° 3 et n° 3,5 – 2 arrêts de m.
3 boutons

MESURES

Âges	3	6	12	mois
Largeur (dos + devant)	55	60	68	cm
Longueur	26	28	30	cm
Longueur des manches	14	16	18	cm

POINTS EMPLOYÉS

Point mousse : tric. toujours à l'end.
Jersey end. : [1 rg end., 1 rg env.].
Surjet simple : 1 m. glissée, 1 m. end. sur laquelle on rabat la m. glissée.

ÉCHANTILLON

28 m. et 38 rgs = 10 cm tric. en jersey end., aig. n° 3,5.

ABRÉVIATIONS

Voir p. 7.

DOS

Monter 79 (86 – 97) m. B sur les aig. n° 3.
Tric. 9 rgs end.
Prendre les aig. n° 3,5.
En utilisant un peloton B à chaque extrémité du trav. et en croisant bien les fils sur l'env. aux changements de couleurs, cont. ainsi :
1er rg : 3 m. end. B, avec A tric. à l'end. jusqu'aux 3 dernières m., 3 m. end. B.
2e rg : 3 m. end. B, avec A tric. à l'env. jusqu'aux 3 dernières m., 3 m. end. B.
3e rg : 3 m. end. B, avec C tric. à l'end. jusqu'aux 3 dernières m., 3 m. end. B.
4e rg : 3 m. end. B, avec C tric. à l'env. jusqu'aux 3 dernières m., 3 m. end. B.
5e rg : 3 m. end. B, avec A tric. à l'end. jusqu'aux 3 dernières m., 3 m. end. B.
6e rg : 3 m. end. B, avec A tric. à l'env. jusqu'aux 3 dernières m., 3 m. end. B.
En comm. par 1 rg end., cont. en jersey end. sur toutes les m. en répétant ces rayures : 2 rgs B, 2 rgs A, 2 rgs C, 2 rgs A jusqu'à 23 (25 – 29) cm de haut. tot., en term. par 1 rg env.

Encolure

Rg suiv. : 23 (25 – 30) m. end., tourner et trav. uniquement sur ces m.
Tric. 11 rgs en rayures, en term. par 1 rg env.

Épaule

Prendre les aig. n° 3.
Tric. 3 rgs end. A.
Rab.
En trav. sur l'end., glisser les 35 (36 – 37) m. centrales sur un arrêt de m. puis reprendre le trav. en rayures sur les dernières m.
Tric. 11 rgs, en term. par 1 rg env.

Épaule

Prendre les aig. n° 3.
Tric. 5 rgs end. A. Rab.

DEVANT

Trav. comme pour le dos en formant l'encolure 6 rgs plus tôt.

Encolure

Rg suiv. : 23 (25 – 30) m. end., tourner et trav. uniquement sur ces m.
Tric. 17 rgs en rayures, en term. par 1 rg env.

Épaule

Prendre les aig. n° 3. Tric. 2 rgs end. A.
Rg de boutonnières : 4 (5 – 7) m., 2 m. ensemble à l'end., 1 jeté, 9 (10 – 12) m. end., 1 jeté, 2 m. ensemble à l'end., 6 (6 – 7) m. end.
Tric. 2 rgs end.
Rab.
En trav. sur l'end., glisser les 35 (36 – 37) m. centrales sur un arrêt de m. puis reprendre le trav. en rayures sur les dernières m.
Tric. 17 rgs, en term. par 1 rg env.
Tric. 3 rgs end. A.
Rab.

MANCHES

Monter 34 (37 – 40) m. B sur les aig. n° 3.
Tric. 9 rgs end.
Prendre les aig. n° 3,5.
En comm. par 1 rg end., tric. en jersey end. rayé : 2 rgs A, 2 rgs C, 2 rgs A et 2 rgs B. **Simultanément**, augm. 1 m. à la fin du 3e rg puis ts les 3 rgs jusqu'à 60 (69 – 76) m.
Cont. droit jusqu'à 14 (16 – 18) cm de haut. tot., en term. par 1 rg env.
Rab.

BORDURE D'ENCOLURE

Coudre l'épaule droite.
En trav. sur l'end., avec les aig. n° 3, relever 16 m. A sur le côté gauche de l'encolure du devant, reprendre 35 (36 – 37) m. sur l'encolure du devant, relever 14 m. sur le côté droit de l'encolure du devant, 8 m. sur le côté de l'encolure du dos, reprendre les 35 (36 – 37) m. de l'encolure du dos puis relever 10 m. sur le côté gauche de l'encolure dos = 118 (120 – 122) m.
Tric. 1 rg. end.
Rg de boutonnières et de dim. : 2 m. end., 2 m. ensemble à l'end., 1 jeté, 10 m. end., 1 surjet simple, 2 m. ensemble à l'end.,

31 (32 – 33) m. end., 1 surjet simple, 2 m. ensemble à l'end., 18 m. end., 1 surjet simple, 2 m. ensemble à l'end., 31 (32 – 33) m. end., 1 surjet simple, 2 m. ensemble à l'end., 8 m. end.
Tric. 1 rg end.
Rg de dim. : 13 m. end., 1 surjet simple, 2 m. ensemble à l'end., 29 (30 – 31) m. end., 1 surjet simple, 2 m. ensemble à l'end., 16 m. end., 1 surjet simple, 2 m. ensemble à l'end., 29 (30 – 31) m. end., 1 surjet simple, 2 m. ensemble à l'end., 7 m. end.
Tric. 1 rg end.
Rg de dim. : 12 m. end., 1 surjet simple, 2 m. ensemble à l'end., 27 (28 – 29) m. end., 1 surjet simple, 2 m. ensemble à l'end., 14 m. end., 1 surjet simple, 2 m. ensemble à l'end., 27 (28 – 29) m. end., 1 surjet simple, 2 m. ensemble à l'end., 6 m. end.
Tric. 1 rg end.
Rab. en faisant les mêmes diminutions dans les angles.

MONTAGE
Croiser les bordures de l'épaule gauche, devant sur dos, et les coudre ensemble côté emmanchure.
Monter les manches.
Fermer les manches et les côtés. Coudre les boutons.

Sac rayé

FOURNITURES
1 pel. de 50 g de laine mérinos (100 % mérinos, 110 m./50 g)
rouge (A) rose (A), rouille (C) et grise (D)
2 aig. n° 3
1 fermeture à glissière de 18 cm

MESURES
Le sac mesure 21 x 25 cm.

POINTS EMPLOYÉS
Jersey end. : [1 rg end., 1 rg env.].
Côtes plates : voir détail en cours d'explications.

ÉCHANTILLON
28 m. x 32 rgs = 10 cm tric. en côtes plates avec les aig. n° 3.

ABRÉVIATIONS
Voir p. 7.

DOS
Monter 61 m. A sur les aig. n° 3.
En comm. par 1 rg end., tric. 6 rgs de jersey end.
1er rg de côtes : 6 m. end., * 1 m. env., 5 m. end.
Reprendre à * jusqu'aux 7 dernières m., 1 m. env., 6 m. end.
2e rg de côtes : 6 m. env., * 1 m. end., 5 m. env.
Reprendre à * jusqu'aux 7 dernières m., 1 m. end., 6 m. env.
Ces 2 rgs forment les côtes plates.
Répéter ces 2 rgs 2 autres fs.
Cont. en côtes plates comme ci-dessous :
2 rgs C, 2 rgs B, 2 rgs A, 6 rgs B, 2 rgs C, 1 rg B, 1 rg A, 1 rg D, 2 rgs A, 2 rgs D, 2 rgs A, 2 rgs B, 1 rg C, 1 rg B, 1 rg A, 1 rg C, 4 rgs B, 1 rg D, 2 rgs B, 2 rgs D, 2 rgs B, 1 rg D, 4 rgs B, 1 rg C, 1 rg A, 1 rg B, 1 rg C, 2 rgs B, 2 rgs A, 1 rg B.
Cont. en B.
Haut du sac
Rg suiv. : tric. 19 m., tourner pour trav. uniquement sur ces m.
Rg suiv. : tric. en côtes.
Dim. 1 m. vers le milieu à ch. rg jusqu'à qu'il reste 3 m.
Rab.
En trav. sur l'end., reprendre le trav. sur les m. en attente.
Rab. les 23 m. centrales puis tric. jusqu'à la fin du rg pour term. ce côté en vis-à-vis de l'autre.

DEVANT
Trav. comme pour le dos.

BORDURES (même trav. sur les 2 faces)
En trav. sur l'end., relever 64 m. B, aig. n° 3, sur le haut du sac.
En comm. par 1 rg env., tric. 5 rgs de jersey end.
Rab.

BANDOULIÈRE
Monter 118 m. B sur les aig. n° 3. Tric. 5 rgs de jersey end. en comm. par 1 rg end.
Rab.

MONTAGE
En laissant les bordures libres, fermer le haut du sac en ménageant une ouverture de 18 cm au milieu. Poser la glissière dans l'ouverture. Fermer les côtés et le bas. Confectionner 3 pompons en mélangeant les couleurs. Les coudre en bas du sac. Coudre les extrémités de la bandoulière sur les côtés.

Pull enfant Fair Isle

Ce pull classique Fair Isle a un petit air rétro qui rappelle les années 1940. Il est tricoté dans un fil naturel très doux. La technique des fils tendus est utilisée pour tricoter les motifs Fair Isle.

FOURNITURES

2 (2 – 2 – 2) pel. de 50 g de laine (100 % laine, 170 m./50 g) dans la couleur principale (A), et 1 pel. marine, bleu/vert clair, crème, rose, rouge foncé et jaune

2 aig. n° 2,5 et n° 3

1 arrêt de mailles

3 boutons

ÂGES ET MESURES

Âges	6/12	12/18	24/36	36/48	mois
Mesures du vêtement terminé					
Largeur (dos + devant)	52	58	68	73	cm
Longueur à l'épaule	23	28	34	38	cm
Longueur des manches	8	10	12	14	cm

POINTS EMPLOYÉS

Côtes 1/1 : voir détails en cours de réalisation.

Jersey end. : [1 rg end., 1 rg env.].

Jersey end. jacquard : suivre la grille en faisant suivre les fils souplement sur l'envers et en prenant soin de bien les croiser aux changements de couleur pour éviter la formation de trous. Lire la grille de droite à gauche sur l'endroit du trav. (rgs impairs) et de gauche à droite sur les rgs pairs (envers du trav.).

ÉCHANTILLON

31 m. et 35 rgs = 10 cm tric. en jersey end. avec les aig. n° 3.

ABRÉVIATIONS

Voir p. 7.

DOS

Monter 82 (90 – 106 – 114) m. A sur les aig. n° 2,5.

1er rg de côtes : * 1 m. end., 1 m. env.

Reprendre à * jusqu'à la fin du rg.

Répéter ce dernier rg 7 (9 – 11 – 13) autres fs, en faisant 1 augm. au milieu du dernier rg = 83 (91 – 107 – 115) m.

Prendre les aig. n° 3 et tric. 2 rgs de jersey end.

Puis cont. en jersey end. jacquard jusqu'à 13 (16 – 20 – 22) cm de haut. tot., en term. par 1 rg sur l'env.

Emmanchures

En cont. le jacquard, rab. 4 (5 – 7 – 8) m. au début des 2 rgs suiv.

Dim. 1 m. côté emmanch. à chaque extrémité du rg suiv. puis ts les 2 rgs 3 fs = 67 (73 – 85 – 91) m.

Cont. droit jusqu'à 18 (23 – 28 – 32) cm de haut. tot., en term. par 1 rg sur l'env.

Ouverture du dos

Partager ainsi le trav. au rg suiv.

Rg suiv. (end. du trav.) : 31 (34 – 40 – 43) m. end., tourner, laisser les m. rest. en attente sur une aig.

Cont. droit sur ces m. pour le 1er côté de l'encolure jusqu'à 23 (28 – 34 – 38) cm de haut. tot., en term. par 1 rg sur l'env.

Épaule

Rab. 10 (11 – 13 – 14) m. au début du rg suiv. puis après 2 rgs.

Laisser les 11 (12 – 14 – 15) m. rest. en attente sur un arrêt de m.

En trav. sur l'end., glisser les 5 m. centrales sur une épingle à nourrice puis reprendre le trav. sur les 31 (34 – 40 – 43) dernières m.

Tric. le 2e côté en vis-à-vis du 1er.

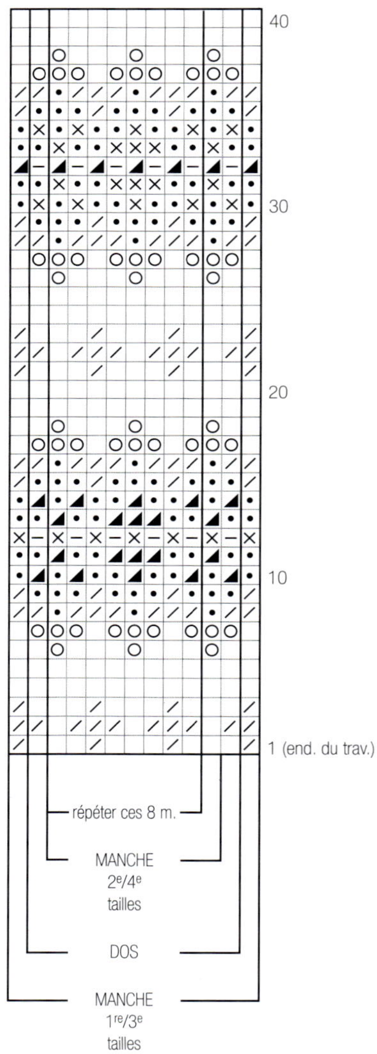

Légende

- Couleur principale (A)
- Marine
- Bleu-vert clair
- Crème
- Rose
- Rouge foncé
- Jaune

Une petite ouverture boutonnée dans le dos d'un pull d'enfant assure une bonne tenue à la bordure d'encolure et permet de mettre et d'enlever facilement le vêtement.

DEVANT

Trav. comme pour le dos jusqu'à 18 (23 – 28 – 32) cm de haut. tot., en term. par 1 rg sur l'env.

Encolure

Partager ainsi le trav., pour l'encolure, au rg suiv.

Rg suiv. (end. du trav.) : 25 (27 – 32 – 34) m. jersey end. jacquard, tourner, laisser les m. rest. en attente sur une aig.

Cont. sur ces m. pour le 1er côté de l'encolure en dim. 1 m. côté encolure au rg suiv. puis ts les 2 rgs jusqu'à 20 (22 – 26 – 28) m.

Cont. droit jusqu'à la haut. des épaules en term. par 1 rg sur l'env.

Épaule

Rab. 10 (11 – 13 – 14) m. au début du rg suiv.

Tric. 1 rg droit.

Rab. les 10 (11 – 13 – 14) m. rest.

En trav. sur l'end., glisser les 17 (19 – 21 – 23) m. centrales sur un arrêt de m. puis reprendre le trav. sur les m. rest. pour tric. le 2e côté en vis-à-vis du 1er.

MANCHES

Monter 52 (56 – 60 – 64) m. A sur les aig. n° 2,5.

1er rg de côtes (end. du trav.) : * 1 m. end., 1 m. env.

Reprendre à * jusqu'à la fin du rg.

Répéter ce rg 3 (5 – 7 – 9) autres fs, en faisant 1 augm. au milieu du dernier rg = 53 (57 – 61 – 65) m.

Prendre les aig. n° 3 et tric. 2 rgs de jersey end.

Puis cont. en jersey end. jacquard et **en même temps** augm. 1 m. à ch. extrémité ts les 3 rgs jusqu'à 67 (73 – 79 – 85) m.

Cont. droit, en jersey end. jacquard, jusqu'à 8 (10 – 12 – 14) cm de haut. tot., en term. par 1 rg sur l'env.

Tête de manche

Marquer les extrémités du rg précédent d'un fil de couleur.

Tric. 4 (6 – 8 – 10) rgs droits.

Dim. 1 m. à chaque extrémité du rg suiv. puis ts les 2 rgs 3 fs = 59 (65 – 71 – 77) m.

Tric. 1 rg droit.

Rab.

BANDE DE BOUTONNAGE

Monter 7 m. A sur les aig. n° 2,5.

1er rg de côtes (end. du trav.) : 1 m. env., [1 m. end., 1 m. env.] 2 fs, 2 m. end.

2e rg de côtes : 1 m. end., * 1 m. env., 1 m. end.

Reprendre à * jusqu'à la fin du rg.
Cont. en côtes jusqu'à ce que la bande soit aussi haute que la fente du dos, en term. par 1 rg sur l'env.
Couper le fil et laisser en attente sur une épingle à nourrice.
Repérer l'emplacement des boutonnières par des épingles, la 1re à 1,5 cm du bas, la dernière sera à 1 cm de l'encolure (dans la bordure d'encolure), la 3e au milieu.

BANDE DE BOUTONNIÈRES

En trav. sur l'end., avec les aig. n° 2,5 et A, reprendre le trav. sur les 5 m. en attente au milieu du dos et tric. : 3 m. end., 1 augm., 2 m. end. puis ajouter 1 m. = 7 m.
1er rg de côtes (env.du trav.) : 1 m. end., * 1 m. env., 1 m. end.
Reprendre à * jusqu'à la fin du rg.
2e rg de côtes : 2 m. end., 1 m. env., [1 m. end., 1 m. env.] 2 fs.
Cont. ainsi en côtes jusqu'à ce que la bande soit aussi haute que la fente du dos et **en même temps** former les boutonnières au niveau des repères :
Rg de boutonnières (end. du trav.) : tric. 3 m., 1 jeté, 2 m. ensemble, 2 m. Laisser en attente sans couper le fil à la fin de la bande.

BORDURE D'ENCOLURE

Coudre les épaules.
En trav. sur l'end., avec les aig. n° 2,5 et A, tric. en côtes les 6 premières m. de la bande de boutonnières, tric. la dernière m. avec la 1re des m. en attente à l'encolure dos, 10 (11 – 13 – 14) m. end., relever 12 (14 – 16 – 18) m. sur le côté gauche de l'encolure, tric. à l'end. les 17 (19 – 21 – 23) m. en attente au milieu du devant, relever 12 (14 – 16 – 18) m. sur le côté droit de l'encolure, tric. à l'end. les 10 (11 – 13 – 14) premières m. en attente à l'encolure du dos, tric. la dernière m. avec la 1re de la bande de boutonnage, 6 m. côtes = 75 (83 – 93 – 101) m.
Tric. 2 cm de côtes 1/1 en formant la dernière boutonnière.
Rab. en tric. en côtes.

MONTAGE

Monter les manches en cousant les 4 (6 – 8 – 10) premiers rgs de la tête aux m. rab. de l'emmanch.
Fermer les manches et les côtés.
Croiser le bas des bandes et les coudre au milieu du dos.
Coudre les boutons.

Vous pouvez essayer différentes combinaisons de couleurs pour ces motifs Fair Isle en utilisant tous vos restes de fils. Changez, par exemple, la couleur du fond ou intervertissez les couleurs claires et foncées.

Pull rayé

FOURNITURES

8 (8 – 9 – 9 – 10) pel. de 50 g de laine mérinos de couleur M (100 % laine mérinos, 78 m/50 g)
1 pel. de chacun des autres col. : rouge (A), rose (B), vert (C), bleu-vert (D) et avoine (E) – 2 aig. n° 3,5 et n° 5

MESURES

Âges	2/3	3/4	4/6	6/8	8/9	ans
Stature	78	84	93	98	105	cm
Longueur	43	46	49	53	57	cm
Longueur des manches	28	30	32	37	40	cm

POINTS EMPLOYÉS

Côtes fantaisies : voir détail en cours d'explications.

ÉCHANTILLON

18 m. x 24 rgs = 10 cm tric. en côtes fantaisies, avec les aig. n° 5.

ABRÉVIATIONS

Voir p. 7.

DOS

Monter 73 (79 – 85 – 91 – 97) m. M sur les aig. n° 5.
1er rg (end. du trav.) : 6 m. end., * 1 m. env., 5 m. end.
Reprendre à * jusqu'aux 7 dernières m., 1 m. env., 6 m. end.
2e rg : à l'env.
Ces 2 rgs forment les côtes fantaisies.
Tric. 2 autres rgs.
Cont. en côtes en formant les rayures suiv. :
1 rg A, 1 rg B, 2 rgs M, 1 rg C, 1 rg D, 1 rg E, 2 rgs M, 1 rg E, 1 rg B, 1 rg A, 1 rg B, 1 rg E, 2 rgs M, 1 rg C, 1 rg D, 1 rg C, 1 rg E, 6 rgs M.
Répéter ces 26 rgs.
Cont. jusqu'à 26 (28 – 30 – 33 – 36) cm de haut. tot., en term. par 1 rg sur l'env.

Emmanchures

Rab. 6 m. au début des 2 rgs suiv. = 61 (67 – 73 – 79 – 85) m.
Cont. jusqu'à 43 (46 – 49 – 53 – 57) cm de haut. tot.

Épaules

Rab. 17 (19 – 21 – 23 – 25) m. au début des 2 rgs suiv.
Rab. les 27 (29 – 31 – 33 – 35) m. rest.

DEVANT

Trav. comme pour le dos jusqu'à 38 (40 – 43 – 46 – 50) cm de haut. tot., en term. par 1 rg sur l'env.

Encolure

Rg suiv. : tric. 25 (28 – 30 – 33 – 35) m., tourner et pour le 1er côté de l'encolure cont. sur ces m.
Dim. 1 m. côté encolure à ch. rg jusqu'à ce qu'il reste 17 (19 – 21 – 23 – 25) m.
Cont. droit jusqu'à la haut. des épaules en term. côté emmanch.

Épaules

Rab. les 17 (19 – 21 – 23 – 25) m.
En trav. sur l'end., reprendre le trav. sur les m. en attente, rab. les 11 (11 – 13 – 13 – 15) m. centrales, tric. sur les 25 (28 – 30 – 33 – 35) dernières m.
Term. ce côté en vis-à-vis du 1er.

MANCHES

Monter 33 (33 – 35 – 37 – 37) m. E sur les aig. n° 5.
1er rg (end. du trav.) : 1 (1 – 2 – 3 – 3) m. end., * 1 m. env., 5 m. end. Reprendre à * jusqu'aux 2 (2 – 3 – 4 – 4) dernières m. : 1 m. env., 1 (1 – 2 – 3 – 3) m. end.
2e rg : à l'env.
Ces 2 rgs forment les côtes fantaisies.
Cont. côtes en formant les rayures suiv. :
2 rgs M, 1 rg E, 1 rg C, 1 rg D, 1 rg C, 2 rgs M, 1 rg E, 1 rg B, 1 rg A, 1 rg B, 1 rg E puis term. en M.
Simultanément, augm. 1 m. à ch. extrémité du 7e rg puis ts les 4 rgs jusqu'à 61 (63 – 67 – 73 – 77) m.
Cont. droit jusqu'à 28 (30 – 32 – 37 – 40) cm de haut. tot., en term. par 1 rg sur l'env.
Marquer les extrémités du dernier rg d'un fil de couleur.
Tric. encore 8 rgs.
Rab.

COL

Monter 30 (30 – 30 – 34 – 34) M sur les aig. n° 3,5.
1er rg : 2 m. end., * 2 m. env., 2 m. end.
Reprendre à * jusqu'à la fin du rg.
2e rg : 2 m. env., * 2 m. end., 2 m. env.
Reprendre à * jusqu'à la fin du rg.
3e rg : ajouter 4 m. et tric. 2 m. end. et 2 m. env. sur ces m., puis tric. jusqu'à la fin du rg.
4e rg : ajouter 4 m. et tric. 2 m. env. et 2 m. end. sur ces m., puis tric. jusqu'à la fin du rg.
Répéter ces 2 rgs 4 (4 – 4 – 5 – 5) autres fs.
Rg suiv. : ajouter 5 m. et tric. 3 m. end. et 2 m. env. sur ces m., puis tric. jusqu'à la fin du rg.
Rg suiv. : ajouter 5 m. et tric. 1 m. end., 2 m. env. et 2 m. end. sur ces m., puis tric. jusqu'à la dernière m., 1 m. end.
Cont. en côtes fantaisies comme ci-dessus pendant 6 (6 – 6 – 8 – 8) rgs.
Couper le fil M. Prendre le fil E.
Tric. 1 rg de côtes.
Rab. souplement en tric. les m. comme elles se présentent.

MONTAGE

Coudre les épaules. Monter les manches en plaçant le milieu dans le prolongement de la couture des épaules. Monter les manches en cousant les 8 derniers rgs dans le creux des emmanch. Fermer les manches et les côtés. Poser le col en juxtaposant les extrémités au milieu du devant.

Veste jacquard Fair Isle

FOURNITURES

6 (8) pel. de 50 g de laine mérinos
(100 % mérinos double fil, 110 m./50 g) brune (M),
1 (1) pel. fuchsia, rose clair, rouge, bleu pâle, grise, crème
2 aig. n° 3 et n° 4 – 2 arrêts de m.
1 fermeture à glissière séparable de 35 (40) cm

MESURES

Âges	3/4	4/5	ans
Largeur (dos + devant)	81	90	cm
Longueur	40	45	cm
Longueur des manches	23	27	cm

POINTS EMPLOYÉS

Point de riz : voir détail en cours d'explications.
Jersey end. : [1 rg end., 1 rg env.].
Jersey end. jacquard : suivre la grille en prenant soin de bien croiser les fils aux changements de couleur et en les faisant suivre souplement sur l'env. du travail pour garder la souplesse du tricot. Suivre la grille de droite à gauche sur les rgs impairs (end. du travail) et de gauche à droite sur les rgs pairs (env. du travail).

ÉCHANTILLON

22 m. x 30 rgs = 10 cm tric. en jersey end. avec les aig. n° 4.

ABRÉVIATIONS

Voir p. 7.

DOS

Monter 91 (101) m. M sur les aig. n° 3.
1er rg du point de riz : 1 m. end., * 1 m. env., 1 m. end.
Reprendre à * jusqu'à la fin.
Répéter ce rg 5 autres fs.
Prendre les aig. n° 4.
En comm. par 1 rg end., cont. en jersey end. jusqu'à 23 (26) cm de haut. tot., en term. par 1 rg env.
Tric. alors les 17 rgs de la grille jacquard puis reprendre M jusqu'à 40 (45) cm de haut. tot., en term. par 1 rg env.
Épaules
Rab. 16 (18) m. au début des 4 rgs suiv.
Rab. les 27 (29) m. rest.

FONDS DE POCHES (2)

Monter 21 m. M sur les aig. n° 4.
En comm. par 1 rg end., tric. 30 rgs de jersey end.
Laisser en attente sur un arrêt de m.

DEVANT GAUCHE

Monter 45 (49) m. M sur les aig. n° 3.
Tric. 6 rgs au point de riz comme pour le dos.
Prendre les aig. n° 4
Rg suiv.: tric. à l'end. jusqu'aux 4 dernières m., 4 m. point de riz.
Rg suiv. : 4 m. point de riz, tric. à l'env. jusqu'à la fin.
Tric. 25 autres rgs en cont. la bordure au point de riz.
Rg suiv. : 4 m. point de riz, 10 (12) m. env., [1 m. end., 1 m. env.] 10 fs, 1 m. end., 10 (12) m. env.
Rg suiv. : 11 (13) m. end., [1 m. env., 1 m. env.]10 fs, 10 (12) m. end., 4 m. point de riz.
Répéter ces 2 rgs une autre fs.
Mise en place du fond de poche
Rg suiv. : 4 m. point de riz, 10 (12) m. env., rab. les 21 m. au point de riz, tric. à l'env. jusqu'à la fin du rg.
Rg suiv. : 10 (12) m. end., tric. à l'end. les m. d'un fond de poche puis tric. à l'end. jusqu'aux 4 dernières m., 4 m. point de riz.
Cont. en jersey end., avec la bordure au point de riz jusqu'à 23 (26) cm de haut. tot., en term. par 1 rg env.
Rg suiv. : tric. en jacquard jusqu'aux 4 dernières m., 4 m. point de riz M.
Rg suiv. : 4 m. point de riz M, tric. en jacquard jusqu'à la fin du rg.
Répéter ces 2 rgs pendant 17 rgs. Cont. en jersey end. M jusqu'à 36 (41) cm de haut. tot., en term. par 1 rg sur l'env.
Encolure
Rg suiv. : tric. à l'end. jusqu'aux 6 dernières m., 2 m. ensemble à l'end., mettre les 4 m. de la bordure en attente sur une épingle à nourrice.
Dim. 1 m. côté encolure à ch. rg jusqu'à ce qu'il reste 32 (36) m.
Cont. jusqu'à la haut. de l'épaule, en term. côté emmanch.
Épaule
Rab. 16 (18) m. au comm. du rg suiv.
Tric. 1 rg.
Rab. les 16 (18) m. rest.

DEVANT DROIT

Monter 45 (49) m. M sur les aig. n° 3.
Tric. 6 rgs au point de riz comme pour le dos.
Prendre les aig. n° 4.
Rg suiv. : 4 m. point de riz, tric. à l'end. jusqu'à la fin du rg.
Rg suiv. : tric. à l'env. jusqu'aux 4 dernières m., 4 m. point de riz.
Tric. 25 autres rgs en cont. la bordure au point de riz.
Rg suiv. : 10 (12) m. env., 1 m. end., [1 m. env., 1 m. end.] 10 fs, 10 (12) m. env., 4 m. point de riz
Rg suiv. : 4 m. point de riz, 10 (12) m. end., [1 m. end., 1 m. env.] 10 fs, 11 (13) m. end.,
Répéter ces 2 rgs une autre fs.
Mise en place du fond de poche
Rg suiv. : 10 (12) m. env., rab. les 21 m. au point de riz, 10 (12) m. env., 4 m. point de riz
Rg suiv. : 4 m. point de riz, 10 (12) m. end., tric. à l'end. les m. de l'autre fond de poche, tric. à l'end. jusqu'aux 4 dernières m., 4 m. point de riz.
Cont. en jersey end., avec la bordure au point de riz jusqu'à 23 (26) cm de haut. tot., en term. par 1 rg sur l'env.
Rg suiv. : tric. en jacquard jusqu'aux 4 dernières m., 4 m. point de riz M.

Rg suiv. : 4 m. point de riz M, tric. en jacquard jusqu'à la fin du rg.
Répéter ces 2 rgs pendant 17 rgs.
Cont. en jersey end. M jusqu'à 36 (41) cm de haut. tot., en term. par 1 rg sur l'env.

Encolure

Rg suiv. : 4 m. point de riz, mettre ces m. en attente sur une épingle à nourrice, 2 m. ensemble à l'end., tric. à l'end. jusqu'à la fin.
Dim. 1 m. côté encolure à ch rg jusqu'à ce qu'il reste 32 (36) m.
Cont. jusqu'à la haut. de l'épaule, en term. côté emmanch.

Épaule

Rab. 16 (18) m. au début du rg suiv.
Tric. 1 rg.
Rab. les 16 (18) m. rest.

MANCHES

Monter 33 (37) m. M sur les aig. n° 3.
Tric. 6 rgs au point de riz comme en bas du dos.
Prendre les aig. n° 4.
Cont. en jersey end. en augm. 1 m. à ch. extrémité du 3e rg puis ts les 4 rgs jusqu'à 61 (69) m.
Cont. droit jusqu'à 23 (27) cm de haut. tot., en term. par 1 rg env.
Rab.

CÔTÉ DROIT DU COL

Coudre les épaules.
En trav. sur l'end., avec les aig. n° 3, reprendre les 4 m. en attente au devant droit. Tric. au point de riz M.
Simultanément, augm. 1 m. sur le bord intérieur ts les 7 rgs jusqu'à 21 m. Cont. droit jusqu'à ce que le col arrive au niveau de l'épaule en term. sur le bord extérieur.

Arrondi du col

2 rgs suiv. : 12 m. point de riz, tourner, 1 m. glissée, tric. au point de riz jusqu'à la fin.
Tric. 6 rgs au point de riz.
Répéter ces 8 derniers rgs jusqu'à ce que le bord le plus court rejoigne le milieu de l'encolure du dos.
Rab.

CÔTÉ GAUCHE DU COL

En trav. sur l'env., avec les aig. n° 3, reprendre les 4 m. en attente au devant gauche. Tric. au point de riz M.
Former le côté gauche en vis-à-vis du droit.

MONTAGE

Réunir les 2 parties du col. Coudre le col à l'encolure.
Monter les manches. Fermer les manches et les côtés.
Coudre les fonds de poches. Poser la glissière.

Légende

- O Crème
- • Bleu pâle
- × Gris
- / Rouge
- ◢ Fuchsia
- □ Couleur principale
- ■ Rose pâle

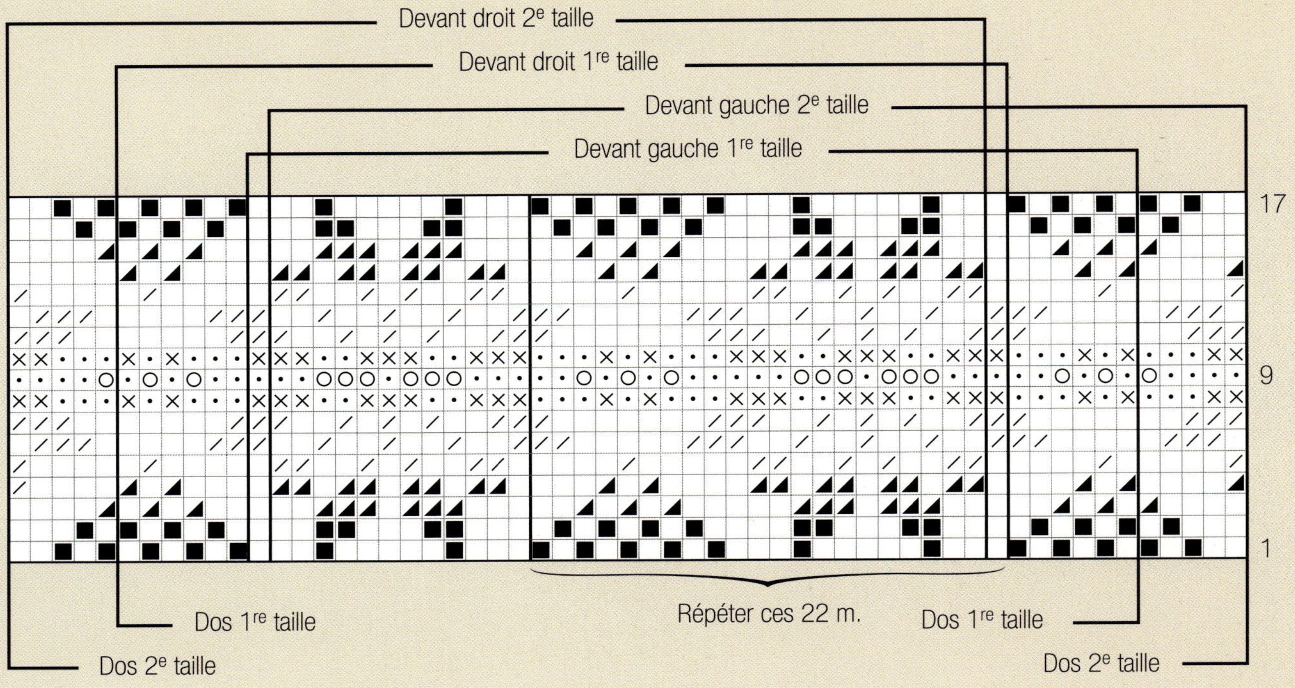

Veste zippée aux « scottish »

FOURNITURES

Veste : 4 (5 – 6) pel. de 100 g de laine mélangée (75 % laine, 25 % polyamide, 130 m./100 g) de la couleur principale (M), 1 (1 – 1) pel. rouge (B) et noire (C)
2 aig. n° 5,5 et n° 6 – 2 arrêts de m.
1 fermeture à glissière séparable de 30 (30 – 35) cm

MESURES

Âges	2/3	3/4	4/5	ans
Stature	80	88	92	cm
Longueur	40	42	46	cm
Longueur des manches	23	25	30	cm

POINTS EMPLOYÉS

Côtes 2/2 : [2 m. end., 2 m. env.].
Jersey end. : [1 rg end., 1 rg env.].
Point mousse : tric. toujours à l'end.
Jersey end. jacquard : suivre la grille en prenant soin de bien croiser les fils aux changements de couleur et en les faisant suivre souplement sur l'env. du travail pour garder la souplesse du tricot. Suivre la grille de droite à gauche sur les rgs impairs (end. du travail) et de gauche à droite sur les rgs pairs (env. du travail).

ÉCHANTILLON

16 m. x 22 rgs = 10 cm tricotés en jersey end. avec les aig. n° 6.

ABRÉVIATIONS

Voir p. 7.

DOS

Monter 66 (70 – 74) m. B sur les aig. n° 5,5.
1re et 3e tailles uniquement
1er rg : 2 m. env., * 2 m. end., 2 m. env.
Reprendre à * jusqu'à la fin du rg.
2e rg : 2 m. end., * 2 m. env., 2 m. end.
Reprendre à * jusqu'à la fin du rg.
2e taille uniquement
1er rg : 2 m. end., * 2 m. env., 2 m. end.
Reprendre à * jusqu'à la fin du rg.
2e rg : 2 m. env., * 2 m. end., 2 m. env.
Reprendre à * jusqu'à la fin du rg.
Pour toutes les tailles
Répéter ces 2 rgs 3 autres fs en répart. 0 (2 – 2) augm. sur le dernier rg = 66 (72 – 76) m.
Prendre les aig. n° 6 et la couleur M.
En comm. par 1 rg end., cont. en jersey end. jusqu'à 40 (42 – 46) cm de haut. tot., en term. par 1 rg env.
Épaules
Rab. 11 (12 – 12) m. au début des 2 rgs suiv. et 11 (12 – 13) au début des 2 rgs suiv. Rab. les 22 (24 – 26) m. rest.

FONDS DE POCHES (2)

Monter 17 m. M, aig. n° 6.
En commençant par 1 rg end., tric. 23 rgs de jersey end.
Laisser en attente sur un arrêt de m.

DEVANT GAUCHE

Monter 35 (37 – 39) m. B sur les aig. n° 5,5.
1re et 3e tailles uniquement
1er rg : 2 m. env., * 2 m. end., 2 m. env.
Reprendre à * jusqu'aux 5 dernières m., 5 m. end.
2e rg : 3 m. end., * 2 m. env., 2 m. end.
Reprendre à * jusqu'à la fin du rg.
2e taille uniquement
1er rg : 2 m. end., * 2 m. env., 2 m. end.
Reprendre à * jusqu'aux 7 dernières m., 2 m. env., 5 m. end.
2e rg : 3 m. end., * 2 m. env., 2 m. end.
Reprendre à * jusqu'aux 2 dernières m., 2 m. env.
Pour toutes les tailles
Répéter ces 2 rgs 3 autres fs.
Prendre les aig. n° 6.
En tric. toujours les 3 m. qui bordent le devant au point mousse B et en croisant bien les fils sur l'env. pour éviter les trous, cont. ainsi :
Rg suiv. : tric. à l'end. M jusqu'aux 3 dernières m., 3 m. end. B.
Rg suiv. : 3 m. end. B, tric. à l'env. M jusqu'à la fin.
Répéter ces 2 rgs 1 autre fs.
Rg suiv. : 11 (12 – 13) m. end. M, sur les 15 m. suiv. tric. le 1er rg de la grille 2, 6 (7 – 8) m. end. M, 3 m. end. B.
Rg suiv. : 3 m. end. B, 6 (7 – 8) m. env. M, sur les 15 m. suiv. tric. le 2e rg de la grille 2, 11 (12 – 13) m. env. M.
Tric. 12 autres rgs en suiv. cette disposition.
Rg suiv. : tric. à l'end. M jusqu'aux 3 dernières m., 3 m. end. B.
Rg suiv. : 3 m. end. B, tric. à l'env. M jusqu'à la fin du rg.
Rg suiv. : en M : 9 (10 – 11) m. end., 17 m. env., 6 (7 – 8) m. end., 3 m. end. B.
Rg suiv. : 3 m. end. B, tric. à l'env. M jusqu'à la fin du rg.
Répéter ces 2 rgs 1 autre fs.
Mise en place du fond de poche
Rg suiv. : en M : 9 (10 – 11) m. end., rab. les 17 m. suiv. en les tric. à l'env., 5 (6 – 7) m. end., 3 m. end. B.
Rg suiv. : 3 m. end. B, en M : 6 (7 – 8) m. env., tric. à l'env. les m. d'un fond de poche, 9 (10 – 11) m. env.
Cont. droit jusqu'à 32 (33 – 37) cm de haut. tot., en terminant par 1 rg sur l'env.
Encolure
Rg suiv. : en M : tric. à l'end. jusqu'aux 3 dernières m., mettre ces 3 m. en attente sur une épingle à nourrice, tourner.
Dim. 1 m. à chaque rg, côté encolure, jusqu'à ce qu'il ne reste que 22 (24 – 25) m.
Cont. jusqu'à ce que le devant arrive à la hauteur de l'épaule, en term. côté emmanch.
Épaule
Rab. 11 (12 – 12) m. au début du rg suiv. Tric. 1 rg.
Rab. les 11 (12 – 13) m. rest.

DEVANT DROIT
Monter 35 (37 – 39) m. B, aig. n° 5,5.
1re et 3e tailles uniquement
1er rg : 5 m. end., 2 m. env., * 2 m. end., 2 m. env.
Reprendre à * jusqu'à la fin du rg.
2e rg : 2 m. end., * 2 m. env., 2 m. end.
Reprendre à * jusqu'aux 5 dernières m., 2 m. env., 3 m. end.
2e taille uniquement
1er rg : 5 m. end., * 2 m. env., 2 m. end.
Reprendre à * jusqu'à la fin du rg.
2e rg : 2 m. env., * 2 m. end., 2 m. env.
Reprendre à * jusqu'aux 3 dernières m., 3 m. end.
Pour toutes les tailles
Répéter ces 2 rgs 3 autres fs.
Prendre les aig. n° 6.
En tric. toujours les 3 m. qui bordent le devant au point mousse B et en croisant bien les fils sur l'env. pour éviter les trous, cont. ainsi :
Rg suiv. : 3 m. end. B, tric. à l'end. M jusqu'à la fin du rg.
Rg suiv. : tric. à l'env. M jusqu'aux 3 dernières m., 3 m. end. B.
Répéter ces 2 rgs une autre fs.
Rg suiv. : 3 m. end. B, en M : 6 (7 – 8) m. end., sur les 15 m. suiv. tric. le 1er rg de la grille 1, 11 (12 – 13) m. end.
Rg suiv. : en M : 11 (12 – 13) m. env., sur les 15 m. suiv. tric. le 2e rg de la grille 1, 6 (7 – 8) m. env., 3 m. end. B
Tric. 12 autres rgs en suiv. cette disposition.
Rg suiv. : 3 m. end. B, tric. à l'end. en M jusqu'à la fin du rg.
Rg suiv. : en M, tric. à l'env. jusqu'aux 3 dernières m., 3 m. end. B.
Rg suiv. : 3 m. end. B, en M : 6 (7 – 8) m. end., 17 m. env., 9 (10 – 11) m. end.
Rg suiv. : en M, tric. à l'env. jusqu'aux 3 dernières m., 3 m. end. B.
Répéter les 2 derniers rgs 1 autre fs.
Mise en place du fond de poche
Rg suiv. : 3 m. end. B, en M : 6 (7 – 8) m. end., rab. les 17 m. suiv. en les tric. à l'env., tric. à l'end. jusqu'à la fin du rg.
Rg suiv. : en M : 9 (10 – 11) m. env., tric. à l'env. les m. du 2e fond de poche, 6 (7 – 8) m. env., 3 m. end. B.
Cont. droit jusqu'à 32 (33 – 37) cm de haut. tot., en terminant par 1 rg sur l'env.
Encolure
Rg suiv. : 3 m. end. B, mettre ces m. en attente sur une épingle à nourrice, tric. en M jusqu'à la fin du rg.
Diminuer 1 m. côté encolure à ch. rg jusqu'à ce qu'il reste 22 (24 – 25) m.
Cont. droit jusqu'à haut. de l'épaule en terminant côté emmanch.
Épaule
Rab. 11 (12 – 12) m. au début du rg suiv.
Tric. 1 rg.
Rab. les 11 (12 – 13) m. rest.

MANCHES
Monter 30 (30 – 34) m. B sur les aig. n° 5,5.
1er rg : 2 m. end., * 2 m. env., 2 m. end.
Reprendre à * jusqu'à la fin du rg.

Légende

☐ Couleur principale (M)

☒ Noir (C)

⊡ Rouge (B)

Grille 1

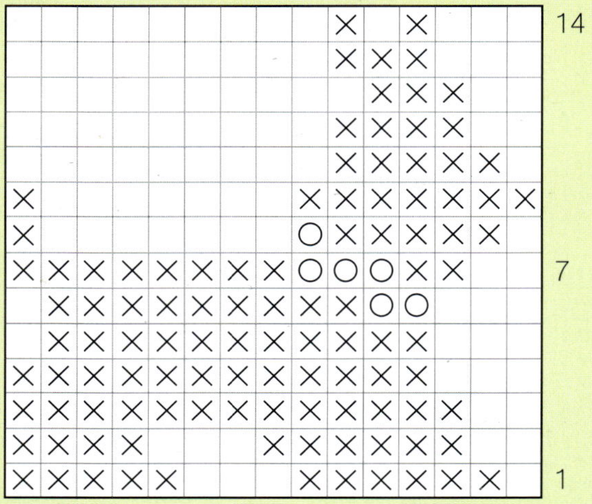

Grille 2

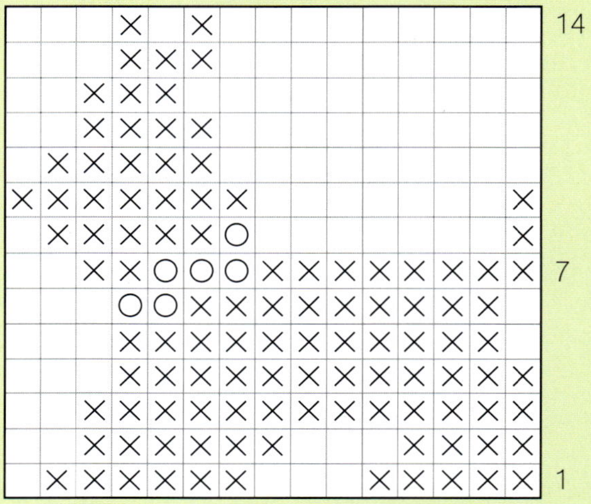

2e rg : 2 m. env., * 2 m. end., 2 m. env.
Reprendre à * jusqu'à la fin du rg.
Répéter ces 2 rgs 3 (4- 5) autres fs en répart. 6 augm.
sur le dernier rg = 36 (36 – 40) m.
Prendre les aig. n° 6 et la couleur M.
En comm. par 1 rg end., tric. en jersey end.
en augm. 1 m. à ch. extrémité à partir du 3e rg
puis ts les 4 rgs jusqu'à 54 (58 – 64) m.
Cont. droit jusqu'à 23 (25 – 30) cm de haut. tot.,
en term. par 1 rg env.
Rab.

CÔTÉ GAUCHE DU COL
En trav. sur l'end., avec les aig. n° 5,5 et B, reprendre,
les 3 m. en attente à la bordure en les tric. à l'end.
Tric. un autre rg end.
Cont. au point mousse et **simultanément** augm. 1 m.
à ch. extrémité du rg suiv. puis 2 fs ts les 4 rgs.
Tric. 2 rgs.
Tric. 6 rgs C, 6 rgs B, 6 rgs C puis reprendre B en cont.
les augm. jusqu'à 23 m. en term. sur l'end. de la veste
par un rg sur l'env. du col.

Arrondi du col
** **2 rgs suiv.** : 12 m. end., 1 m. glissée, tourner,
tric. à l'end. jusqu'à la fin.
Tric. 4 rgs **.
Répéter 4 fs de ** à **.
Rab.

CÔTÉ DROIT DU COL
En trav. sur l'env., avec les aig. n° 5,5 et B, reprendre les 3 m.
en attente à la bordure en les tric. à l'end.
Cont. au point mousse et **simultanément** augm. 1 m.
à ch. extrémité du rg suiv. puis 2 fs ts les 4 rgs.
Tric. 2 rgs.
Tric. 6 rgs C, 6 rgs B, 6 rgs C puis reprendre B en cont. les augm.
jusqu'à 23 m.
Tric. 1 rg en term. sur l'end. de la veste par un rg sur l'env. du col.
Arrondi du col
*** **2 rgs suiv.** : 12 m. end., 1 m. glissée, tourner, tric. à l'end.
jusqu'à la fin du rg.
Tric. 4 rgs ***.
Répéter 4 fs de *** à ***.
Rab.

MONTAGE
Coudre les épaules. Réunir les 2 parties du col. Coudre le col
à l'encolure. Coudre les fonds de poches. Fermer les manches
et les côtés. Poser la glissière.

Robe avec jacquard Fair Isle

FOURNITURES

4 (4 – 5) pel. de 50 g de laine pour le fond de la robe (M)
(100 % laine, 200 m./50 g)
1 pelote de chacun des coloris suivants en laine/coton
(50 % laine, 50 % coton, 107 m./50 g) : bleu (B), crème (C), rouge (D), rose (E), et beige (F)
2 aig. n° 4
1 aig. circulaire n° 3 – 1 arrêt de m.
1 bouton

MESURES

Âges	18/24	24/36	mois
Largeur (dos + devant)	62	67	cm
Longueur	40	45	cm
Longueur des manches	22	24	cm

POINTS EMPLOYÉS

Jersey end. : [1 rg end., 1 rg env.].
Jersey end. jacquard : suivre la grille en prenant soin de bien croiser les fils aux changements de couleur et en les faisant suivre souplement sur l'env. du travail pour garder la souplesse du tricot. Suivre la grille de droite à gauche sur les rgs impairs (end. du travail) et de gauche à droite sur les rgs pairs (env. du travail).

ÉCHANTILLON

21 m. et 30 rgs = 10 cm tric. en jersey end. avec les aig. n° 4.

ABRÉVIATIONS

Voir p. 7.

RÉALISATION

DOS

Monter 87 (87) m. M sur les aig. n° 4.
En comm. par 1 rg end., tric. 6 rgs de jersey end.
Prendre B et, pour marquer la pliure de l'ourlet, tric. 2 rgs à l'end.
Couper B et reprendre M.
En comm. par 1 rg end., tric. 10 rgs de jersey end.
Cont. avec les 13 rgs de la grille jacquard puis reprendre M.
et, **en même temps**, dim. 1 m. à ch. extrémité du rg suiv.
puis ts les 5 (6) rgs jusqu'à 67 (73) m.
Cont. droit jusqu'à 28 (32) cm de l'ourlet en term. par 1 rg env.

Emmanchures
Rab. 4 m. à ch. extrémité des 2 rgs suiv.
Dim. 1 m. à ch. extrémité du rg suiv. puis ts les 2 rgs jusqu'à 45 (49) m. en term. par 1 rg env.

Ouverture du dos
Rg suiv. : tric. 21 (23) m. Tourner et trav. sur ces m. pour le 1er côté du dos.
Rg suiv. : monter 3 m., tric. à l'env. jusqu'à la fin du rg.
En comm. par 1 rg end., tric. 12 (14) rgs de jersey end.

Encolure
Rg suiv. : tric. à l'end. jusqu'aux 8 (9) dernières m.
Glisser ces m. sur un arrêt de m. Tourner.
Rg suiv. : rab. 3 m., tric. à l'env. jusqu'à la fin du rg.
Tric. 1 rg.
Rg suiv. : rab. 2 m., tric. à l'env. jusqu'à la fin du rg.
En comm. par 1 rg end., tric. encore 2 rgs de jersey end.

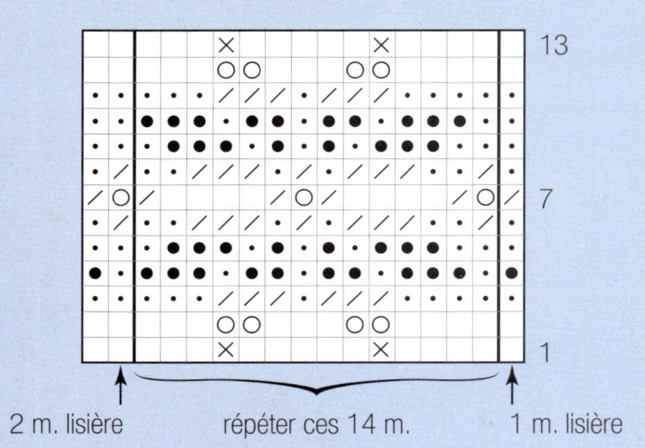

Légende

- ☐ Couleur du fond (M)
- ⊡ Bleu
- ☒ Rose
- ◯ Rouge
- ⧄ Crème
- ● Beige

Épaules
Rab. 5 (6) m. au début du rg suiv.
Tric. 1 rg env.
Rab. les 6 m. rest.
En trav. sur l'end., reprendre les m. en attente et les tric. à l'end.
En comm. par 1 rg env., tric. 9 (11) rgs de jersey end.
Boutonnière : 2 m. end., 1 jeté, 2 m. ensemble à l'end.
Tric. à l'end. jusqu'à la fin du rg.
En comm. par 1 rg env., tric. 3 rgs de jersey end.
Encolure
Rg suiv. : 8 (9) m. end., mettre ces m. en attente
sur un arrêt de m. Tric. à l'end. jusqu'à la fin du rg.
Tric. 1 rg env.
Rg suiv. : rab. 3 m., tric. à l'end. jusqu'à la fin du rg.
Tric. 1 rg env.
Rg suiv. : rab. 2 m., tric. à l'end. jusqu'à la fin du rg.
En comm. par 1 rg env., tric. 2 rgs de jersey end.
Épaules
Rab. 5 (6) m. au début du rg suiv.
Tric. 1 rg end.
Rab. les 6 m. rest.

DEVANT
Travailler comme pour le dos jusqu'à 36 (41) cm de l'ourlet,
en term. par 1 rg env.
Encolure
Rg suiv. : 16 (18) m. end. Tourner et cont. sur ces m.
pour le premier côté de l'encolure.
Rab. 4 m. au début du rg suiv.
Dim. 1 m. côté encolure ts les 2 rgs
jusqu'à ce qu'il reste 11 (12) m.
Cont. droit jusqu'à la haut. des épaules en term. côté emmanch.
Épaules
Rab. 5 (6) m. au début du rg suiv.
Tric. 1 rg env.
Rab. les 6 m. rest.
En trav. sur l'end., glisser les 13 m. centrales sur un arrêt de m.
Tric. à l'end. jusqu'à la fin du rg.
Tric. ce côté en vis-à-vis de l'autre.

MANCHES
Monter 34 (36) m. M sur les aig. n° 4.
En comm. par 1 rg end., tric. 6 rgs de jersey end.
Prendre B.
Tric. 2 rgs à l'end. pour marquer la pliure de l'ourlet.
Couper B, reprendre M.
En comm. par 1 rg end., tric. 10 rgs puis augm. 1 m.
à ch. extrémité du rg suiv. puis ts les 5 rgs jusqu'à 50 (54) m.
Cont. droit jusqu'à 22 (24) cm de haut. tot.
Tête de manche
Rab. 4 m. à ch. extrémité des 2 rgs suiv.
Dim. 1 m. à ch. extrémité des 5 rgs suiv. puis ts les 2 rgs 3 (4) fs.
Dim. 1 m. à ch. extrémité de ch. rg jusqu'à ce qu'il reste 10
(12) m. Rab.

BORDURE D'ENCOLURE
Coudre les épaules.
En trav. sur l'end., avec l'aig. circulaire et M, reprendre
les 8 (9) m. en attente au côté gauche du dos, à la suite relever
10 (11) m. sur le côté, 16 (18) m. sur l'encolure devant,
reprendre les 13 m. en attente puis relever le même nombre
de m. de l'autre côté = 81 (89) m.
Tric. en allers-retours comme suit : en comm. par 1 rg env.
tric. 3 rgs de jersey end.
Prendre B et pour la pliure de l'ourlet tric. 2 rgs end.
Couper B et reprendre M.
En comm. par 1 rg end., tric. 4 rgs de jersey end.
Rab.

MONTAGE
Monter les manches.
Fermer les manches et les côtés.
Plier sur les lignes d'ourlet et coudre sur l'env.
Coudre le bouton.

Cardigan fleuri avec bordure à picots

Ce léger cardigan cintré combine un petit jacquard de boutons de roses et une légère bordure avec des picots. La méthode de « l'intarsia » est utilisée pour travailler ces couleurs délicates.

FOURNITURES

12 (13 – 14) pel. de 50 g de coton (100 % coton, 115 m./50 g) dans la couleur principale (M – gris), 2 pel. rose foncé, rose clair et vert foncé, 1 pel. blanche
2 aig. n° 3
9 boutons

TAILLES ET MESURES

Tour de poitrine	86	92	97	cm
Mesures du vêtement terminé				
Largeur (dos + devant)	96	102	108	cm
Longueur à l'épaule	54	56	58	cm
Longueur des manches	43	44	45	cm

POINTS EMPLOYÉS

Jersey end. : [1 rg end., 1 rg env.].
Jersey end. jacquard : suivre la grille en faisant suivre les fils souplement sur l'envers et en prenant soin de bien les croiser aux changements de couleur pour éviter la formation de trous. Lire la grille de droite à gauche sur l'endroit du trav. (rgs impairs) et de gauche à droite sur les rgs pairs (envers du trav.).

ÉCHANTILLON

25 m. et 36 rgs = 10 cm tric. en jersey end. jacquard avec les aig. n° 3.

ABRÉVIATIONS

Voir p. 7.

DOS

Monter 122 (130 – 138) m. M sur les aig. n° 3.
En comm. et en term. comme indiqué sur la grille pour la taille choisie, tric. en jersey end. jacquard pendant 24 rgs.
Cont. en jacquard en dim. 1 m. à ch. extrémité du rg suiv. puis ts les 6 rgs jusqu'à 108 (116 – 124) m.
Cont. droit jusqu'à 21 (22 – 23) cm de haut. tot., en term. par 1 rg sur l'env.
Augm. 1 m. à ch. extrémité du rg suiv. puis ts les 4 rgs jusqu'à 122 (130 – 138) m.
Cont. droit jusqu'à 37 (38 – 39) cm de haut. tot., en term. par 1 rg sur l'env.

Emmanchures

Rab. 8 (9 – 10) m. au début des 2 rgs suiv.
Dim. 1 m. à ch. extrémité du rg suiv. puis ts les 2 rgs jusqu'à ce qu'il reste 96 (100 – 104) m.
Cont. droit jusqu'à 54 (56 – 58) cm de haut. tot., en term. par 1 rg sur l'env.

Encolure et épaules

Partager ainsi le trav. pour l'encolure :
Rg suiv. (end. du trav.) : tric. 32 (34 – 36) m., tourner, laisser les autres m. en attente sur une aig.
Trav. sur ces m. pour le 1er côté de l'encolure en rab. 3 m. au début du rg suiv., 9 (10 – 11) m. au début du rg suiv., 2 m. au début du rg suiv. et 9 (10 – 11) m. au début du rg suiv.
Tric. 1 rg droit.
Rab. les 9 m. rest.
En trav. sur l'end., rab. les 32 m. centrales pour l'encolure puis tric. jusqu'à la fin du rg = 32 (34 – 36) m.
Term. ce côté en vis-à-vis du 1er.

DEVANT GAUCHE

Monter 62 (66 – 70) m. M sur les aig. n° 3.
En comm. et en term. comme indiqué sur la grille pour la taille

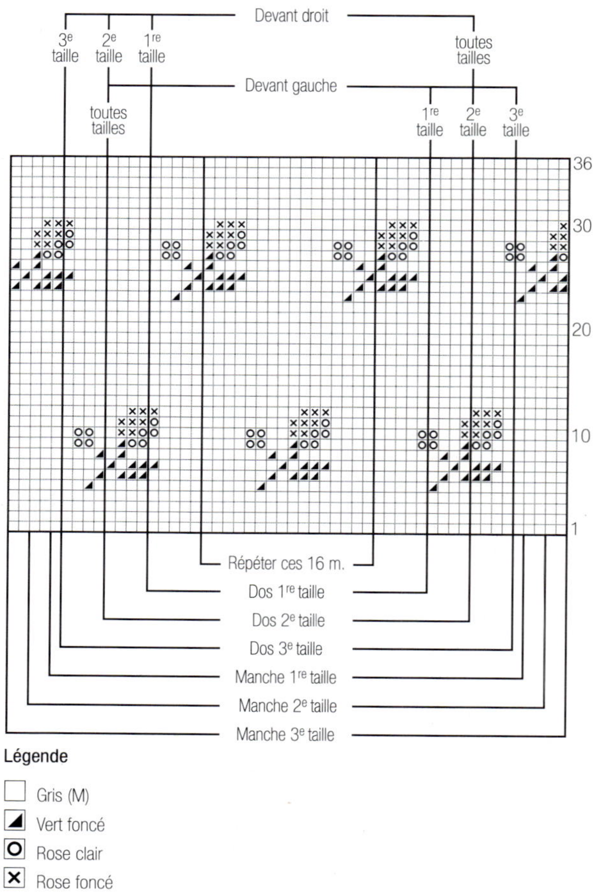

choisie, tric. en jersey end. jacquard pendant 24 rgs.
Cont. en jacquard en dim. 1 m. sur le côté au rg suiv.
puis ts les 6 rgs jusqu'à ce qu'il reste 55 (59 – 63) m.
Cont. droit jusqu'à 21 (22 – 23) cm de haut. tot.,
en term. par 1 rg sur l'env.
Augm. 1 m. sur le côté au début du rg suiv. puis ts les 4 rgs
jusqu'à 62 (66 – 70) m.
Cont. droit jusqu'à 37 (38 – 39) cm de haut. tot.,
en term. par 1 rg sur l'env.

Emmanchure

Rab. 8 (9 – 10) m. au début du rg suiv.
Tric. 1 rg droit.
Dim. 1 m. côté emmanch. au rg suiv. puis ts les 2 rgs
jusqu'à 49 (51 – 53) m.

Encolure

Dim. 1 m. côté encolure au début du rg suiv. puis ts les 2 rgs
jusqu'à 31 (33 – 35) m. et ts les 3 rgs jusqu'à 27 (29 – 31) m.
Tric. droit jusqu'à la haut. de l'épaule., en term. côté emmanch.

Épaule

Rab. 9 (10 – 11) m. au début du rg suiv. puis après 2 rgs.
Tric. 1 rg droit.
Rab. les 9 m. rest.

DEVANT DROIT

Trav. en vis-à-vis du devant gauche.

MANCHES

Monter 44 (48 – 52) m. M sur les aig. n° 3.
En comm. et en term. comme indiqué sur la grille pour la taille
choisie, tric. en jersey end. jacquard et **en même temps**
augm. 1 m. à ch. extrémité du 3e rg puis ts les 8 rgs
jusqu'à 80 (84 – 88) m. en tric. ces augm. en jacquard.
Cont. droit jusqu'à 43 (44 – 45) cm de haut. tot.,
en term. par 1 rg sur l'env.

Tête de manche

Marquer les extrémités du dernier rg d'un fil de couleur.
Tric. 4 (4 – 6) rgs droits.
Dim. 1 m. à ch. extrémité du rg suiv. puis ts les 2 rgs
jusqu'à 70 (72 – 74) m.
Tric. 1 rg droit.
Rab. 7 m. au début des 8 rgs suiv.
Rab. les 14 (16 – 18) m. rest.

BANDE À BOUTONNIÈRES

En trav. sur l'end., avec les aig. n° 3 et M, et en comm. en bas
du devant droit, relever 93 (95 – 97) m. au bord du devant.
Tric. 1 rg end.
Rg suiv. avec boutonnières (end. du trav.) : 1 (2 – 3) m. end.,
[2 m. ensemble à l'end., 1 jeté, 9 m. end.] 8 fs, 2 m. ensemble
à l'end., 1 jeté, 2 (3 – 4) m. end.
Tric. 1 rg end.
Rab.

BANDE DE BOUTONNAGE

En trav. sur l'end., avec les aig. n° 3 et M, et en comm. en haut
du devant gauche, relever 93 (95 – 97) m. au bord du devant.
Tric. 3 rgs end.
Rab.

BORDURE DES POIGNETS

En trav. sur l'end., avec les aig. n° 3 et M, relever 45 (49 – 53) m.
sur le rg de montage des manches.
Tric. 1 rg end.
Couper le fil et prendre le fil blanc.
Rg d'arrêt (end. du trav.) :
Tric. 2 m. ensemble à l'end. * Remettre la m. obtenue sur l'aig.
gauche, ajouter 2 m., rab. 6 m. Reprendre à * jusqu'à la fin du rg.
Arrêter.

MONTAGE

Coudre les épaules. Monter les manches en alignant le milieu
sur la couture des épaules et en cousant les 4 (4 – 6) premiers rgs
de la tête de manche aux m. rab. à l'emmanch.
Fermer les manches et les côtés.
Coudre les boutons.

BORDURE DU BAS

En trav. sur l'end., avec les aig. n° 3 et M, relever 245 (261 – 277)
m. sur le rg de montage du dos et des devants et le long
des bordures.
Trav. comme pour la bordure des poignets.

BORDURE DE L'ENCOLURE

En trav. sur l'end., avec les aig. n° 3 et M, relever 65 m.
sur la bande à boutonnières et l'encolure du devant droit,
à la suite 51 m. sur l'encolure du dos puis 65 m. sur l'encolure
du devant gauche et la bande de boutonnage = 181 m.
Trav. comme pour la bordure des poignets.

J'ai utilisé un blanc crayeux pour un plus grand contraste entre les motifs et la bordure. Pour un effet plus subtil, vous pouvez tricoter la bordure de la même couleur que le fond.

La broderie sur le tricot

Ajoutez une pointe de relief ou une note de couleur en brodant vos tricots faits main.

Petit cours de broderie

Le tricot est un bon support pour de la broderie, car ses lignes verticales et horizontales peuvent servir de guides pour les points. J'en ai sélectionné ici quelques-uns dont je trouve qu'ils rendent particulièrement bien sur une surface tricotée.

Avant de commencer

Veillez à bien choisir le fil à broder : trop fin, il disparaîtra dans les mailles, trop épais, il tirera sur le tricot et le déformera. Servez-vous d'une aiguille à bout rond ou d'une aiguille à tapisserie. Vous pouvez broder des motifs simples ou des motifs au point de maille directement sur le tricot, mais vous devez dessiner les motifs plus complexes sur un papier de soie, avant de les broder à travers le papier et le tricot, puis d'arracher le papier. Avant de commencer à coudre, arrêtez l'extrémité du fil sur l'envers du tricot, ou bien laissez-en une bonne longueur que vous pourrez ensuite rentrer dans le travail.

Le point de croix

Prenez comme repère les rangs et les mailles et travaillez sur un ou plusieurs d'entre eux. Après avoir piqué l'aiguille et le fil dans le tricot, formez un point en diagonale, vers le haut et la gauche. Continuez ainsi, de droite à gauche, pour compléter le rang. Puis revenez en arrière en brodant toujours des points en diagonale pour former des croix de gauche à droite comme sur le dessin.

Le point de tige

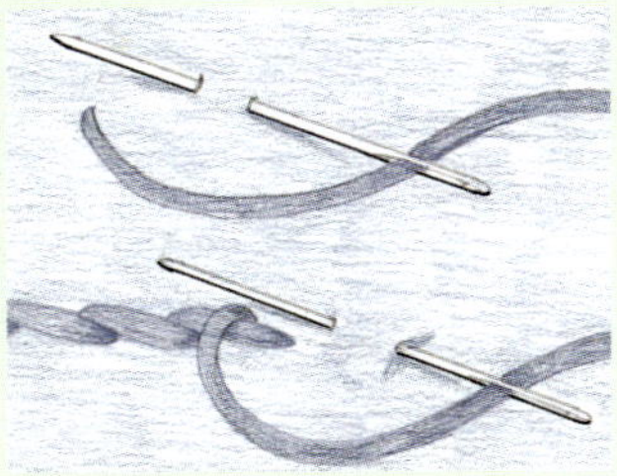

Passez l'aiguille sur l'endroit, puis piquez-la comme sur le schéma, légèrement en biais. Ressortez-la et continuez à broder des points courts et un peu en biais, toujours de gauche à droite.

Le point de nœud

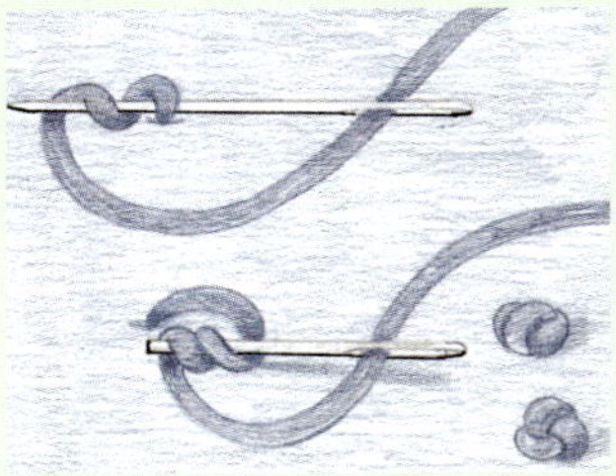

Passez l'aiguille sur l'endroit, puis enroulez deux fois le fil autour d'elle. Le fil bien serré autour de l'aiguille, repiquez celle-ci tout près de là d'où sortait le fil et tirez doucement. Sortez l'aiguille un peu plus loin pour broder le point suivant.

Le point de gribiche

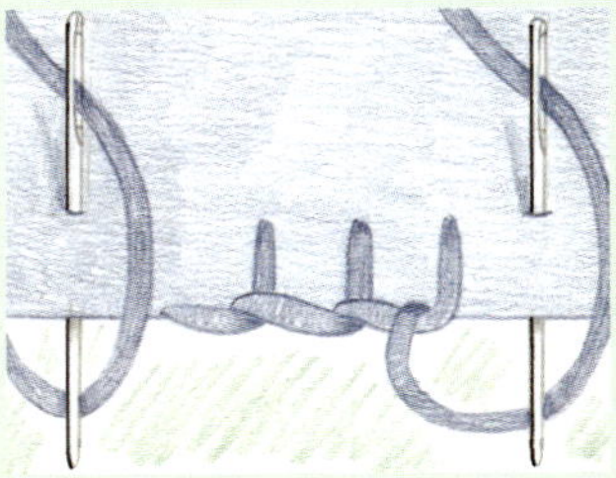

Attachez le fil à la lisière du tricot. Piquez l'aiguille dans le tricot de l'avant vers l'arrière, près de la lisière, et faites-la ressortir sous la lisière en faisant passer le fil sous sa pointe. Tirez sur le fil, puis repiquez l'aiguille de la même façon, en laissant un petit espace entre les points, avant de la faire ressortir sous la lisière, le fil passant sous sa pointe. Continuez de la sorte le long de la bordure.

Le passé plat

Sortez l'aiguille et le fil, puis brodez des points parallèles collés les uns aux autres, qui pourront être horizontaux, verticaux ou en biais selon l'effet recherché. Ne tirez pas trop sur le fil pour ne pas déformer le tricot.

Le point de maille

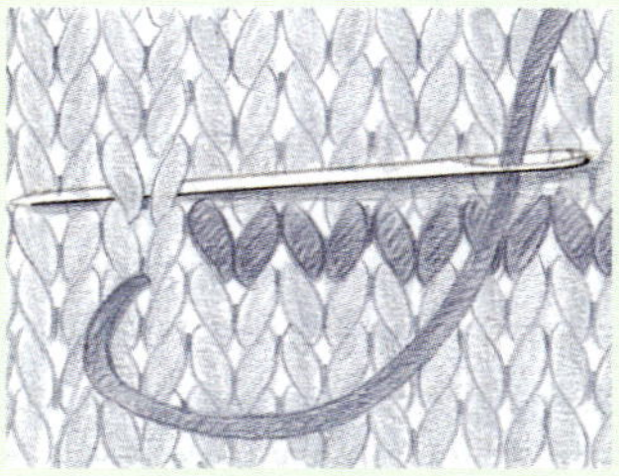

1 Enfilez dans une aiguille à bout rond un fil de même densité que celui du tricot, et piquez cette aiguille à la base de la première maille que vous souhaitez broder, avant de la repiquer sous la base de la maille du dessus.

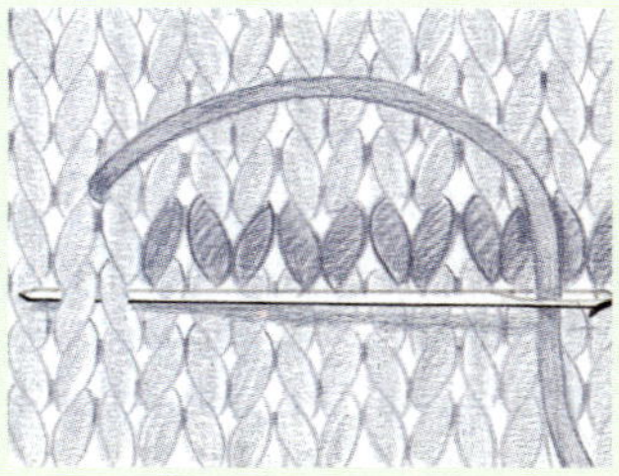

2 Repiquez votre aiguille dans la base de la première maille et faites-la ressortir à la base de la maille suivante. Continuez ainsi pour les points suivants.

Notions de broderie

Si vous n'osez pas tricoter plusieurs couleurs à la fois, vous pouvez en apporter à votre tricot à l'aide d'éléments brodés. Certaines techniques de points sont données pp.152-153, et vous trouverez ici quelques idées.

Agrémenter un vêtement tricoté

La broderie est l'un des moyens que je préfère pour agrémenter mes tricots. Une veste toute simple peut être véritablement transformée à l'aide d'un ou plusieurs motifs brodés sur un col ou une poche. Les broderies peuvent égayer un tricot un peu triste, ou même le rendre plus actuel. J'apprécie particulièrement les broderies sur un fond contrasté, par exemple des couleurs vives sur un tweed rustique ou sur un denim bleu délavé (*voir veste en jean brodée p. 161*).
Broder votre tricot peut également représenter un moyen d'ajouter de la couleur à un vêtement si l'on débute dans le tricot et que l'on ne se sent pas tout à fait prêt à s'attaquer à des grands motifs de couleurs. Sur l'un de mes premiers ouvrages, un petit gilet blanc tout simple pour un bébé, j'ai brodé des petites abeilles sur le col et sur les poignets qui se sont révélées fort décoratives. Les motifs brodés peuvent également constituer un rappel des motifs tricotés. J'ai chez moi une armoire remplie de motifs de tricot datant des années 1940 et 1950, dont pas mal de variantes de motifs tyroliens, où les broderies ont été faites par rapport à des motifs de torsades tricotés. Sur l'échantillon ci-dessous, j'ai inséré un simple point de croix dans un motif Fair Isle avec une subtile harmonie de couleurs bleu roi, crème et marron clair.

Trouver des idées

Je trouve souvent des idées en étudiant les détails brodés sur de vieux tissus chinés dans des friperies et des brocantes. Récemment, je suis rentrée du quartier chinois les bras chargés de véritables trésors : des pantoufles, des sacs et des petits chaussons en soie pour bébé délicatement brodés.
J'ai la chance de vivre dans un quartier très ethnique de Londres, dont les boutiques exposent dans leurs vitrines de merveilleux tissus ouvragés.

On peut aussi effectuer des broderies au point de mailles en suivant le dessin des mailles. Je me suis inspirée d'édredons américains et de pièces datant du XVIIe siècle pour confectionner des tricots où j'ai combiné couleurs et matières. Pour que les couleurs ne soient pas étouffées par les matières, j'ai préféré les broder au point de mailles plutôt que de les tricoter, car cela les fait mieux ressortir.

Lors d'un récent voyage aux États-Unis, j'ai eu la chance d'être invitée à visiter une exposition qui mettait en scène l'une des premières colonies européennes à s'être installées sur la côte Est. Celle-ci vise principalement à aider ceux qui produisent des films se déroulant à cette époque à rester fidèles à la manière dont les gens s'habillaient, et je fus émerveillée de trouver parmi les vêtements exposés un début de broderie fort délicat sur un bonnet d'enfant tricoté.

Convertir une idée en un motif original

Les smocks que je propose p. 157 pour un enfant sont nés de l'intérêt que je porte à l'histoire du vêtement en Grande-Bretagne. J'ai toujours été fascinée par les vêtements traditionnels, et ma grand-mère m'a raconté un jour que les fermiers en portaient dans les années 1920 pour se rendre à l'église, le nombre de broderies sur leurs smocks symbolisant leur statut et leur richesse. Les détails que j'ai ajoutés à mes smocks tricotés en sont un rappel, ainsi que l'empiècement ouvragé, les manches et le col carré. Vous serez heureux, j'en suis sûre, de constater qu'au lieu de resserrer le tricot uniquement par des broderies, j'ai fabriqué de faux smocks en utilisant un point de broderie simple sur le croisement d'un motif en losange.

Influencée par les broderies remarquables des bohémiens hongrois que j'ai pu côtoyer, je me suis essayée à des broderies plus complexes sur la veste en jersey p. 161, en essayant lui apporter un air folklorique et campagnard *(ci-dessous, à droite)*. Le fait que tout le monde peut s'y essayer, car les points brodés n'ont nul besoin d'être parfaits, rend ce travail fort attachant. En fait, je trouve même qu'il se dégage d'un ouvrage dont on voit bien qu'il est « fait main », dans le sens le plus noble du terme, une force et un charme qu'on ne retrouve pas dans un vêtement fait à la machine.

Un sac brodé très original

Le dernier ouvrage de ce chapitre me tient particulièrement à cœur. Pam Allen, qui est une brillante créatrice de tricots américaine, mais aussi l'une de mes meilleures amies, est venue me rendre visite récemment. Elle a donné un cours de motifs décoratifs brodés dans mon atelier, et nous a montré des échantillons de broderies sur tricot au dessin incroyablement délicat, qui étaient tous plus beaux les uns que les autres. Après cela, je ne pus tout simplement pas envisager de ne pas présenter dans mon livre son travail, qui est réellement d'une grande originalité. C'est donc avec bonheur que je la vis accepter de créer tout spécialement pour vous le sac brodé de la page 167.

Robe smockée

Inspirée d'un vêtement traditionnel à smocks des fermiers anglais du XIXe siècle, ce vêtement tricoté a un empiècement légèrement froncé qui lui donne une jolie forme en trapèze.

FOURNITURES

8 (9 – 10) pel. de 50 g de coton mercerisé
(100 % coton, 112 m./50 g) dans la couleur principale (M).
et 1 pel. dans une couleur contrastée.
2 aig. n° 3 et n° 3,5
1 aig. à torsades
6 (7 – 8) boutons

ÂGES ET MESURES

Âges	1	2	3	ans
Mesures du vêtement terminé				
Longueur à l'épaule	39	43	48	cm
Longueur des manches	24	26	28	cm

POINTS EMPLOYÉS

Point de riz : voir détails en cours de réalisation.
Jersey end. : [1 rg end., 1 rg env.].

ÉCHANTILLON

23 m. x 31 rgs = 10 cm tric. en jersey end. avec les aig. n° 3,5.

ABRÉVIATIONS

2CrD (2 m. croisées à droite) : en passant devant la 1re m., tric. la 2e à l'end. puis la 1re.
Laisser tomber les 2 m. de l'aig. **2CrG** (2 m. croisées à gauche) : en passant derrière la 1re m., tric. la 2e à l'end. puis la 1re.
Laisser tomber les 2 m. de l'aig. **1BG** (1 m. biaisée à gauche) : mettre la 1re m. sur une aig. à torsade placée devant.
Tric. la m. suiv. à l'env. puis la m. en attente à l'end.
1BD (1 m. biaisée à droite) : mettre la 1re m. en attente sur l'aig. à torsade placée derrière.
Tric. à l'end. la m. suiv. puis à l'env. la m. en attente.
Voir également p. 7.

DOS

Monter 105 (115 – 125) m. avec la couleur principale sur les aig. n° 3.
1er rg de point de riz (end. du trav.) : 1 m. end., * 1 m. env., 1 m. end. Reprendre à * jusqu'à la fin du rg.
Répéter ce rg 5 autres fs, en term. par 1 rg sur l'env.
Prendre les aig. n° 3,5, et en comm. par 1 rg end.
tric. en jersey end. jusqu'à 28 (31 – 35) cm de haut.tot., en term. par 1 rg sur l'end.
Rg suiv. (avec dim. – l'env. du trav.) : 2 (3 – 3) m. env., [2 m. ensemble à l'env., 2 m. env., 2 m. ensemble à l'env., 3 m. env.] 11 (12 – 13) fs, 2 m. ensemble à l'env., 2 (2 – 3) m. env. = 82 (90 – 98) m.

Empiècement

1er rg (end. du trav.) : 4 m. env., [2CrG, 6 m. env.], répéter jusqu'aux 6 dernières m., 2CrG, 4 m. env.
2e rg : 3 m. end., [1BG, 1BD, 4 m. end.], répéter jusqu'aux 7 dernières m., 1BG, 1BD, 3 m. end.
3e rg : 2 m. env., [1BD, 2 m. env., 1BG, 2 m. env.] répéter jusqu'à la fin.
4e rg : 1 m. end., [1BG, 4 m. end., 1BD] répéter jusqu'à la dernière m., 1 m. end.
5e rg : 1 m. env., 1 m. end., [6 m. env., 2CrD] répéter jusqu'aux 8 dernières m., 6 m. env., 1 m. end., 1 m. env.
6e rg : 1 m. end., [1BD, 4 m. end., 1BG] répéter jusqu'à la dernière m., 1 m. end.
7e rg : 2 m. env., [1BG, 2 m. env., 1BD, 2 m. env.] répéter jusqu'à la dernière m.
8e rg : 3 m. end., [1BD, 1BG, 4 m. end.] répéter jusqu'aux 7 dernières m., 1BD, 1BG, 3 m. end.
Ces 8 derniers rgs mettent en place le point de l'empiècement.
Cont. ainsi jusqu'à 39 (43 – 48) cm de haut. tot., en term. par 1 rg sur l'end.

Encolure et épaules

En cont. à former le point comme précédemment, partager le trav. pour l'encolure :
Rg suiv. (env. du trav.) : tric. 30 (33 – 36) m., rab. les 22 (24 – 26) m. suiv. pour l'encolure, tric. jusqu'à la fin du rg.
Cont. sur ces dernières m. pour le 1er côté de l'encolure.
Rab. 8 (9 – 10) m. au début du rg suiv. puis 3 m. après 2 rgs en term. par 1 rg sur l'env.
Répéter ces 2 rgs encore 1 fs. Rab. les 8 (9 – 10) m. rest.
En trav. sur l'end., reprendre les m. en attente et tric. le 2e côté en vis-à-vis du 1er.

DEVANT GAUCHE

Monter 59 (65 – 71) m. sur les aig. n° 3 en couleur M.
1er rg de point de riz (end. du trav.) : 1 m. end., * 1 m. env., 1 m. end. Reprendre à * jusqu'à la fin du rg.
Répéter ce rg 5 autres fs, en term. par 1 rg sur l'env.
Prendre les aig. n° 3,5, et cont. ainsi en jersey end. avec la bande de boutonnage au point de riz :
Rg suiv. (end. du trav.) : tric. à l'end. jusqu'aux 4 dernières m., 4 m. point de riz.
Rg suiv. : 4 m. point de riz, tric. à l'env. jusqu'à la fin du rg.
Répéter ces 2 rgs jusqu'à la haut. de l'empiècement, en term. par un rg sur l'end.
Rg suiv. (avec dim. – l'end. du trav.) : 4 m. point de riz, [2 m. ensemble à l'env., 2 m. env.] répéter jusqu'aux 3 (9 – 15) dernières m., [2 m. ensemble à l'env., 1 m. env.] 1 (3 – 5) fs = 45 (49 – 53) m.

Empiècement

1er rg (end. du trav.) : 4 m. env., [2CrG, 6 m. env.] répéter jusqu'aux 9 (13 – 9) dernières m., 2CrG, 3 (6 – 3) m. env., 0 (1-0) m. end., 4 m. point de riz.

2ᵉ rg : 4 m. point de riz, [1BD] 0 (1- 0) fs, 2 (4 – 2) m. end., [1BG, 1BD, 4 m. end.] répéter jusqu'aux 7 dernières m., 1BG, 1BD, 3 m. end.
3ᵉ rg : 2 m. env., [1BD, 2 m. env., 1BG, 2 m. env.] répéter jusqu'aux 11 (7 – 11) dernières m., [1BD, 2 m. env., 1BG, 1 m. env.] 1 (0 – 1) fs, [1BD, 1 m. env.] 0 (1 – 0) fs, 4 m. point de riz.
4ᵉ rg : 4 m. point de riz, [2 m. end., 1BD] 0 (1 – 0) fs, [1BG, 4 m. end., 1BD] répéter jusqu'à la dernière m., 1 m. end.
5ᵉ rg : 1 m. env., 1 m. end., [6 m. env., 2CrD] répéter jusqu'aux 11 (7 – 11) dernières m., 6 (3 – 6) m. env., 1 (0 – 1) m. end., 4 m. point de riz.
6ᵉ rg : 4 m. point de riz, [2 m. end., 1BG] 0 (1 – 0) fs, [1BD, 4 m. end., 1BG] répéter jusqu'à la dernière m., 1 m. end.
7ᵉ rg : 2 m. env., [1BG, 2 m. env., 1BD, 2 m. env.] répéter jusqu'aux 11 (7 – 11) dernières m., 1BG, 2 (1 – 2) m. env., [1BD, 1 m. env.] 1 (0 – 1) fs, 4 m. point de riz.
8ᵉ rg : 4 m. point de riz, [1BG] 0 (1 – 0) fs, 2 (4 – 2) m. end., [1BD, 1BG, 4 m. end.] répéter jusqu'aux 7 dernières m., 1BD, 1BG, 3 m. end. Ces 8 derniers rgs mettent en place le point de l'empiècement. Cont. ainsi jusqu'à 36 (39 – 43) cm de haut. tot., en term. par 1 rg sur l'end.

Encolure
En cont. à former le point, rab. 11 (12 – 13) m. au début du rg suiv. puis ts les 2 rgs 2 fs 4 m., en term. par 1 rg sur l'env. = 26 (29 – 32) m.
Dim. 1 m. côté encolure aux 2 rgs suiv. = 24 (27 – 30) m.
Cont. droit jusqu'à la haut. de l'épaule, en term. côté emmanch.
Épaule
Rab. 8 (9 – 10) m. au début du rg suiv. puis de nouveau après 2 rgs.
Tric. 1 rg droit.
Rab. les 8 (9 – 10) m. rest.
Repérer l'emplacement des boutonnières par des épingles sur la bordure, la 1ʳᵉ à 16 cm du bas, la dernière à 0,5 cm de l'encolure, les 4 (5 – 6) autres régulièrement réparties.

DEVANT DROIT
Monter 59 (65 – 71) m. avec la couleur principale sur les aig. n° 3
1ᵉʳ rg de point de riz (end. du trav.) : 1 m. end., * 1 m. env., 1 m. end. Reprendre à * jusqu'à la fin du rg.
Répéter ce rg 5 autres fs, en term. par 1 rg sur l'env.
Prendre les aig. n° 3,5, et cont. ainsi en jersey end. avec la bande de boutonnières au point de riz.
Rg suiv. (end. du trav.) : 4 m. point de riz, tric. à l'end. jusqu'à la fin du rg.
Rg suiv. : tric. à l'env. jusqu'aux 4 dernières m., 4 m. point de riz.
Répéter ces 2 derniers rgs jusqu'à 16 cm de haut. tot., en term. par 1 rg sur l'env.
Former ainsi la 1ʳᵉ boutonnière en respectant la disposition des points :
Rg suiv. (avec boutonnière – end. du trav.) : 2 m. point de riz, 1 jeté, 2 m. ensemble, term. le rg.
Cont. en jersey end. et point de riz en formant les boutonnières au niveau des repères jusqu'à haut. de l'empiècement, en term. par 1 rg sur l'end.
Rg suiv. (avec dim. – sur l'end. du trav.) : [1 m. env., 2 m. ensemble à l'env.] 1 (3 – 5) fs, [2 m. env., 2 m. ensemble à l'env.] répéter jusqu'aux 4 dernières m., 4 m. point de riz.
Empiècement
1ᵉʳ rg (end. du trav.) : 4 m. point de riz, 0 (1 – 0) m. end., 3 (6 – 3) m. env., 2CrG, [6 m. env., 2CrG] répéter jusqu'aux 4 dernières m., 4 m. env.
2ᵉ rg : 3 m. end., 1BG, 1BD, [4 m. end., 1BG, 1BD] répéter jusqu'aux 6 (10 – 6) dernières m., 2 (4 – 2) m. end., [1BG] 0 (1 – 0) fs, 4 m. point de riz.
Ces 2 rgs mettent en place le point de l'empiècement.
Term. le devant droit en vis-à-vis du gauche, sans oublier les boutonnières.

MANCHES
Monter 34 (42 – 50) m. avec la couleur principale sur les aig. n° 3.
Pour le poignet, tric. 9 rgs comme pour l'empiècement du dos.
Prendre les aig. n° 3,5 et cont. en jersey end.
Rg suiv. (env. du trav.) : 3 m. env., 1 augm., * 4 m. env., 1 augm., [2 m. env., 1 augm.] 2 fs, reprendre à * jusqu'aux 7 dernières m., 4 m. env., 1 augm., [2 m. env., 1 augm.] 1 (0 – 1) fs, 1 (3 – 1) m. env. = 46 (56 – 68) m.
Cont. en jersey end. en augm. 1 m. à ch. extrémité ts les 4 rgs jusqu'à 68 (82 – 96) m., en term. par 1 rg sur l'end.
Tric. 5 (3 – 5) rgs droits, en term. par 1 rg sur l'env.
Comm. le point de l'empiècement sur le rg suiv. :
Rg suiv. (end. du trav.) : 17 (20 – 23) m. end., tric. comme pour l'empiècement du dos sur les 34 (42 – 50) m. suiv., 17 (20 – 23) m. end.
Rg suiv. : 17 (20 – 23) m. env., tric. le 2ᵉ rg de l'empiècement du dos, 17 (20 – 23) m. env.
Tric. encore 15 rgs.
Rab.

COL
Monter 59 (67 – 75) m. avec la couleur principale sur les aig. n° 3.
1ᵉʳ rg de point de riz (end. du trav.) : 1 m. end., * 1 m. env., 1 m. end. reprendre à * jusqu'à la fin du rg.
Répéter ce rg 5 autres fs, en term. par 1 rg sur l'env.
Prendre les aig. n° 3,5 et cont. ainsi :
1ᵉʳ rg (end. du trav.) : 2 m. point de riz, 4 m. env., 2CrG, 4 m. env., 35 (43 – 51) m. end., 4 m. env., 2CrG, 4 m. env., 2 m. point de riz.
2ᵉ rg : 2 m. point de riz, 3 m. end., 1BG, 1BD, 3 m. end., 35 (43 – 51) m. env., 3 m. end., 1BG, 1BD, 3 m. end., 2 m. point de riz.
3ᵉ rg : 2 m. point de riz, 2 m. env., 1BD, 2 m. env., 1BG, 2 m. env., 35 (43 – 51) m. end., 2 m. env., 1BD, 2 m. env., 1BG, 2 m. env., 2 m. point de riz.

4e rg : 2 m. point de riz, 1 m. end., 1BG, 4 m. end., 1BD, 1 m. end., 35 (43 – 51) m. env., 1 m. end., 1BG, 4 m. end., 1BD, 1 m. end., 2 m. point de riz.
5e rg : 2 m. point de riz, 1 m. env., 1 m. end., 6 m. env., 1 m. end., 1 m. env., 35 (43 – 51) m. end., 1 m. env., 1 m. end., 6 m. env., 1 m. end., 1 m. env., 2 m. point de riz.
6e rg : 2 m. point de riz, 1 m. end., 1BD, 4 m. end., 1BG, 1 m. end., 35 (43 – 51) m. env., 1 m. end., 1BD, 4 m. end., 1BG, 1 m. end., 2 m. point de riz.
7e rg : 2 m. point de riz, 2 m. env., 1BG, 2 m. env., 1BD, 2 m. env., 35 (43 – 51) m. end., 2 m. env., 1BG, 2 m. env., 1BD, 2 m. env., 2 m. point de riz.
8e rg : 2 m. point de riz, 3 m. end., 1BD, 1BG, 3 m. end., 35 (43 – 51) m. env., 3 m. end., 1BD, 1BG, 3 m. end., 2 m. point de riz.
Ces 8 rgs mettent en place les points du col.
Tric. encore 19 (23 – 27) rgs en term. par 1 rg sur l'end.

Encolure
En respectant la disposition des points, partager ainsi le trav.
Rg suiv. (env. du trav.) : tric. 20 (23 – 26) m., rab. les 19 (21 – 23) m. suiv. pour l'encolure, term. le rg.
Cont. sur ces dernières m. pour le 1er côté de l'encolure, en dim. 1 m. côté encolure aux 4 rgs suiv. Tric. 8 rgs droits.
Aug. 1 m. côté encolure aux 6 rgs suiv.
Tric. 1 rg droit, en term. côté encolure.
Rg suiv. : ajouter 7 (8 – 9) m. puis tric. 1 m. end., 1 m. env., tric. à l'env. jusqu'à la fin du rg = 29 (33 – 37) m.
Rg suiv. : tric. en respectant les points jusqu'aux 2 dernières m., 1 m. env., 1 m. end.
Tric. encore 16 (20 – 24) rgs.
Tric. 6 rgs au point de riz sur toutes les m.
Rab. en tric. les m. au point de riz.
En trav. sur l'end., reprendre les m. en attente et tric. le 2e côté en vis-à-vis du 1er.

MONTAGE

Coudre les épaules. Monter les manches en alignant le milieu sur la couture des épaules. Fermer les manches et les côtés.
Monter le col. Coudre les boutons.

Broderie
Avec le fil de couleur contrastée, broder les smocks sur le corps, le haut des manches et le col en faisant 2 points arrière par-dessus tous les 2CrG et 2CrD ainsi que sur les bords aux niveaux appropriés.

Plutôt que de couper le fil après chaque broderie, laissez le courir sur l'envers en vérifiant qu'il ne soit pas visible sur l'endroit et qu'il ne resserre pas le travail.

Veste brodée en denim

Une veste cintrée dans un fil denim légèrement passé est le support idéal pour une broderie de style folklorique. Le dos est fendu et le bas des manches est retourné comme les poignets d'une chemise.

FOURNITURES

15 (16 – 17) pel. de 50 g de coton denim (100 % coton, 93 m./50 g)
2 aig. n° 3,5 et n° 4
Pour la broderie : quelques aiguillées de laine (ou laine à tapisserie) rouge, rouille, bleu clair, blanche, vert clair et vert foncé
8 boutons

TAILLES ET MESURES

Tour de poitrine	82	86	92	cm
Mesures du vêtement terminé (après lavage)				
Largeur (dos + devant)	101	105	109	cm
Longueur à l'épaule	54	56	58	cm
Longueur des manches (sans le revers)	42	43	44	cm

POINTS EMPLOYÉS

Jersey end. : [1 rg end., 1 rg env.].
Point de riz : voir détails en cours de réalisation.

ÉCHANTILLON AVANT LAVAGE

Voir les informations de base sur le denim p. 9.
20 m. et 28 rgs = 10 cm tric. en jersey end. avec les aig. n° 4.

ABRÉVIATIONS

DD (= double diminution) : glisser 2 m. sur l'aig. droite en les prenant comme pour les tric. ensemble à l'end., tric. 1 m. end. puis rab. les 2 m. glissées par dessus la m. obtenue.
Voir également p. 7.

DOS

Le dos qui a une fente au milieu est tric. en 2 parties jusqu'en haut de la fente avant de les réunir.

Côté droit

Monter 53 (55 – 57) m. sur les aig. n° 3,5.
1er rg du point de riz (env. du trav.) : 1 m. end., * 1 m. env., 1 m. end. Reprendre à * jusqu'à la fin du rg.
Répéter ce rg 6 autres fs.
Prendre les aig. n° 4 et cont. en jersey end. avec bordure de la fente au point de riz :
Rg suiv. (end. du trav.) : à l'end. jusqu'aux 4 dernières m., [1 m. env., 1 m. end.] 2 fs.
Rg suiv. : [1 m. end., 1 m. env.] 2 fs, 1 m. end.
Tric. à l'env. jusqu'à la fin du rg.
Répéter ces 2 derniers rgs 15 autres fs, en term. par 1 rg sur l'env.
Rg suiv. (end. du trav.) : à l'end. jusqu'aux 5 dernières m., rab. ces 5 m. Couper le fil.
Laisser les 48 (50 – 52) m. rest. en attente sur une aig.

Côté gauche

Monter 53 (55 – 57) m. sur les aig. n° 3,5.
1er rg du point de riz (env. du trav.) : 1 m. end., * 1 m. env., 1 m. end. Reprendre à * jusqu'à la fin du rg.
Répéter ce rg 6 autres fs.
Prendre les aig. n° 4 et cont. en jersey end. avec bordure de la fente au point de riz :
Rg suiv. (end. du trav.) : [1 m. end., 1 m. env.] 2 fs, tric. à l'end. jusqu'à la fin du rg.
Rg suiv. : tric. à l'env. jusqu'aux 5 dernières m., 1 m. end., [1 m. env., 1 m. end.] 2 fs.
Répéter ces 2 rgs 15 autres fs en term. par 1 rg sur l'env.
Rg suiv. (end. du trav.) : [1 m. end., 1 m. env.] 2 fs, tric. à l'end. jusqu'à la fin du rg.

Mise en place des 2 moitiés

Réunir les 2 moitiés sur le rg suiv. :
Rg suiv. (env. du trav.) : avec la face env. du trav. sur l'avant, tric. à l'env. les m. du côté gauche puis les m. du côté droit = 101 (105 – 109) m.

Façonnage du dos

En trav. en jersey end., façonner le dos :
Rg suiv. (end. du trav.) : 24 (25 – 26) m. end., 1DD, 47 (49 – 51) m. end., 1DD, 24 (25 – 26) m. end. = 97 (101 – 105) m.
Tric. 3 rgs droits.
Rg suiv. : 23 (24 – 25) m. end., 1DD, 45 (47 – 49) m. end., 1DD, 23 (24 – 25) m. end. = 93 (97 – 101) m.
Tric. 3 rgs droits.
Rg suiv. : 22 (23 – 24) m. end., 1DD, 43 (45 – 47) m. end., 1DD, 22 (23 – 24) m. end. = 89 (93 – 97) m.
Tric. 3 rgs droits.
Rg suiv. : 21 (22 – 23) m. end., 1DD, 41 (43 – 45) m. end., 1DD, 21 (22 – 23) m. end. = 85 (89 – 93) m.
Tric. 3 rgs droits.
Rg suiv. : 20 (21 – 22) m. end., 1DD, 39 (41 – 43) m. end., 1DD, 20 (21 – 22) m. end. = 81 (85 – 89) m.
Tric. 3 rgs droits.
Rg suiv. : 19 (20 – 21) m. end., 1DD, 37 (39 – 41) m. end., 1DD, 19 (20 – 21) m. end. = 77 (81 – 85) m.
Tric. 3 rgs droits.
Rg suiv. : 18 (19 – 20) m. end., 1DD, 35 (37 – 39) m. end., 1DD, 18 (19 – 20) m. end. = 73 (77 – 81) m.
Tric. 3 rgs droits.
Rg suiv. : 17 (18 – 19) m. end., 1DD, 33 (35 – 37) m. end., 1DD, 17 (18 – 19) m. end. = 69 (73 – 77) m.
Tric. 3 (5 – 7) rgs droits.
Rg suiv. : 17 (18 – 19) m. end., 1 augm., 1 m. end., 1 augm., 33 (35 – 37) m. end., 1 augm., 1 m. end., 1 augm., 17 (18 – 19) m. end. = 73 (77 – 81) m.
Tric. 3 rgs droits.
Rg suiv. : 18 (19 – 20) m. end., 1 augm., 1 m. end., 1 augm., 35 (37 – 39) m. end., 1 augm., 1 m. end., 1 augm.,

18 (19 – 20) m. end. = 77 (81 – 85) m.
Tric. 3 rgs droits.
Rg suiv. : 19 (20 – 21) m. end., 1 augm., 1 m. end., 1 augm., 37 (39 – 41) m. end., 1 augm., 1 m. end., 1 augm., 19 (20 – 21) m. end. = 81 (85 – 89) m.
Tric. 3 rgs droits.
Rg suiv. : 20 (21 – 22) m. end., 1 augm., 1 m. end., 1 augm., 39 (41 – 43) m. end., 1 augm., 1 m. end., 1 augm., 20 (21 – 22) m. end. = 85 (89 – 93) m.
Tric. 3 rgs droits.
Rg suiv. : 21 (22 – 23) m. end., 1 augm., 1 m. end., 1 augm., 41 (43 – 45) m. end., 1 augm., 1 m. end., 1 augm., 21 (22 – 23) m. end. = 89 (93 – 97) m.
Tric. 3 rgs droits.
Rg suiv. : 22 (23 – 24) m. end., 1 augm., 1 m. end., 1 augm., 43 (45 – 47) m. end., 1 augm., 1 m. end., 1 augm., 22 (23 – 24) m. end. = 93 (97 – 101) m.
Tric. 3 rgs droits.
Rg suiv. : 23 (24 – 25) m. end., 1 augm., 1 m. end., 1 augm., 45 (47 – 49) m. end., 1 augm., 1 m. end., 1 augm., 23 (24 – 25) m. end. = 97 (101 – 105) m.
Tric. 3 rgs droits.
Rg suiv. : 24 (25 – 26) m. end., 1 augm., 1 m. end., 1 augm., 47 (49 – 51) m. end., 1 augm., 1 m. end., 1 augm., 24 (25 – 26) m. end. = 101 (105 – 109) m.
Cont. droit jusqu'à 42 (43 – 44) cm de haut. tot., en term. par 1 rg sur l'env.

Emmanchures

Rab. 7 (8 – 9) m. au début des 2 rgs suiv. puis ts les 2 rgs 2 fs 2 m.
Dim. 1 m. à ch. extrémité du rg suiv. puis ts les 2 rgs 2 fs = 73 (75 – 77) m.
Cont. droit jusqu'à 67 (69 – 71) cm de haut. tot., en term. par 1 rg sur l'env.

Épaules

Rab. 11 m. au début des 4 rgs suiv.
Rab. les 29 (31 – 33) m. rest.

DEVANT GAUCHE

Monter 53 (55 – 57) m. sur les aig. n° 3,5.
1er rg de point de riz (env. du trav.) : 1 m. end., * 1 m. env., 1 m. end. Reprendre à * jusqu'à la fin du rg.
Répéter ce rg 6 autres fs.
Prendre les aig. n° 4 et cont. en jersey end. avec bande de boutonnage au point de riz :
Rg suiv. (end. du trav.) : à l'end. jusqu'aux 4 dernières m., [1 m. env., 1 m. end.] 2 fs.
Rg suiv. : [1 m. end., 1 m. env.] 2 fs, 1 m. end.
Tric. à l'env. jusqu'à la fin du rg.
Ces 2 rgs mettent en place les points.

Ne vous inquiétez pas si la broderie n'est pas trop régulière. Les motifs en tireront leur propre charme et leur originalité.

Tric. encore 32 rgs en term. par 1 rg sur l'env.

Façonnage du devant gauche

Cont. en respectant la disposition des points et en trav. ainsi pour la mise en forme :
Rg suiv. (end. du trav.) : 24 (25 – 26) m. end., 1DD, 22 (23 – 24) m. end., [1 m. env., 1 m. end.] 2 fs = 51 (53 – 55) m.
Tric. 3 rgs droits.
Rg suiv. : 23 (24 – 25) m. end., 1DD, 21 (22 – 23) m. end., [1 m. env., 1 m. end.] 2 fs = 49 (51 – 53) m.
Tric. 3 rgs droits.
Rg suiv. : 22 (23 – 24) m. end., 1DD, 20 (21 – 22) m. end., [1 m. env., 1 m. end.] 2 fs = 47 (49 – 51) m.
Tric. 3 rgs droits.
Rg suiv. : 21 (22 – 23) m. end., 1DD, 19 (20 – 21) m. end., [1 m. env., 1 m. end.] 2 fs = 45 (47 – 49) m.
Tric. 3 rgs droits.
Rg suiv. : 20 (21 – 22) m. end., 1DD, 18 (19 – 20) m. end., [1 m. env., 1 m. end.] 2 fs = 43 (45 – 47) m.
Tric. 3 rgs droits.
Rg suiv. : 19 (20 – 21) m. end., 1DD, 17 (18 – 19) m. end., [1 m. env., 1 m. end.] 2 fs = 41 (43 – 45) m.
Tric. 3 rgs droits.
Rg suiv. : 18 (19 – 20) m. end., 1DD, 16 (17 – 18) m. end., [1 m. env., 1 m. end.] 2 fs = 39 (41 – 43) m.
Tric. 3 rgs droits.
Rg suiv. : 17 (18 – 19) m. end., 1DD, 15 (16 – 17) m. end., [1 m. env., 1 m. end.] 2 fs = 37 (39 – 41) m.
Tric. 3 (5 – 7) rgs droits.
Rg suiv. : 17 (18 – 19) m. end., 1 augm., 1 m. end., 1 augm., 15 (16 – 17) m. end., [1 m. env., 1 m. end.] 2 fs = 39 (41 – 43) m.
Tric. 3 rgs droits.
Rg suiv. : 18 (19 – 20) m. end., 1 augm., 1 m. end., 1 augm., 16 (17 – 18) m. end., [1 m. env., 1 m. end.] 2 fs = 41 (43 – 45) m.
Tric. 3 rgs droits.
Rg suiv. : 19 (20 – 21) m. end., 1 augm., 1 m. end., 1 augm., 17 (18 – 19) m. end., [1 m. env., 1 m. end.] 2 fs = 43 (45 – 47) m.
Tric. 3 rgs droits.
Rg suiv. : 20 (21 – 22) m. end., 1 augm., 1 m. end., 1 augm., 18 (19 – 20) m. end., [1 m. env., 1 m. end.] 2 fs = 45 (47 – 49) m.
Tric. 3 rgs droits.
Rg suiv. : 21 (22 – 23) m. end., 1 augm., 1 m. end., 1 augm., 19 (20 – 21) m. end., [1 m. env., 1 m. end.] 2 fs = 47 (49 – 51) m.
Tric. 3 rgs droits.
Rg suiv. : 22 (23 – 24) m. end., 1 augm., 1 m. end., 1 augm., 20 (21 – 22) m. end., [1 m. env., 1 m. end.] 2 fs = 49 (51 – 53) m.
Tric. 3 rgs droits.
Rg suiv. : 23 (24 – 25) m. end., 1 augm., 1 m. end., 1 augm., 21 (22 – 23) m. end., [1 m. env., 1 m. end.] 2 fs = 51 (53 – 55) m.
Tric. 3 rgs droits.
Rg suiv. : 24 (25 – 26) m. end., 1 augm., 1 m. end., 1 augm., 22 (23 – 24) m. end., [1 m. env., 1 m. end.] 2 fs = 53 (55 – 57) m.
Tric. droit jusqu'à la haut. de l'emmanch., en term. par 1 rg sur l'env., côté emmanch.

Emmanchure
Rab. 7 (8 – 9) m. au début du rg suiv.
Rab. ts les 2 rgs 2 fs 2 m. côté emmanch.
Rab. ts les 2 rgs 3 fs 1 m. côté emmanch. = 39 (40 – 41) m.
Cont. droit jusqu'à 58 (59 – 60) cm de haut. tot., en term. par 1 rg sur l'end.
Encolure
Rab. 4 m. au début du rg suiv.
Tric. 1 rg droit.
Rab. 4 m. au début du rg suiv.
Dim. 1 m. côté encolure aux 5 rgs suiv. puis ts les 2 rgs jusqu'à ce qu'il reste 22 m.
Tric. droit jusqu'à haut. de l'épaule, en term. par 1 rg sur l'env., côté emmanch.
Épaule
Rab. 11 m. au début du rg suiv.
Tric. 1 rg droit.
Rab. 11 m. au début du rg suiv.
Repérer l'emplacement des boutonnières par des épingles sur la bordure : la 1re à 2 cm du bas, la dernière à 1 cm de l'encolure, les 6 autres régulièrement réparties.

DEVANT DROIT

Monter 53 (55 – 57) m. sur les aig. n° 3,5.
1er rg de point de riz : 1 m. end., * 1 m. env., 1 m. end.
Reprendre à * jusqu'à la fin du rg.
Former ainsi les boutonnières au niveau de chaque repère :
Rg avec boutonnière (end. du trav.) : 1 m. end., 1 m. env., 2 m. ensemble à l'end., 1 jeté, 1 m. end. Term. le rg.
Simultanément, cont. le devant droit comme suit :
Répéter le 1er rg du point de riz 6 autres fs.
Prendre les aig. n° 4 et tric. en jersey end. avec bordure à boutonnières au point de riz :
Rg suiv. (end. du trav.) : [1 m. end., 1 m. env.] 2 fs, tric. à l'end. jusqu'à la fin du rg.
Rg suiv. : tric. à l'env. jusqu'aux 5 dernières m., 1 m. end., [1 m. env., 1 m. end.] 2 fs.
Ces 2 rgs mettent les points en place, jersey end. avec bordure de 5 m. point de riz.
Tric. encore 32 rgs, en term. par 1 rg sur l'env.
Façonnage du devant droit
En respectant la disposition des points trav. ainsi :
Rg suiv. (end. du trav.) : [1 m. end., 1 m. env.] 2 fs, 22 (23 – 24) m. end., 1DD, 24 (25 – 26) m. end. = 51 (53 – 55) m.
Tric. 3 rgs droits.
Cont. le devant droit en vis-à-vis du devant gauche, sans oublier les boutonnières au niveau des repères.

MANCHES

Le revers est fendu au milieu, aussi est-il tric. en 2 parties sur la hauteur de la fente avant qu'elles ne soient réunies.

1re moitié du revers
Monter 24 (26 – 28) m. sur les aig. n° 3,5.
1er rg du point de riz : 1 m. end., * 1 m. env., 1 m. end.
Reprendre à * jusqu'à la fin du rg. Répéter ce rg 5 autres fs.
Rg suiv. (avec dim.) : tric. au point de riz jusqu'aux 2 dernières m., 2 m. ensemble. En respectant le point, tric. 5 rgs droits.
Rg suiv. (avec dim.) : tric. au point de riz jusqu'aux 2 dernières m., 2 m. ensemble.
Répéter ces 6 derniers rgs 1 autre fs = 21 (23 – 25) m.
Tric. encore 1 rg. Laisser en attente sur une aig.
2e moitié du revers
Monter 24 (26 – 28) m. sur les aig. n° 3,5.
1er rg du point de riz : 1 m. end., * 1 m. env., 1 m. end.
Reprendre à * jusqu'à la fin du rg. Répéter ce rg 5 autres fs.
Rg suiv. (avec dim.) : 2 m. ensemble, tric. au point de riz jusqu'aux 2 dernières m.
Tric. 5 rgs droits.
Rg suiv. (avec dim.) : 2 m. ensemble, tric. au point de riz jusqu'aux 2 dernières m.
Répéter ces 6 derniers rgs 1 autre fs = 21 (23 – 25) m.
Tric. encore 1 rg.
Réunion des 2 parties du revers
Rg suiv. : tric. au point de riz les 20 (22 – 24) premières m. de la 2e moitié puis tric. ensemble la dernière m. de ce morceau et la 1re m. du morceau suiv., tric. au point de riz les 20 (22 – 24) dernières m. de la 1re moitié = 41 (45 – 49) m.
Tric. encore 33 rgs au point de riz.
Prendre les aig. n° 4.
Tric. en jersey end. en augm. 1 m. à ch. extrémité du rg suiv. puis ts les 7 rgs jusqu'à 71 (77 – 83) m.
Tric. droit jusqu'à 61 (63 – 65) cm de haut. tot., en term. par 1 rg sur l'env.
Tête de manche
Rab. 7 (8 – 9) m. au début des 2 rgs suiv.
Rab. 2 m. au début des 2 rgs suiv.
Dim. 1 m. à ch. extrémité du rg suiv. puis ts les 4 rgs jusqu'à 33 (37 – 41) m.
Dim. 1 m. à ch. extrémité du 1er (3e – 3e) rg suiv.
Dim. 1 m. à ch. extrémité des 5 (5 – 7) rgs suiv.
Rab. 3 m. au début des 2 rgs suiv.
Rab. les 15 m. rest.

COL

Monter 83 (87 – 91) m. sur les aig. n° 3,5.
1er rg (end. du trav.) : 3 m. end., 1 m. env., * 1 m. end., 1 m. env.
Reprendre à * jusqu'aux 3 dernières m., 3 m. end.
2e rg : 1 m. end., 2 m. env., 2 m. end., * 1 m. env., 1 m. end.
Reprendre à * jusqu'aux 4 dernières m., 1 m. end., 2 m. env., 1 m. end.
3e rg (avec augm.) : 3 m. end., 1 m. env., 1 augm., tric. au point de riz jusqu'aux 4 dernières m., 1 augm., 1 m. env., 3 m. end.

4e rg : 1 m. end., 2 m. env., 1 m. end., tric. au point de riz jusqu'aux 4 dernières m., 1 m. end., 2 m. env., 1 m. end.
5e rg : 3 m. end., 1 m. env., tric. au point de riz jusqu'aux 4 dernières m., 1 m. env., 3 m. end.
6e rg (avec augm.) : 1 m. end., 2 m. env., 1 m. end., 1 augm., tric. au point de riz jusqu'aux 4 dernières m., 1 augm., 1 m. end., 2 m. env., 1 m. end.
7e rg : comme le 5e rg.
8e rg : comme le 4e rg.
Répéter du 3e au 8e rg 3 autres fs, puis encore 1 fs le 3e et le 4e rg.
Rab. en tric. les m. au point de riz.

MONTAGE

Coudre les épaules.
Laver toutes les épaules en suivant les instructions portées sur les bandes des pelotes et les conseils de la page 9.
Monter les manches. Coudre les côtés et les manches.
Coudre les boutons.
Coudre les m. rab. dans le dos pour la fente sur l'env.
Monter le col dans l'encolure, du milieu d'une bande de boutonnage au milieu de l'autre.

Broderie

Broder les motifs ci-dessous au passé plat, point de tige et point de nœud *(voir pp. 152-153 comment trav. ces points)*.

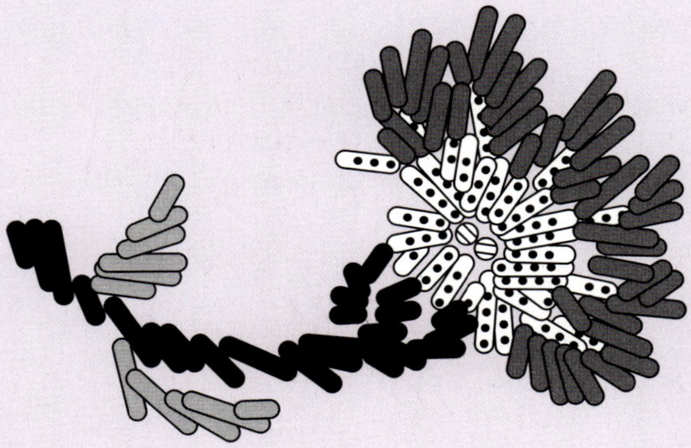

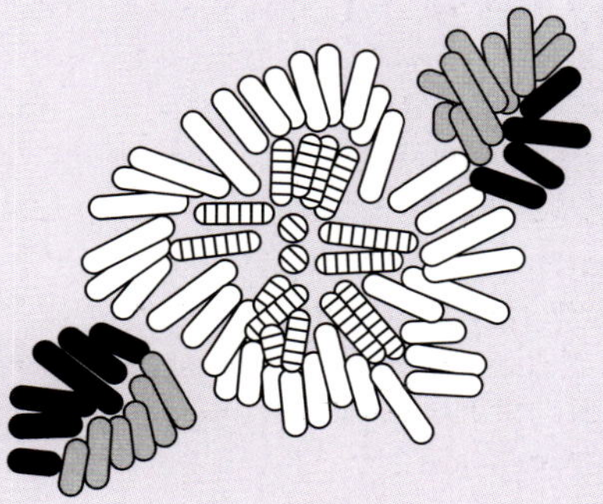

Légende

- Passé plat rouge
- Passé plat rouille
- Passé plat bleu clair
- Passé plat blanc
- Point de tige vert foncé
- Passé plat vert clair
- Point de nœud rouge

Sac brodé

Ce sac tout simple, en coton, est décoré de la plus exquise des broderies. Pour un effet plus spectaculaire, vous pouvez tricoter le fond en noir.

FOURNITURES
1 pel. de 50 g de coton mercerisé (100 % coton, 112 m./50 g)
Coton à broder mouliné : saumon pâle, saumon clair, saumon moyen, rose clair, rose foncé, rouge, corail clair, vert foncé et vert clair
2 aig. n° 3
2 aig. n° 3 à 2 pointes
18 x 18 cm de fine toile thermocollante

MESURES
Approximativement 18 x 17 cm.

POINTS EMPLOYÉS
Jersey end. : [1 rg end., 1 rg env.].
Point de riz : voir détails en cours de réalisation.

ÉCHANTILLON
27 m. et 34 rgs = 10 cm tric. en jersey end. avec les aig. n° 3.

ABRÉVIATIONS
Voir p. 7.

RÉALISATION
Monter 49 m. sur les aig. n° 3.
1er rg de point de riz : 1 m. end., * 1 m. env., 1 m. end.
Reprendre à * jusqu'à la fin du rg.
Répéter ce rg 2 autres fs.
En comm. par 1 rg end., tric. 54 rgs de jersey end., en term. par 1 rg sur l'env. (à l'env.).
Rg suiv. (end. du trav.) : à l'env. pour marquer la pliure du fond.
En comm. par 1 rg env., tric. 54 rgs de jersey end.
Tric. 3 rgs au point de riz.
Rab. en tric. les m. au point de riz.

CORDELIÈRE
Monter 4 m. sur une aig. à 2 pointes.
1er rg (end. du trav.) : tric. à l'end. Ne pas tourner.
2e rg (end. du trav.) : avec l'end. du trav. sur l'avant, glisser les m. près de l'autre pointe de l'aig., prendre le fil sur l'env. et tric. la 1re m. à l'end. en tirant bien sur le fil pour rapprocher la dernière m. de la première, 3 m. end.
Répéter le 2e rg jusqu'à ce que la cordelière mesure 36 cm.
Rab. *(voir p. 182 pour plus d'informations sur cette cordelière).*

BRODERIE
Décalquer le motif, par transparence, sur la toile thermocollante.
Poser sur le sac puis repasser pour coller de façon temporaire.
En piquant à travers la toile et le tricot, broder comme suit : en premier, le centre des pétales de la grande fleur, au passé plat, avec 4 brins saumon pâle pour une partie, 4 brins saumon clair pour une autre partie et rose clair pour la 3e partie. Travailler les pétales extérieurs en mélangeant saumon clair, rose foncé et rouge. Broder les tiges au point de tige avec 2 brins verts.
Broder les feuilles au passé plat avec 3 brins vert clair ou vert foncé.
Avec 4 brins saumon pâle, saumon clair, corail clair, rose foncé et rouge, broder les boutons au point de nœud.
Broder le cœur de la grande fleur au point de nœud en disposant au centre un seul nœud vert clair entouré de nœuds corail clair et saumon moyen.
Quand la broderie est terminée, couper à ras l'excédent de toile thermocollante *(voir pp. 152-153 l'explication des points de broderie).*

MONTAGE
Coudre les côtés. Coudre les extrémités de la cordelière à l'intérieur du sac, sur les coutures.

Pour éviter qu'il ne se déforme et pour donner un meilleur support à la broderie, le sac est tricoté avec des aiguilles plus fines que celles habituellement utilisées avec ce fil.

Bordures en tricot

En dentelle, à festons ou toute simples, les bordures décoratives sont une charmante variante aux bordures traditionnelles.

Bordures traditionnelles

La bordure aux marguerites, la bordure étroite en dentelle, la dentelle aux noppes ainsi que les zigzags sont tricotés comme un ruban puis cousus sur le tricot terminé tandis que les festons à noppes et les chevrons en dentelle sont tricotés en commençant l'ouvrage.

BORDURE AUX MARGUERITES

Monter 12 m.

1er rg (end. du trav.) : 1 m. end., 1 jeté, 2 m. ensemble à l'end., 6 m. end., 1 jeté, 2 m. ensemble à l'end., 1 m. end.

2e rg : à l'end.

3e rg : 1 m. end., 1 jeté, 2 m. ensemble à l'end., 2 jetés, 2 m. ensemble à l'end., 2 m. end., 1 jeté, 2 m. ensemble à l'end., 1 m. end.

4e rg : 7 m. end., 1 jeté, 2 m. ensemble à l'end., 4 m. end.

5e rg : 1 m. end., 1 jeté, 1 m. end., 2 m. ensemble à l'end., 2 jetés, 2 m. ensemble à l'end. 2 fs, 2 jetés, 2 m. ensemble à l'end., 1jeté, 2 m. ensemble à l'end., 1 m. end.

6e rg : 5 m. end., 1 jeté, 2 m. ensemble à l'end., 2 m. end., 1 jeté, 2 m. ensemble à l'end., 3 m. end.

7e rg : 1 m. end., 1 jeté, 4 m. end., 2 m. ensemble à l'end., 2 jetés, 2 m. ensemble à l'end., 2 m. end., 1 jeté, 2 m. ensemble à l'end., 1 m. end.

8e rg : 7 m. end., 1 jeté, 2 m. ensemble à l'end., 6 m. end.

9e rg : 1 m. end., 1 jeté, 3 m. ensemble à l'end., 2 m. ensemble à l'end., 2 jetés, 2 m. ensemble à l'end. 2 fs, 2 jetés, 2 m. ensemble à l'end., 1 jeté, 2 m. ensemble à l'end., 1 m. end.

10e rg : comme le 6e rg.

11e rg : 1 m. end., 1 jeté, 3 m. ensemble à l'end., 1 m. end., 2 m. ensemble à l'end., 2 jetés, 2 m. ensemble à l'end., 2 m. end., 1 jeté, 2 m. ensemble à l'end., 1 m. end.

12e rg : comme le 4e rg.

13e rg : 1 m. end., 1 jeté, 3 m. ensemble à l'end., 6 m. end., 1 jeté, 2 m. ensemble à l'end., 1 m. end.

14e rg : 12 m. end.

Ces 14 rgs forment un motif et sont à répéter tout au long du travail.

DENTELLE AUX NOPPES

Monter 12 m.

1er rg (env. du trav.) : 4 m. end., 1 jeté, 1 surjet simple (= 1 m. glissée, 2 m. ensemble à l'end. sur lesquelles on rab. la m. glissée), 1 jeté, 3 m. end., 1 jeté, 2 m. end.

2e rg : 4 m. end., [1 m. end., 1 m. env.] 3 fs dans la même m., 2 m. env., 6 m. end.

3e rg : 4 m. end., 1 jeté, 1 surjet simple, 2 m. ensemble à l'end, rab. 5 m., 2 m. end., 1 jeté, 2 m. end.

4e rg : 5 m. end., 1 jeté, 1 m. end., 1 m. env., 6 m. end.

5e rg : 4 m. end., 1 jeté, 1 surjet simple, 1 jeté, 3 m. end., 1 jeté, 2 m. ensemble à l'end., 1 jeté, 2 m. end.

6e rg : 6 m. end., [1 m. end., 1 m. env.] 3 fs dans la même m., 2 m. env., 6 m. end.

7e rg : 4 m. end., 1 jeté, 1 surjet simple, 2 m. ensemble à l'end., rab. 5 m., 2 m. end., 1 jeté, 2 m. ensemble à l'end., 1 jeté, 2 m. end.

8e rg : rab. 4 m., 2 m. end., 1 jeté, 1 m. end., 1 m. env., 6 m. end.

Ces 8 rgs forment un motif et sont à répéter tout au long du travail.

BORDURE ÉTROITE EN DENTELLE

Monter 6 m.

1er rg (end. du trav.) : 1 m. end., 2 m. ensemble à l'end., 1 jeté, 2 m. end., 2 jetés, 1 m. end.

2e rg : 1 m. end., 2 m. end. tric. dans les 2 jetés en prenant 1 fs le fil avant et 1 fs le fil arrière, 2 m. ensemble à l'end., 1 jeté, 3 m. end.

3e rg : 1 m. end., 2 m. ensemble à l'end., 1 jeté, 5 m. end.

4e rg : rab. 2 m. puis tric. 2 m. ensemble à l'end., 1 jeté, 3 m. end.

Ces 4 rgs forment un motif et sont à répéter tout au long du travail.

ZIGZAGS AUX NOPPES

Monter un nombre de m. multiple de 10 + 1 m.

1er rg (env. du trav.) : à l'end.

2e rg : 5 m. end., [1 m. end., 1 m. env., 1 m. end., 1 m. env., 1 m. end.] dans la même m., [tourner, 5 m. end., tourner, 5 m. env.] 2 fs puis passer la 2e, la 3e, la 4e et la 5e m. par dessus la 1re (= 1 noppe), * 9 m. end., 1 noppe. Reprendre à * jusqu'aux 5 dernières m., 5 m. end.

3e et 4e rgs : à l'end.

5e rg : 1 m. env., * 1 jeté, 3 m. env., 3 m. ensemble à l'env. en les prenant par derrière, 3 m. env., 1 jeté, 1 m. env. Reprendre à * jusqu'à la fin du rg.

6e rg : 2 m. end., * 1 jeté, 2 m. end., 1 m. glissée, 2 m. ensemble à l'end. sur lesquelles on rab. la m. glissée, 2 m. end., 1 jeté, 3 m. end. Reprendre à * jusqu'aux 9 dernières m., 1 jeté, 2 m. end., 1 m. glissée, 2 m. ensemble à l'end. sur lesquelles on rab. la m. glissée, 2 m. end., 1 jeté, 2 m. end.

7e rg : 3 m. env., * 1 jeté, 1 m. env., 3 m. ensemble à l'env. en les prenant par derrière, 1 m. env., 1 jeté, 5 m. env. Reprendre à * jusqu'aux 8 dernières m., 1 jeté, 1 m. env., 3 m. ensemble à l'env. en les prenant par derrière, 1 m. env., 1 jeté, 3 m. env.

8e rg : 4 m. end., * 1 jeté, 1 m. glissée, 2 m. ensemble à l'end. sur lesquelles on rab. la m. glissée, 1 jeté, 7 m. end. Reprendre à * jusqu'aux 7 dernières m., 1 jeté, 1 m. glissée, 2 m. ensemble à l'end. sur lesquelles on rab. la m. glissée, 4 m. end.

9e rg : à l'env.

10e au 13e rgs : à l'end.

Rab. ou débuter un ouvrage.

TRIANGLES À NOPPES

Monter un nombre de m. multiple de 9.
1er rg (env. du trav.) : à l'end.
2e et 3e rgs : à l'end.
****4e rg** (end. du trav.) : 9 m. end., tourner (ne trav. que sur ces m. du 5e au 11e rgs).
5e rg : 2 m. ensemble à l'end. en les prenant par derrière, 5 m. end., 2 m. ensemble à l'end.
6e rg : 3 m. end., [1 m. end., 1 m. env., 1 m. end., 1 m. env., 1 m. end., 1 m. env., 1 m. end.] dans la même m. puis rab. la 2e, 3e, 4e, 5e, 6e et 7e m. par dessus la 1re, 3 m. end.
7e rg : 2 m. ensemble à l'end. en les prenant par derrière, 3 m. end., 2 m. ensemble à l'end.
8e rg : 5 m. end.
9e rg : 2 m. ensemble à l'end. en les prenant par derrière, 1 m. end., 2 m. ensemble à l'end.
10e rg : 3 m. end.
11e rg : 1 m. glissée, 2 m. ensemble à l'end. sur lesquelles on rab. la m. glissée.
Arrêter et couper le fil.
En trav. sur l'end., reprendre les m. en attente et recommencer de ** à ** jusqu'à ce que toutes les m. soient épuisées. Rab.
Variante : tric. au point de riz ou supprimer les noppes.
Cette bordure est trav. à partir d'un rg de m. montées. Ces m. peuvent être relevées sur une lisière pour tric. la bordure directement sur l'ouvrage, mais elle se placera mieux si elle est tricotée à part puis cousue.

PETITS PICOTS

Ils sont trav. sur le nombre de m. impair du rg d'arrêt.
Rg d'arrêt (end. du trav.) : tric. 2 m. ensemble à l'end., * Remettre la m. obtenue sur l'aig. gauche, ajouter 2 m., rab. 4 m. en les tric. à l'end. Reprendre à * jusqu'à la fin du rg. Arrêter.
Variante : pour obtenir une bordure plus légère, essayez de rab. 6 m. *(voir cardigan fleuri p. 147)*.

ZIGZAGS

Monter 8 m. Tric. 1 rg end.
1er rg : 1 m. glissée, 1 m. end., [1 jeté, 2 m. ensemble à l'end.] 2 fs, 1 jeté, 2 m. end.
2e rg : 2 m. end., 1 jeté, 2 m. end., [1 jeté, 2 m. ensemble à l'end.] 2 fs, 1 m. end.
3e rg : 1 m. glissée, 1 m. end., [1 jeté, 2 m. ensemble à l'end.] 2 fs, 2 m. end., 1 jeté, 2 m. end.
4e rg : 2 m. end., 1 jeté, 4 m. end., [1 jeté, 2 m. ensemble à l'end.] 2 fs, 1 m. end.
5e rg : 1 m. glissée, 1 m. end., [1 jeté, 2 m. ensemble à l'end.] 2 fs, 4 m. end., 1 jeté, 2 m. end.
6e rg : 2 m. end., 1 jeté, 6 m. end., [1 jeté, 2 m. ensemble à l'end.] 2 fs, 1 m. end.
7e rg : 1 m. glissée, 1 m. end., [1 jeté, 2 m. ensemble à l'end.] 2 fs, 6 m. end., 1 jeté, 2 m. end.
8e rg : 2 m. end., 1 jeté, 8 m. end., [1 jeté, 2 m. ensemble à l'end.] 2 fs, 1 m. end.
9e rg : 1 m. glissée, 1 m. end., [1 jeté, 2 m. ensemble à l'end.] 2 fs, 8 m. end., 1 jeté, 2 m. end.
10e rg : 2 m. end., 1 jeté, 10 m. end., [1 jeté, 2 m. ensemble à l'end.] 2 fs, 1 m. end.
11e rg : 1 m. glissée, 1 m. end., [1 jeté, 2 m. ensemble à l'end.] 2 fs, 10 m. end., 1 jeté, 2 m. end.
12e rg : rab. 11 m., 2 m. end., [1 jeté, 2 m. ensemble à l'end.] 2 fs, 1 m. end.
Ces 12 rgs forment un zigzag et sont à répéter tout au long du trav.

CHEVRONS EN DENTELLE

Trav. sur un nombre de m. multiple de 16 + 17.
1er rg (end. du trav.) : 1 surjet simple (= 1 m. glissée, 1 m. end. sur laquelle on rab. la m. glissée), * 2 m. env., 2 m. end., 2 m. env., 1 jeté, 1 m. end., 1 jeté, 2 m. env., 2 m. end., 2 m. env., passer le fil sur l'arrière, en passant par derrière glisser la pointe de l'aig. droite dans la 2e m. puis dans la 1re et glisser ces 2 m. sur l'aig. droite, 1 m. end., rab. les 2 m. glissées sur la m. tric. (= 1 double diminution : 1DD). Reprendre à * jusqu'aux 15 dernières m., 2 m. env., 2 m. end., 2 m. env., 1 jeté, 1 m. end., 1 jeté, 2 m. env., 2 m. end., 2 m. env., 2 m. ensemble à l'end.
2e rg : 1 m. env., * 2 m. end., 2 m. env., 2 m. end., 3 m. env., 2 m. end., 2 m. env., 2 m. end., 1 m. env. Reprendre à * jusqu'à la fin du rg.
3e rg : 1 surjet simple, * 1 m. env., 2 m. end., 2 m. env., 1 m. end., [1 jeté, 1 m. end.] 2 fs, 2 m. env., 2 m. end., 1 m. env., passer le fil derrière, 1DD. Reprendre à * jusqu'aux 15 dernières m., 1 m. env., 2 m. end., 2 m. env., 1 m. end., [1 jeté, 1 m. end.] 2 fs, 2 m. env., 2 m. end., 1 m. env., 2 m. ensemble à l'end.
4e rg : 1 m. env., * 1 m. end., 2 m. env., 2 m. end., 5 m. env., 2 m. end., 2 m. env., 1 m. end., 1 m. env. Reprendre à * jusqu'à la fin du rg.
5e rg : 1 surjet simple, * 2 m. end., 2 m. env., 2 m. end., 1 jeté, 1 m. end., 1 jeté, 2 m. end., 2 m. env., 2 m. end., 1DD. Reprendre à * jusqu'aux 15 dernières m., 2 m. end., 2 m. env., 2 m. end., 1 jeté, 1 m. end., 1 jeté, 2 m. end., 2 m. env., 2 m. end., 2 m. ensemble à l'end.
6e rg : 3 m. env.,* 2 m. end., 7 m. env., 2 m. end., 5 m. env. Reprendre à * jusqu'aux 14 dernières m., 2 m. end., 7 m. env., 2 m. end., 3 m. env.
7e rg : 1 surjet simple, * 1 m. end., 2 m. env., 2 m. end., 1 m. env., 1 jeté, 1 m. end., 1 jeté, 1 m. env., 2 m. end., 2 m. env., 1 m. end., 1DD Reprendre à * jusqu'aux 15 dernières m.,1 m. end., 2 m. env., 2 m. end., 1 m. env., 1 jeté, 1 m. end., 1 jeté, 1 m. env., 2 m. end., 2 m. env., 1 m. end., 2 m. ensemble à l'end.
8e rg : 2 m. env., * 2 m. end., 2 m. env., 1 m. end., 3 m. env., 1 m. end., 2 m. env., 2 m. end., 3 m. env. Reprendre à * jusqu'aux 15 dernières m., 2 m. end., 2 m. env., 1 m. end., 3 m. env., 1 m. end., 2 m. env., 2 m. end., 2 m. env. Rab. ou débuter un ouvrage.

Réussir les bordures

Les bordures proposées sur les deux pages précédentes constituent toutes des ajouts superbes à un vêtement tricoté, une couverture ou un coussin. La difficulté consiste à trouver la bordure qui convient le mieux à l'ouvrage. Voici comment je m'y prends.

« Encadrer » le tricot

Lorsque je confectionne un vêtement, je pense avec plaisir à la manière dont je vais pouvoir « l'encadrer ». En effet, les bordures et les lisières sont pour moi aussi importantes que les motifs sur le vêtement lui-même. Dans certains cas, je décide de prolonger des torsades jusque dans les côtes du bas *(voir « Peaufiner les motifs » p. 76)*. Mais le plus souvent, je jette un œil à tous les motifs merveilleux de bordures qui existent. Certaines peuvent être montées directement sur les lisières du vêtement, mais beaucoup doivent être travaillées verticalement et ensuite cousues, ce qui présente certains avantages. Un petit motif répété sur sept ou douze mailles est assez facile à travailler et à répéter. En le cousant sur la lisière, on peut l'étirer légèrement pour le mettre bien en place.

Si vous trouvez un modèle de vêtement qui vous plaît, mais qui comporte des lisières en côtes un peu trop conventionnelles, vous pouvez essayer de les supprimer et de coudre à la place une bordure décorative sur le rang rabattu après avoir tricoté le reste du vêtement.

Choisir une bordure tricotée

Je choisis en général une bordure qui rappelle d'une manière ou d'une autre le point avec lequel le vêtement a été conçu. Pour la couverture en cashmere au point mousse (*p. 179*), par exemple, j'ai utilisé une bordure très simple qui est, elle aussi, presque entièrement en point mousse. On peut la tricoter plus large ou plus étroite, selon le nombre de mailles qu'on augmente. Assurez-vous simplement de rabattre le même nombre de mailles que vous avez montées.

On peut généralement personnaliser les bordures. Par exemple, on peut ajouter une noppe à celle que je viens de mentionner, tandis que les chevrons en dentelle peuvent être spectaculaires pour un poignet ou un col. Pour le gilet fleuri (*p. 147*), j'ai utilisé une bordure à picots, qui est l'une des plus simples à faire, car elle ne nécessite que de monter et de rabattre les mailles sur le rang d'arrêt. Je souhaitais au départ donner l'illusion que les manches d'une jolie chemise ouvragée dépassaient de la veste, mais en retournant le vêtement après y avoir cousu une bordure je vis que cette classique bordure à picots que j'avais déjà utilisée auparavant, et qui là était blanche, avait un aspect effrayant – on aurait dit des dents de requin ! Après un instant de panique, j'ai trouvé une solution en rabattant tout simplement six mailles au lieu des quatre habituelles, produisant ainsi une bordure beaucoup plus discrète. Cette bordure peut être très jolie utilisée comme rang d'arrêt sur une encolure en côtes, où elle produit un léger effet ondulé.

PETITE ASTUCE POUR LES BORDURES

Les bordures tricotées exigent pas mal d'attention. Que ce soit sur les bordures en dentelle ou les autres, le nombre de mailles, bien que réduit, peut varier : les jetés et les mailles tricotées ensemble sont assez traîtres ! Vérifiez le nombre des mailles à la fin de chaque rang.

BIEN CHOISIR SON FIL

Vous réussirez généralement mieux les bordures en travaillant avec un fil de plus belle qualité que celui employé pour le reste du vêtement. C'est surtout vrai pour le coton, qui s'il est bien choisi fera mieux ressortir les détails des points.

Trouver des idées de lisières

On peut parfois trouver une idée de bordure en s'inspirant du motif principal du vêtement – si celui-ci est en point mousse ou en jersey, on pourra par exemple reprendre ce point –, mais parfois l'inspiration vient en admirant une bordure ajourée sur une taie d'oreiller en lin, ou une broderie anglaise sur une belle nappe en coton.

Cardigan de fillette, bordures en dentelle

Cette légère veste cintrée, photographiée sur Nell (10 ans), convient parfaitement aux fillettes qui veulent se donner des airs d'adolescente. La bordure en dentelle est tricotée à part puis cousue en place au montage.

FOURNITURES
7 (8 – 9 – 10) pel. de 50 g de coton (100 % coton, 115 m./50 g)
2 aig. n° 3
7 (7 – 8 – 8) boutons

TAILLES ET MESURES

Âges	4/5	6/7	8/9	9/10	ans
Mesures du vêtement terminé					
Largeur (dos + devant)	69	76	81	88	cm
Longueur à l'épaule	43	45	48	50	cm
Longueur des manches	31	33	35	38	cm

POINT EMPLOYÉ
Point de riz : voir détails en cours d'explication.

ÉCHANTILLON
25 m. et 40 rgs = 10 cm tric. au point de riz avec les aig. n° 3.

ABRÉVIATIONS
Voir p. 7.

DOS
Monter 87 (95 – 103 – 109) m. sur les aig. n° 3.
Comm. ainsi le point de riz :
1er rg de point de riz (end. du trav.) : 1 m. end., * 1 m. env., 1 m. end. Reprendre à * jusqu'à la fin du rg. (Poser un fil de couleur sur ce 1er rg pour repérer l'end. du trav.).
Répéter ce rg 7 autres fs, en term. par 1 rg sur l'env.
En cont. le point de riz, dim. 1 m. à ch. extrémité du rg suiv. puis ts les 6 rgs jusqu'à 75 (83 – 89 – 97) m.
Cont. droit jusqu'à 12 (13 – 14 – 15) cm de haut. tot., en term. par 1 rg sur l'end.
En. les tric. au point de riz, augm. 1 m. à ch. extrémité du rg suiv. puis ts les 6 rgs jusqu'à 87 (95 – 103 – 109) m.
Cont. droit jusqu'à 24 (26 – 27 – 29) cm de haut. tot., en term. par 1 rg sur l'env.
Emmanchures
En les tric. au point de riz, rab. 5 m. à ch. extrémité des 2 rgs suiv.
Dim. 1 m. à ch. extrémité du rg suiv. puis ts les 2 rgs jusqu'à 65 (71 – 77 – 83) m.
Cont. droit jusqu'à 40 (42 – 45 – 47) cm de haut. tot., en term. par 1 rg sur l'env.

Encolure et épaules
Partager ainsi le trav. pour l'encolure :
Rg suiv. (end. du trav.) : tric. 22 (24 – 26 – 28) m., tourner, laisser les m. rest. en attente sur une aig.
Tric. sur ces m. pour le 1er côté de l'encolure, rab. 3 m. au début du rg suiv. puis 6 (7 – 7 – 8) m. au début du rg suiv.
Rab. 2 m. au début du rg suiv. puis 6 (7 – 7 – 8) m. au début du rg suiv.
Tric. 1 rg droit.
Rab. les 5 (5 – 7 – 7) dernières m.
En trav. sur l'end., reprendre les m. en attente.
Pour le milieu de l'encolure, rab. les 21 (23 – 25 – 27) premières m.
puis tric. le 2e côté en vis-à-vis du 1er.

CÔTÉ GAUCHE
Monter 43 (47 – 51 – 55) m. sur les aig. n° 3.
Comm. ainsi le point de riz :
1er rg de point de riz (end. du trav.) : 1 m. end., * 1 m. env., 1 m. end. Reprendre à * jusqu'à la fin du rg.
(Poser un fil de couleur sur ce 1er rg pour repérer l'end. du trav.).
Répéter ce rg 7 autres fs, en term. par 1 rg sur l'env.
En cont. le point de riz, dim. 1 m. sur le côté au rg suiv. puis ts les 6 rgs jusqu'à 37 (41 – 44 – 49) m.
Cont. droit jusqu'à 12 (13 – 14 – 15) cm de haut. tot., en term. par 1 rg sur l'end.
En. les tric. au point de riz, augm. 1 m. sur le côté au rg suiv. puis ts les 6 rgs jusqu'à 43 (47 – 51 – 55) m.
Cont. droit jusqu'à la haut. de l'emmanch., en term. par 1 rg sur l'env.
Emmanchure
En les tric. au point de riz, rab. 5 m. au début du rg suiv.
Tric. 1 rg droit.
Dim. 1 m. côté emmanch. au début du rg suiv. puis ts les 2 rgs jusqu'à 32 (35 – 38 – 42) m.
Cont. droit jusqu'à 28 (30 – 32 – 34) cm de haut. tot., en term. par 1 rg sur l'end.
Encolure
Dim. 1 m. côté encolure au rg suiv. puis ts les 2 rgs jusqu'à 17 (19 – 21 – 23) m.
Cont. droit jusqu'à la haut. de l'épaule, en term. côté emmanch.
Épaule
Rab. 6 (7 – 7 – 8) m. au début du rg suiv.
Tric. 1 rg droit.
Répéter ces 2 derniers rgs encore 1 fs.
Rab. les 5 (5 – 7 – 7) m. rest.

DEVANT DROIT
Trav. comme pour le devant gauche, mais en vis-à-vis.

MANCHES
Monter 41 (43 – 47 – 49) m. sur les aig. n° 3.
Tric. 10 rgs au point de riz comme expliqué pour le dos, en term. par 1 rg sur l'env.
En les tric. au point de riz, augm. 1 m. à ch. extrémité du rg suiv. puis ts les 7 rgs jusqu'à 69 (73 – 81 – 85) m.
Cont. droit jusqu'à 28 (30 – 32 – 35) cm de haut. tot., en term. par 1 rg sur l'env.
Tête de manche
En les tric. au point de riz, rab. 5 m. au début des 2 rgs suiv. = 59 (63 – 71 – 75) m.
Dim. 1 m. à ch. extrémité ts les 2 rgs jusqu'à 49 (51 – 55 – 57) m.
Tric. 3 rgs droits
Dim. 1 m. à ch. extrémité du rg suiv. puis ts les 6 rgs jusqu'à 43 (45 – 49 – 51) m. puis ts les 2 rgs jusqu'à 39 (41 – 45 – 45) m.
Dim. 1 m. à ch. extrémité des 4 rgs suiv. = 31 (33 – 37 – 37) m.
Rab. 4 m. au début des 2 rgs suiv.
Rab. les 23 (25 – 29 – 29) m. rest.

BORDURES DES MANCHES
Monter 4 m. sur les aig. n° 3.
Tric. 1 rg end.
1er rg (end. du trav.) : 2 m. end., 1 jeté, 2 m. end.
2e rg : à l'end.
3e rg : 3 m. end., 1 jeté, 2 m. end.
4e rg : à l'end.
5e rg : 2 m. end., 1 jeté, 2 m. ensemble à l'end., 1 jeté, 2 m. end.
6e rg : à l'end.
7e rg : 3 m. end., 1 jeté, 2 m. ensemble à l'end., 1 jeté, 2 m. end.
8e rg : rab. 4 m., tric. à l'end. jusqu'à la fin du rg.
Ces 8 rgs forment un motif.
Cont. ainsi jusqu'à ce que la bordure, légèrement étirée, fasse le tour du poignet en term. par un 8e rg.
Rab.

MONTAGE
Coudre les épaules. Monter les manches en alignant le milieu sur la couture des épaules. Coudre la bordure des manches.
Fermer les manches et les côtés.

BORDURE DU BAS
Trav. comme pour la bordure des manches jusqu'à ce que, légèrement étirée, la bordure fasse la largeur du vêtement.
Coudre en bas du cardigan.

BORDURE À BOUTONNIÈRES
En trav. sur l'end. avec les aig. n° 3, et en comm. en bas du devant droit, relever 4 m. sur la lisière de la bordure, à la suite 55 (61 – 64 – 71) m. sur le bord du devant jusqu'à l'encolure = 59 (65 – 68 – 75) m.
Tric. 1 rg end.
Former ainsi les boutonnières au rg suiv. :
Rg de boutonnières (end. du trav.) : 1 m. end., [2 m. ensemble à l'end., 1 jeté, 7 (8 – 7 – 8) m. end.] 6 (6 – 7 – 7) fs, 2 m. ensemble à l'end., 1 jeté, 2 m. end.
Tric. 1 rg end.
Rab.

BANDE DE BOUTONNAGE
En trav. sur l'end. avec les aig. n° 3, et en comm. à la pointe de l'encolure, relever 55 (61 – 64 – 71) m. sur le bord du devant gauche jusqu'à la bordure, à la suite 4 m. sur la lisière de la bordure = 59 (65 – 68 – 75) m.
Tric. 3 rgs end. Rab.

BORDURE D'ENCOLURE
Trav. comme pour la bordure des manches jusqu'à ce que, légèrement étirée, la bordure fasse le tour de l'encolure.
Coudre à l'encolure. Coudre les boutons.

Vous pouvez choisir une autre bordure pour agrémenter cette veste toute simple au point de riz. De toute façon, sélectionnez une bordure assez étroite pour qu'elle reste près du cou.

Couverture de bébé en cashmere

Les bébés, c'est bien connu, méritent le meilleur. Voici une couverture dans laquelle les envelopper, réalisée au point mousse, en cashmere, avec une bordure à pointes tricotée à part.

FOURNITURES
9 pel. de 25 g de cashmere 4 fils
(90 % cashmere, 10 % polyamide, 98 m./25 g)
2 aig. n° 3

MESURES
Approximativement (sans la bordure) : 54 x 67 cm.

POINT EMPLOYÉ
Point mousse : tric. toujours à l'end.

ÉCHANTILLON
25 m. et 46 rgs = 10 cm tric. au point mousse avec les aig. n° 3.

ABRÉVIATIONS
Voir p. 7.

CENTRE
Monter 135 m. sur les aig. n° 3.
Tric. 67,5 cm au point mousse.
Rab.

BORDURE
Monter 7 m. sur les aig. n° 3.
1er rg : 2 m. end., 1 jeté, 2 m. ensemble à l'end., 1 jeté, tric. à l'end. jusqu'à la fin du rg.
2e rg : à l'end.
3e au 15e rg : répéter le 1er et le 2e rg encore 6 fs puis 1 fs le 1er rg = 15 m.
16e rg : rab. 8 m., tric. à l'end. jusqu'à la fin du rg.
Répéter du 1er au 16e rg 53 autres fs pour obtenir 54 pointes.
Rab.

MONTAGE
Réunir le rg de montage et le rg d'arrêt de la bordure.
La coudre autour du centre en plaçant 12 pointes sur le rg de montage et le rg d'arrêt, 15 pointes sur ch. lisière.

Quand vous choisirez un fil pour la couverture de bébé, évitez les fils doux mais poilus comme l'alpaga. Les fibres longues sont à éviter pour les jeunes enfants.

Boutons et perles

Qu'ils soient en nacre, en verre ou en bois, utilisez les boutons et les perles pour décorer, illuminer, ou donner du glamour à vos tricots faits main.

Broder ou tricoter des perles

L'ajout de perles peut personnaliser un tricot un peu fade, sur les bordures uniquement ou selon un dessin plus élaboré, par exemple pour un motif se répétant sur toute une surface ou sur un sac à main de soirée. Vous pouvez coudre les perles après avoir achevé votre tricot, ou bien les tricoter en même temps. Ces pages vous expliquent comment les tricoter le plus simplement possible, et comment confectionner une cordelière pour vos sacs à main.

Tricoter des perles

Choisissez le fil qui convient aux perles dont vous allez vous servir. Celles-ci alourdiront en effet votre tricot, et si le fil n'est pas assez rigide vous risquez de le voir se détendre. Si vous souhaitez ajouter des perles à un vêtement en grosse laine et que votre fil est trop épais pour pouvoir les enfiler dessus, vous pouvez toujours les coudre après. La méthode indiquée ci-après pour tricoter les perles implique de glisser une maille, ce qui signifie que les perles seront séparées au moins par une maille. Sur la rangée de perles suivante, les perles sont tricotées de manière à être décalées, ce qui compense le fait que les mailles glissées rétrécissent légèrement le tricot.

ENFILER LES PERLES

Lorsqu'on tricote avec des perles, on doit d'abord les enfiler sur le fil. Si celui-ci est suffisamment fin, passez-le dans le chas d'une aiguille, sur laquelle vous enfilerez chaque perle.
S'il est trop épais, suivez la méthode suivante :
pliez en deux un fil de couture fin mais solide autour du fil à tricoter, puis passez-en les deux extrémités dans l'aiguille. Enfilez les perles sur cette aiguille et poussez-les sur le fil de couture, puis sur le fil à tricoter plié en deux, comme sur le schéma.

TRICOTER DES PERLES SUR UN TRICOT EN JERSEY

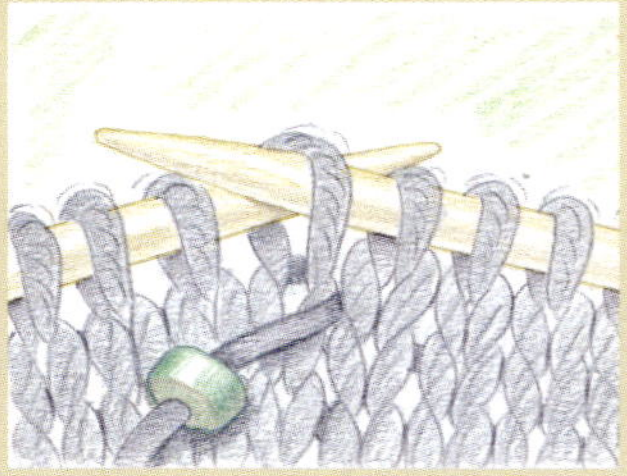

1 Sur un rang de mailles tricotées à l'endroit, tricotez jusqu'à l'endroit où vous voulez poser la perle. Ramenez alors le fil sur l'avant de l'ouvrage, entre les deux aiguilles, glissez la maille suivante en la prenant comme pour la tricoter à l'envers.

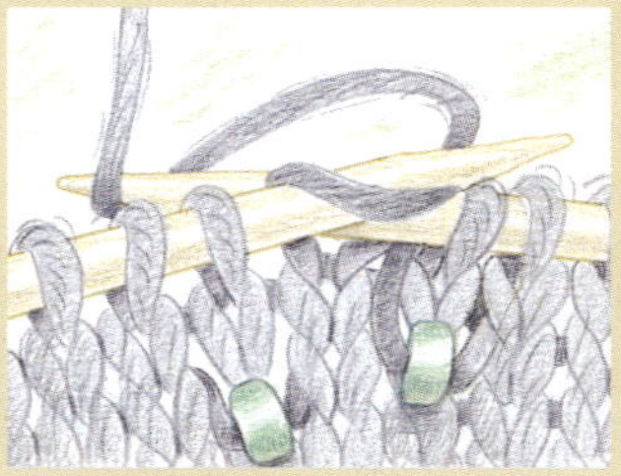

2 Amenez la perle contre le tricot, puis ramenez le fil sur l'arrière de l'ouvrage entre les deux aiguilles, en laissant la perle sur le devant. Tricotez la prochaine maille assez serré pour que la perle reste bien en place.

TRICOTER UNE CORDELIÈRE SUR DES AIGUILLES À DEUX POINTES

Voici une méthode facile pour réaliser une petite corde tubulaire, dont vous pourrez vous servir par exemple comme anse pour un sac. Pour cela, il vous faut deux aiguilles à deux pointes, ou une seule petite aiguille circulaire.

Montez trois, quatre ou cinq mailles sur une aiguille à deux pointes. À l'aide d'une deuxième aiguille à deux pointes, tricotez un rang. Sans retourner l'ouvrage, repoussez les mailles vers l'arrière et jusque sur la pointe de droite. Faites passer le fil derrière ces mailles et tricotez-les de nouveau, en tirant bien sur le fil pour la première maille. Répétez ce dernier rang jusqu'à ce que la cordelière ait la longueur souhaitée.

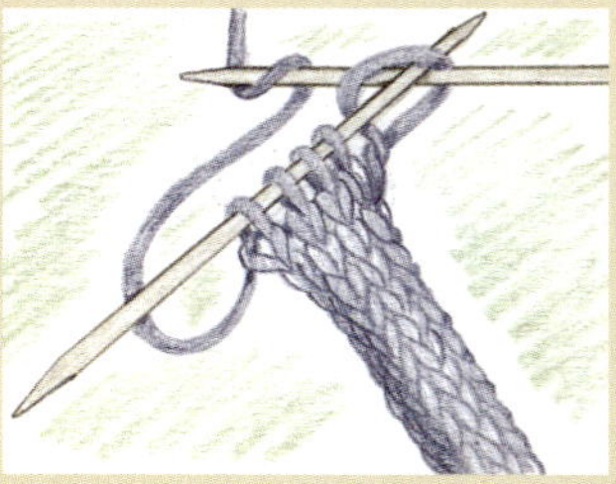

Perles et boutons, mode d'emploi

Les possibilités créatives qu'offrent les motifs à base de perles ou de boutons sont infinies, car on peut se procurer aujourd'hui des boutons et des perles de toutes sortes. Si vous avez chez vous une réserve de boutons ou de perles et que vous ne savez trop quoi en faire, voici quelques idées.

Poser des perles sur un tricot

Le tricotage des perles correspond à une grande tradition historique, avec entre autres les porte-monnaie victoriens et les cardigans sobres des années 1950 dont les bordures étaient agrémentées de perles. Des perles posées sur le bord d'une veste pourront lui apporter une petite touche glamour ; on pourra aussi s'en servir pour créer un petit sac pour le soir ou pour orner les franges de rideaux ou de coussins.

Rondes, ovales, carrées ou à facettes, en verre, métalliques, en bois ou en céramique, les formes de perles proposées sont multiples. Si vous ne trouvez pas votre bonheur dans le commerce, allez dans les vide-greniers et les marchés au puces, vous tomberez forcément sur un ou deux vieux colliers. Avec un peu de chance, vous trouverez peut-être un beau gilet ancien confectionné avec des perles ou un vieux sac rétro qui pourra vous inspirer.

On peut aussi très bien poser des perles sur un vêtement plus décontracté, par exemple un gros gilet. Des perles en bois peuvent rendre très bien sur un coton épais, ou des perles de couleurs vives sur un fil en denim. (Sur les tricots épais, la taille du fil vous obligera probablement à les coudre après avoir tricoté le vêtement.) On peut aussi s'en servir comme détails pour mettre en valeur l'intérieur des torsades ou composer des motifs géométriques ou floraux, comme sur les échantillons ci-dessus. Fiez-vous aussi à votre inspiration, en partant de formes géométriques simples et en dessinant au préalable les motifs sur un papier quadrillé. Rappelez-vous simplement que la technique fournie p. 182 pour tricoter les perles ne permet d'en insérer une que toutes les deux mailles et tous les deux rangs.

C'est la fascination que j'éprouve pour les arts décoratifs des Indiens d'Amérique qui m'a inspiré les mocassins brodés de perles présentés p. 190. J'ai eu la chance d'avoir de nombreuses fois l'occasion de tenir des ateliers aux États-Unis et au Canada, et d'avoir pu également visiter des musées locaux me permettant d'admirer de très beaux ouvrages ornés de perles et de plumes.

Sans prétendre égaler la beauté et la valeur artistique des objets que j'ai pu y voir, je rends cependant hommage à leurs créateurs avec ces mocassins.

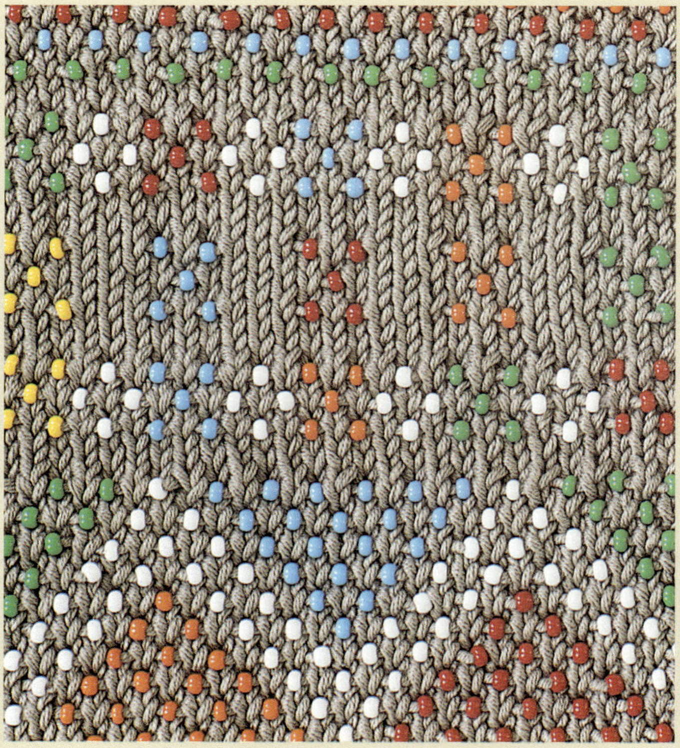

Poser des boutons sur un tricot

Les boutons peuvent avoir une réelle fonction décorative. Bien choisis, ils apporteront au vêtement du charme, et parfois un certain style. Mais parmi ceux qui sont bon marché, il en existe aussi d'assez hideux qui pourront tout aussi bien ruiner un vêtement, quelle que soit la qualité du fil. En tous cas, la variété de boutons que l'on peut trouver aujourd'hui est assez incroyable. On pourra choisir par exemple pour du denim délavé des boutons métalliques, en étain ou en bronze ; cependant, mes favoris restent les boutons en nacre. Si je n'arrive pas à choisir une couleur de bouton pour un vêtement donné, je les choisis en nacre, car je sais qu'ils seront solides et que de toute manière ils reflèteront la teinte du tricot.

On peut aussi opter pour des boutons originaux, qui donneront du caractère au tricot. J'apprécie surtout ceux en forme de poissons, de tortues ou d'aigles (en bas à droite), que j'ai trouvés aux États-Unis. Les enfants adorent quant à eux les boutons qui évoquent des personnages de contes de fées, comme les oies qui figurent ci-dessous, et cela vous donnera l'occasion de les faire participer en les laissant les choisir. Veillez à coudre bien solidement les boutons sur les vêtements pour bébés, car les petits enfants adorent jouer avec ou les mettre dans la bouche.

Si vous décidez de jeter un vêtement, pensez à conserver les boutons : ils pourront toujours servir !

Cardigan perlé

Cet élégant cardigan, style 1950, a des manches 3/4.
La bordure fantaisie est tricotée en utilisant la technique du tricot perlé.

FOURNITURES

6 (7 – 7) pel. de 50 g de laine (100 % laine, 170 m./50 g)
2 aig. n° 2,5 et n° 3
2 arrêts de mailles
Environ 1200 (1250 – 1300) petites perles
7 boutons

TAILLES ET MESURES

Tour de poitrine	82	87	92	cm
Mesures du vêtement terminé				
Largeur (dos + devant)	92	97	102	cm
Longueur à l'épaule	51	53	55	cm
Longueur des manches	29	30	31	cm

POINTS EMPLOYÉS

Point mousse : tric. toujours à l'end.
Jersey end. : [1 rg end., 1 rg env.]
Surjet simple : 1 m. glissée, 1 m. end. sur laquelle on rab. la m. glissée.
Surjet double : 1 m. glissée, 2 m. ensemble à l'end. sur lesquelles on rab. la m. glissée.

ÉCHANTILLON

28 m. et 36 rgs = 10 cm tric. en jersey end. avec les aig. n° 3.

ABRÉVIATIONS

1P (1 perle) : passer le fil sur l'avant du trav., glisser une perle contre le tricot, glisser la m. suiv., passer le fil sur l'arrière en posant la perle contre la m. glissée.
Voir également p. 7.

DOS

Enfiler 191 (200 – 212) perles sur le fil avant de comm.
(*voir p. 182 les explications du tricot perlé*).
Monter 129 (135 – 143) m. sur les aig. n° 2,5.
Tric. 7 rgs à l'end. pour la bordure au point mousse.
Prendre les aig. n° 3.
Tric. 1 rg end. et 1 rg env.
Comm. le tricot perlé comme suit :
1er rg (end. du trav.) : 1 m. end., * 1P, 1 m. end. Reprendre à * jusqu'à la fin du rg.
2e rg : à l'env.
3e rg : 2 m. end., * 1P, 1 m. end. Reprendre à * jusqu'aux 3 dernières m., 1P, 2 m. end.
4e rg : à l'env.
5e rg : 1 m. end., 1P, 1 m. end. Reprendre à * jusqu'à la fin du rg.
Le tricot perlé est terminé.
Tric. 1 rg env.
Rg suiv. (avec dim. – end. du trav.) : 3 m. end., 2 m. ensemble à l'end., tric. à l'end. jusqu'aux 5 dernières m., 1 surjet simple, 3 m. end.
Cont. ainsi à diminuer 1 m. à ch. extrémité ts les 4 rgs jusqu'à 121 (127 – 135) m. puis ts les 8 rgs jusqu'à 117 (123 – 131) m., en term. par 1 rg de dim. sur l'end.
Tric. 9 (11 – 13) rgs droits, en term. par 1 rg sur l'env.
Rg suiv. (avec augm. – end. du trav.) : 3 m. end., 1 augm., tric. à l'end. jusqu'aux 3 dernières m., 1 augm., 3 m. end.
Augm. ainsi 1 m. à ch. extrémité, ts les 8 rgs jusqu'à 129 (135 – 143) m. en term. par 1 rg sur l'end.
Tric. droit jusqu'à 31 (32 – 33) cm de haut. tot., en term. par 1 rg sur l'env.

Emmanchures

Rab. 4 (4 – 6) m. au début des 2 rgs suiv.
Tric. 2 rgs droits, en term. par 1 rg sur l'env.
Rg suiv. (avec dim. – end. du trav.) : 4 m. end., 1 surjet double, tric. à l'end. jusqu'aux 7 dernières m., 3 m. ensemble à l'end. en les prenant par derrière, 4 m. end.
Dim. ainsi 2 m. à ch. extrémité ts les 4 rgs jusqu'à 109 (111 – 115) m. puis ts les 18 rgs jusqu'à 101 (103 – 107) m.
Tric. droit jusqu'à 51 (53 – 55) cm de haut. tot., en term. par 1 rg sur l'env.

Encolure et épaules

Rab. 9 (10 – 11) m. au début des 2 rgs suiv.
Partager ainsi le trav. pour l'encolure :
Rg suiv. (end. du trav.) : rab. 9 (9 – 10) m., tric. à l'end. jusqu'à ce qu'il y ait 12 m. sur l'aig. droite, tourner, laisser les autres m. en attente sur une aig.
Trav. uniquement sur ces m. pour le 1er côté de l'encolure. Tric. 1 rg droit. Rab. les 12 m. rest.
En trav. sur l'end., reprendre le trav. sur les m. rest., rab. les 41 premières m. pour le milieu de l'encolure puis term. le rg à l'end.
Tric. le 2e côté en vis-à-vis du 1er.

DEVANT GAUCHE

Garnir le fil à tricoter de 86 (92 – 98) perles.
Monter 68 (72 – 76) m. sur les aig. n° 2,5.
Tric. 7 rgs à l'end. pour la bordure au point mousse.
Prendre les aig. n° 3.
Rg suiv. : tric. à l'end. jusqu'aux 10 dernières m., mettre ces 10 m. en attente sur un arrêt de m.
Rg suiv. : ajouter 1 m. au début puis tric. à l'env. jusqu'à la fin du rg = 59 (63 – 67) m.
Tric. 5 rgs perlés comme pour le dos. Tric. 1 rg env.
Rg suiv. (avec dim. – end. du trav.) : 3 m. end., 2 m. ensemble à l'end., tric. à l'end. jusqu'à la fin du rg.
Cont. ainsi à dim. 1 au début ts les 4 rgs jusqu'à 55 (59 – 63) m. puis ts les 8 rgs jusqu'à 53 (57 – 61) m., en term. par 1 rg de dim. sur l'end.
Tric. 9 (11 – 13) rgs droits, en term. par 1 rg sur l'env.

Rg suiv. (avec augm. – end. du trav.) : 3 m. end., 1 augm., tric. à l'end. jusqu'à la fin du rg.
Augm. ainsi 1 m. au début du rg ts les 8 rgs jusqu'à 59 (63 – 67) m. en term. par 1 rg sur l'end.
Cont. droit jusqu'à haut. de l'emmanch., en term. par 1 rg sur l'env.

Emmanchure

Rab. 4 (4 – 6) m. au début du rg suiv.
Tric. 3 rgs droits, en term. par 1 rg sur l'env.
Rg suiv. (avec dim.– end. du trav.) : 4 m. end., 1 surjet double, tric. à l'end. jusqu'à la fin du rg.
Dim. ainsi 2 m. ts les 4 rgs jusqu'à 49 (51 – 53) m., en term. par 1 rg sur l'end.
Tric. 17 rgs droits, en term. par 1 rg sur l'env.
Rg suiv. (avec dim. – end. du trav.) : 4 m. end., 1 surjet double, tric. à l'end. jusqu'à la fin du rg = 47 (49 – 51) m.

Encolure

Rab. 3 m. au début du rg suiv. puis ts les 2 rgs 3 fs.
Tric. 1 rg droit puis rab. 3 m. au début du rg suiv.
Dim. 1 m. côté encolure ts les 2 rgs 2 (3 – 3) fs.
Tric. 5 (3 – 3) rgs droits, en term. par 1 rg sur l'env.
Rg suiv. (avec dim. – end. du trav.) : 4 m. end., 1 surjet double , tric. à l'end. jusqu'à la fin du rg = 30 (31 – 33) m.
Cont. droit jusqu'à haut. de l'épaule.

Épaule

Rab. 9 (10 – 11) m. au début du rg suiv.
Tric. 1 rg droit.
Rab. 9 (9 – 10) m. au début du rg suiv.
Tric. 1 rg droit.
Rab. les 12 m. rest.

DEVANT DROIT

Glisser 86 (92 – 98) perles sur le fil à tricoter.
Monter 68 (72 – 76) m. sur les aig. n° 2,5.
Tric. 7 rgs à l'end. pour la bordure au point mousse.
Prendre les aig. n° 3.
Rg suiv. : tric. 10 m. end., les glisser sur un arrêt de m., term. le rg à l'end.
Rg suiv. : tric à l'env. en ajoutant 1 m. à la fin = 59 (63 – 67) m.
Tric. le devant droit en vis-à-vis du gauche en remplaçant 2 m. ensemble à l'end. par 1 surjet simple et 1 surjet double par 3 m. ensemble à l'end.

MANCHES

Glisser 101 (107 – 116) m. sur le fil à tricoter.
Monter 69 (73 – 79) m. sur les aig. n° 2,5.
Tric. 7 rgs à l'end. pour la bordure au point mousse.
Prendre les aig. n° 3.
Tric. 1 rg end. et 1 rg env.
Tric. les 5 rgs perlés.
Tric. 1 rg env.
Rg suiv. (avec augm. – end. du trav.) : 1 m. end., 1 augm., tric. à l'end. jusqu'à la dernière m., 1 augm., 1 m. end.
Augm. ainsi 1 m. à ch. extrémité, ts les 8 rgs jusqu'à 91 (95 – 103) m.
Cont. droit jusqu'à 29 (30 – 31) cm de haut. tot., en term. par 1 rg sur l'env.

Tête de manche

Rab. 4 (4 – 6) m. au début des 2 rgs suiv.
Tric. 2 rgs droits en term. par 1 rg sur l'env.
Rg suiv. (avec dim. – end. du trav.) : 4 m. end., 1 surjet double, tric. à l'end. jusqu'aux 7 dernières m., 3 m. ensemble à l'end. en les prenant par derrière, 4 m. end.
Dim. ainsi 2 m. à ch. extrémité ts les 4 rgs jusqu'à ce qu'il reste 39 m.
Tric. 3 rgs droits, en term. par 1 rg sur l'env.
Rg suiv. (avec dim. – end. du trav.) : 4 m. end., 1 surjet simple, tric. à l'end. jusqu'aux 6 dernières m., 2 m. ensemble à l'end. en les prenant par derrière, 4 m. end.
Tric. 1 rg env.
Dim. de nouveau 1 m. à ch. extrémité du rg suiv. comme expliqué précédemment.
Tric. 1 rg env. Rab. 4 m. à ch. extrémité des 2 rgs suiv.
Rab. les 27 m. rest.

BORDURE DEVANT GAUCHE (pour les boutons)

Glisser environ 162 (174 – 186) perles sur le fil à tricoter.
En trav. sur l'end. avec les aig. n° 2,5, tric. à l'end. les 10 m. en attente au devant gauche.
Trav. ainsi en tricot perlé :
1er rg (env. du trav.) : 5 m. end., 5 m. env.
2e rg : [1 m. end., 1P] 2 fs, 6 m. end.
3e rg : 5 m. end., 5 m. env.
4e rg : 2 m. end., 1P, 7 m. end.
Répéter ces 4 rgs jusqu'à ce que la bordure, légèrement étirée, arrive au niveau de l'encolure, en term. par un 1er rg.
Couper le fil, mettre les m. en attente sur un arrêt de m. puis coudre la bordure.
Repérer l'emplacement des boutonnières par des épingles, la 1re sur le 3e rg, la dernière au milieu de la bordure d'encolure et les 5 autres régulièrement espacées.

BORDURE DEVANT DROIT (avec boutonnières)

Glisser environ 360 (380 – 400) perles sur le fil à tricoter.
En trav. sur l'env. avec les aig. n° 2,5, tric. ainsi les 10 m. en attente au devant droit : 5 m. env., 5 m. end.
Trav. ensuite en tricot perlé :
1er rg (end. du trav.) : 6 m. end., [1P, 1 m. end.] 2 fs.
2e rg : 5 m. env., 5 m. end.
3e rg (rg avec boutonnière) : 2 m. end., 2 m. ensemble à l'end., 1 jeté, 3 m. end., 1P, 2 m. end.

J'ai utilisé des perles de la couleur de l'étain pour créer un fort contraste avec la couleur douce du fond. Vous pouvez utiliser des perles de verre transparentes qui accrocheront la lumière et illumineront votre tricot.

4e rg : 5 m. env., 5 m. end.
5e rg (end. du trav.) : 6 m. end., [1P, 1 m. end.] 2 fs.
6e rg : 5 m. env., 5 m. end.
7e rg : 7 m. end., 1P, 2 m. end.
8e rg : 5 m. env., 5 m. end.
Répéter du 5e au 8e rg jusqu'à ce que la bordure légèrement étirée arrive au niveau de l'encolure, en term. par un 8e rg et en formant les boutonnières au niveau des repères comme suit :
Rg avec boutonnière (end. du trav.) : 2 m. end., 2 m. ensemble à l'end., 1 jeté, 1 m. end. Term. le rg.
Garder les m. sur l'aig., ne pas couper le fil et coudre la bordure.

BORDURE D'ENCOLURE
En trav. sur l'end., avec les aig. n° 2,5, tric. : 6 m. end., [1P, 1 m. end.] sur les m. en attente au devant droit, à la suite relever 26 m. sur le côté droit de l'encolure devant, 11 m. sur le côté droit de l'encolure dos, 41 m. sur l'encolure du dos, 11 m. sur le côté gauche de l'encolure du dos, 26 m. sur le côté gauche de l'encolure du devant puis tric. ainsi les 10 m. en attente : [1 m. end., 1P] 2 fs, 6 m. end. = 135 m.
Cont. la bordure en formant la dernière boutonnière au niveau du repère :
Rg suiv. (env. du trav.) : 5 m. end., 4 m. env., 2 m. ensemble à l'env., tric. à l'env. jusqu'aux 11 dernières m., 2 m. ensemble à l'env., 4 m. env., 5 m. end. = 133 m.
Rg suiv. : 7 m. end., * 1P, 1 m. end. Reprendre à * jusqu'aux 8 dernières m., 1P, 7 m. end.
Rg suiv. : 5 m. end., tric. à l'env. jusqu'aux 5 dernières m., 5 m. end.
Rg suiv. : 6 m. end., * 1 P, 1 m. end.
Reprendre à * jusqu'aux 7 dernières m., 1P, 6 m. end.
Rg suiv. : 5 m. end., tric. à l'env. jusqu'aux 5 dernières m., 5 m. end.
Tric. 8 rgs end. Rab.

MONTAGE
Monter les manches en alignant le milieu sur la couture des épaules. Coudre les manches et les côtés. Coudre les boutons.

Mocassins perlés

Inspirés des mocassins des Indiens d'Amérique, ces petits chaussons sont décorés de perles en utilisant aussi bien la technique des perlées tricotées que des perles cousues.

FOURNITURES

1 pel. de 50 g de coton mercerisé (100 % coton, 112 m./50 g) dans la couleur principale (M) et une échevette bleu foncé, bleu clair et rouge foncé
2 aig. n° 2,5 et n° 3
Petites perles : 76 bleu marine, 80 bleu pâle, 2 rouges et 30 blanches

TAILLE

3 à 6 mois

POINTS EMPLOYÉS

Jersey end. : [1 rg end., 1 rg env.].
Jersey end. jacquard : suivre la grille en utilisant un peloton du fond de chaque côté des motifs A et B en prenant soin de bien croiser les fils aux changements de couleur pour éviter la formation de trous.
Lire la grille de droite à gauche sur les rgs impairs (end. du trav.) et de gauche à droite sur les rgs pairs (env. du trav.).
Surjet simple : 1 m. glissée, 1 m. end. sur laquelle on rab. la m. glissée.
Point mousse : tric. toujours à l'end.

ÉCHANTILLON

25 m. et 34 rgs = 10 cm tric. en jersey end. avec les aig. n° 3.

ABRÉVIATIONS

1P (1 perle) **sur l'end. du trav.** : passer le fil sur l'avant du trav., glisser une perle contre le tricot, glisser la m. suiv., passer le fil sur l'arrière en posant la perle contre la m. glissée.
1P (1 perle) **sur l'env. du trav.** : passer le fil sur l'arrière du trav., glisser une perle contre l'arrière du tricot, glisser la m. suiv., ramener le fil sur l'avant en posant la perle contre la m. glissée.
Voir également p. 7.

RÉALISATION

Monter 26 m. M sur les aig. n° 2,5.
Tric. 1 rg end.
Comm. ainsi la semelle :
1er rg : 1 m. end., 1 jeté, 11 m. end., [1 jeté, 1 m. end.] 2 fs, 1 jeté, 11 m. end., 1 jeté, 1 m. end.
2e rg : tric. à l'end. jusqu'à la fin du rg en tric. 1 m. à l'end. prise par derrière dans les jetés.
3e rg : 2 m. end., 1 jeté, 11 m. end., 1 jeté, 2 m. end., 1 jeté, 3 m. end., 1 jeté, 11 m. end., 1 jeté, 2 m. end.
4e rg : comme le 2e rg.
5e rg : 3 m. end., 1 jeté, 11 m. end., [1 jeté, 4 m. end.] 2 fs, 1 jeté, 11 m. end., 1 jeté, 3 m. end.
6e rg : comme le 2e rg.
7e rg : 4 m. end., 1 jeté, 11 m. end., 1 jeté, 5 m. end., 1 jeté, 6 m. end., 1 jeté, 11 m. end., 1 jeté, 4 m. end.
8e rg : comme le 2e rg.
9e rg : 5 m. end., 1 jeté, 11 m. end., [1 jeté, 7 m. end.] 2 fs, 1 jeté, 11 m. end., 5 m. end.
10e rg : comme le 2e rg = 51 m.
Prendre les aig. n° 3.
Couper 6 morceaux de fil bleu clair et 7 morceaux bleu foncé de 65 cm. Enfiler 6 perles bleu pâle sur ch. brin bleu clair.
Enfiler 6 perles bleu marine sur 5 brins bleu foncé et 5 perles bleu marine sur les 2 brins restants pour la bordure.
En comm. par 1 rg end., tric. en jersey les 7 rgs de la grille A, en term. par 1 rg sur l'end.
Prendre les aig. n° 2,5.
Tric. 3 rgs end. M, en term. par 1 rg sur l'env.
Prendre les aig. n° 3.

Dessus de pied

Comm. le dessus de pied comme suit :
Rg suiv. (end. du trav.) : 29 m. end., 1 surjet simple, tourner.
Rg suiv. : 1 m. glissée, 7 m. env., 2 m. ensemble à l'env., tourner.
Rg suiv. : 1 m. glissée, 7 m. end., 1 surjet simple, tourner.
Rg suiv. : 1 m. glissée, 7 m. env., 2 m. ensemble à l'env., tourner.
Comm. ainsi la grille B sur le rg suiv. :
Rg suiv. : 1 m. glissée, 1 m. end., tric. le 1er rg de B, 1 m. end., 1 surjet simple, tourner.
Rg suiv. : 1 m. glissée, 1 m. env., tric. le 2e rg de B, 1 m. env., 2 m. ensemble à l'env., tourner.
Répéter les 2 derniers rgs 3 autres fs, mais en tric. les rgs 3 à 8 de la grille.
Cont. ainsi avec M :
Rg suiv. : 1 m. glissée, 7 m. end., 1 surjet simple, tourner.
Rg suiv. : 1 m. glissée, 7 m. env., 2 m. ensemble à l'env., tourner.
Rg suiv. : 1 m. glissée, 7 m. end., 1 surjet simple, tric. à l'end. jusqu'à la fin du rg.
Rg suiv. : 21 m. env., 2 m. ensemble à l'env., tric. à l'env. jusqu'à la fin du rg = 35 m.
Tric. 9 rgs à l'end.

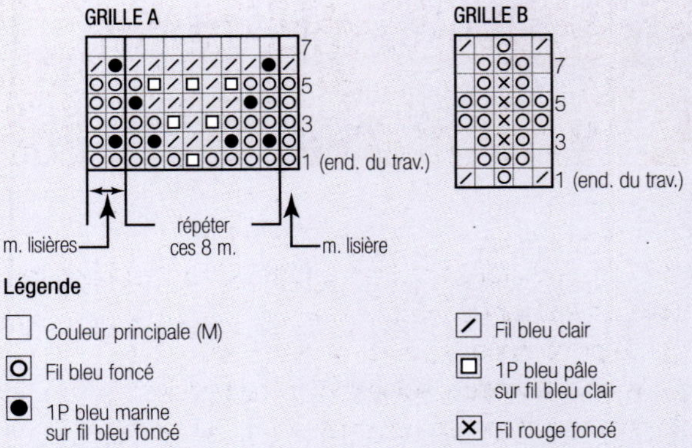

Rg suiv. : 17 m. end., rab. 1 m., tric. à l'end. jusqu'à la fin du rg. En trav. uniquement sur les 17 dernières m., tric. 20 rgs au point mousse pour le revers. Rab. Reprendre le trav., au milieu, sur les 17 m. restantes et tric. 21 rgs au point mousse pour le revers. Rab. Tric. le 2e chausson semblable.

MONTAGE

Fermer la semelle et l'arrière. Avec le fil rouge foncé, broder un point de gribiche sur le bord du revers et du dessus de pied *(voir p. 152 la technique du point de gribiche)*. Coudre les perles blanches, bleu pâle et rouges sur le dessus en suiv. la photo. Retourner le revers.

Remerciements

Ce livre n'aurait pas été possible sans la précieuse collaboration de tous les gens suivants.

Les infatigables tricoteuses : Jane Crowfoot, Jacqui Dunt, Penny Hill, Shirley Kennet, Maisie Lawrence, Frances Wallace, Beryl Salter, Janet Fagan, Dorothy Bayliss, Cynthia Brent, Lynda Clarke.

Jane Crowfoot, qui a participé à la création des modèles rayés, et Jane Bunce, dont les idées ont été si souvent les bienvenues.

Les mannequins : un grand merci à Ceri, Cressy, Istvan, Thea, Katie, Amy, Charlie, Grace, Lavinia, Caitlin, Hannah, Brandon, Lola, Max, Nell, Sam, Scarlet, Summer, Natalie, Ciara et Yaiza.

Un énorme merci à Marilyn Wilson, qui a vérifié les modèles, et à Penny Hill, qui a su collecter les meilleurs.

Les photographes Craig Fordham et Sandra Lane, la styliste Jemima Mills, qui non seulement ont réalisé des images magnifiques, mais aussi ont donné à ce livre une véritable atmosphère.

Rob, l'assistant du photographe, pour avoir su nous faire sourire au bon moment.

Sammie Bell, pour sa participation au concept du livre.

Mes éditrices Denise Bates, pour le soutien qu'elle a apporté à tous mes projets, et Sally Harding, pour son formidable sens de l'organisation.

Christine Wood – merci pour la belle maquette de ce livre.

Emma Callery, pour le soin qu'elle a mis à relire les épreuves.

Ciara Lunn, assistante éditoriale – la perfection incarnée.

Heather Jeeves, mon irremplaçable agent.

ISBN : 978-2-501-03875-1
Dépôt légal : 85137 / mars 2007
Imprimé en Espagne par Graficas Estella
Édition 04